U0056646

理科大叔買美股25年 暴賺283倍

超級成長股投資法則

The Rules for Growth Investing

林子揚——著

Part 3 聚焦科技產業趨勢

Part 5 把握逢低布局良機

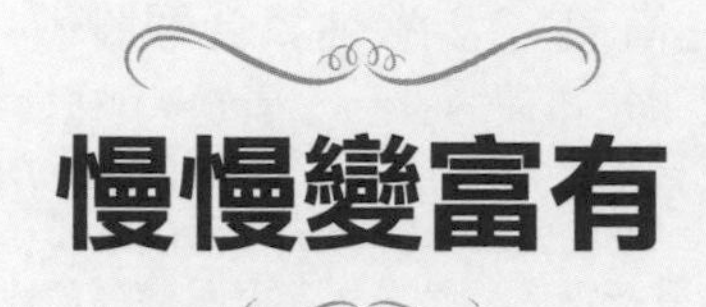

慢慢變富有

近年很流行「存股」一詞，按照媒體的定義，我應該也算是媒體所說的存股者，只不過我存的是「超級成長股」。過去 25 年，這些股票為我平均每年創造 25.37% 的投資年化報酬率。

在決定集中執行現行的投資方法時，我只有一個念頭——站在巨人的肩膀上，採行已由諸位知名投資大師們驗證過、且不斷公開強調的投資心法。而我的選股範圍也控制在能力圈內，堅持至今，果然獲得了比想像中更美妙的績效。寫這本書的動機，主要是想把自己平凡但真實的投資經驗，分享給為生活奮鬥、想透過投資獲得更多人生選擇權的一般讀者。

全球貧富差距不斷擴大、學經歷加速貶值、工作只能用來餬口，這世界已不再有任何工作的保障。相信正在翻閱這本書的你，也同意理財投資才是幸福生活的保證，而不只是保有工作（即使是很好的工作）。很遺憾的是，我們進入社會之前，從沒有人告訴我們這個道理，學校也不會教我們理財投資這門課（我期待這門課有朝一日能納入各級學校的必修課程裡）。

由於我們的社會運作仍是以朝九晚五的工作者居多，真正能夠起而行的投資人少之又少，其中又只有極少數的人很早就明白這個道理並取得成功；基於各種原因，願意分享自己投資成功經驗的人就更少了。

20多年來，我一直反覆在思考以下的問題：

◎為什麼就沒有人在我初入社會時告訴我，理財投資比工作重要？

◎投資大師的哪些話，是我們終其一生的投資生涯都必須嚴格遵守的？

◎為什麼就沒有一個走過這條路的人，能簡單歸納出想投入股票投資所須具備的個人特質？股市投資所要具備的許多成功技巧，和成功的職場工作主要技巧正好是相反的。

◎為什麼市面上多數的股市投資書籍，都在討論作者神奇的選股公式、短線進出、波段操作、或籌碼計算？但經過百年的市場證明，這些投資方式都對長期的投資績效沒有任何的幫助。

◎為什麼沒有一本簡單的書，能告訴我作者實際印證投資大師的那些做法確實是可行，而不是紙上談兵呢？

◎為何沒有一本可以讓大多數人易於遵循，少犯點錯的簡單入門書？

投資愈早開始愈好

本書除了分享我挑選超級成長股的方法，書中 90% 以上的案例都是我自己的持股經驗；其實最重要的目的，是想提供給有心想取得股票投資成功的人，都能夠輕易遵循的成功路線圖。本書中不會有任何的深奧投資理論、不會提及晦澀難懂的技術分析、不會談論只有作者自己才弄得懂的投資技巧、更不會有神奇的數學公式。我和社會上大部分的人相同，投資的資金來自於上班的薪水、沒有幕後金主或富爸爸、沒有任何財經背景或金融產業工作的相關經歷、更從來不相信任何公司內線可以取得好處、或是賣弄玄虛的旁門左道。

我想要傳遞的主要精神是：投資愈早開始愈好、必須全心投入、沒有捷徑、認清自己的能力範圍、耐心加上紀律、長期持有才能有可觀的報酬；投資是一輩子的馬拉松賽，成功只屬於堅持到最後的人！

猶記得大學時打工的公司，是提供證券商股票行情揭示設備的唯一廠商，正好碰上「台灣錢淹腳目」，有幸見證全民開始瘋狂投入股市，那段風起雲湧的時代。學校畢業後工作有了錢之後，買進了人生的第 1 張台積電（2330）。但人算不如天算，遇上網路泡沫化，使得辛苦工作的血汗錢瞬間少掉 2/3；等自己回過神來，嚇死了，立刻全部出清。

拿著手上已經少掉 2/3 的錢，買進那時已經跌掉一半以上的國際商業機器（International Business Machines Corporation，美股代號：IBM）、德州儀器（Texas Instruments，美股代號：TXN）、甲骨文（Oracle，美股代號：ORCL）、安謀（ARM Holdings，美股代號：ARMH，被軟銀購併後已下市），心想一定可以抄底成功，等待反彈。

不料這些股票在我買進後，還是繼續無止境地下跌，隨著大部分的科技股集體進入好幾年的熊市之後，才稍微止跌回升。不信邪的我，也像大部分的散戶一樣，偶爾聽信財經媒體，買入中國第一波赴美上市的幾家名不見經傳的公司，或是媒體報導即將改變世界的當紅太陽能或生技公司。

事實證明，我對這些媒體強烈建議買入的公司和其所在的產業，根本一無所知；因此一再地買在最高點，一看到股價大跌就不知所措地恐慌賣出，最後都以殺低賠錢賣出收場，一無所獲。當時會買入，大多是被該檔股票持續上漲的現象所吸引；也由於沒有深入了解基本面，對極少數優秀公司未來可能的業務爆發能力也一無所知，不敢長抱個股；在賺了點蠅頭小利後，錯殺了生產達文西手術機器人的直覺手術（Intuitive Surgical，美股代號：ISRG），和現在已改名為 Booking Holdings（Booking.com，美股代號：BKNG）的旅遊線上服務公司 The Priceline Group。

而 IBM、德州儀器、甲骨文、安謀等，經過幾年好不容易漲回幾年前的購入價格，即使以自己對科技產業的知識和判斷，知道它們的前景會一片光明，卻還是急於脫手以保住已被鎖住幾年的資金。在這段期間，基於對自己本身所擅長的產業知識，買入了防毒軟體開發商賽門鐵克（Symantec，美股代號：NLOK）和繪圖晶片龍頭輝達（Nvidia，美股代號：NVDA），兩者都經過了股票分割，算是我的早期主要持股中較有顯著獲利的 2 大持股。但是在沒有進一步上漲的走勢下，耐不住性子，並沒有繼續持有。

另一方面，1996 年買進的微軟（Microsoft，美股代號：MSFT）和 2001 年買進就一直持有的全球最大的科技諮詢顧問公司埃森哲（Accenture，美股代號：ACN），竟然默默為我賺進較為可觀的回報。現在很容易歸納出來，這段期間對我的投資組合績效有助益的，沒有例外地，全都集中在我自己很在行的科技公司上。

投資最熟悉的產業，獲利最豐

2008 年金融海嘯發生後，我大部分的時間都在場外觀望，偶有入場也只是進行極少量的行情測試，靜待市場的明顯的反彈。但那 2 年、3 年中，我仔細重讀了一些之前曾經讀過、但未深入了解的經典投資書籍，反省為何這些史上最成功的投資人是那樣進行投資的？為何我沒有如此做？如果過去 10 多年，我採用這些史上最成功的投資人所採用的投資方式，那結果會如何？

那段期間，我把自己過去 10 多年的買賣紀錄全都翻出來、逐一檢討每筆持股的盈虧、努力回想當初投資的原因（現在我每隔一段期間都固定這麼做）。後來發現，我應該徹底改掉典型的隨波逐流的散戶心態、不再買進財經媒體的推薦個股、謝絕自己沒聽過公司的股票、記錄買入賣出持股的原因、養成買入個股前進行透徹地研究、減少投資組合中的持股數目（先從只持有 3 檔開始）。這些改變對我日後 10 多年投資風格的形成和實際績效，有著非比尋常的幫助。

金融海嘯後，我嚴格限制自己必須遵守這些改變。甚至於前 3 年，我的投資組合中只有 3 檔持股。除了隨時追蹤持股公司的動態外，並花時間建立觀察名單，仔細研究個股的公司資訊，除非能通過自己所制定投資原則的過濾篩選，否則即使個股漲翻天或媒體如何吹捧都不為所動。

我的這些改變到 2020 年正好 12 年，我也發現，20 多年來的投資之路，只要是違反我個人的投資原則，或是介入自己不熟稔的產業領域，從來沒有好的結果。近幾年，我很幸運地才發現，自己的個性適合進行股票投資：包括實事求是、耐心、守紀律、凡事講求證據的個性、基本數字和資料的對比和分析的能力、再加上喜歡進行公司競爭力和產業的分析。我的人生哲學是信奉「努力一定會取得回報」，這句話用在我的投資生涯中也是成立的。

長期投資是創造卓越績效的關鍵

另外，最近我把過去曾買賣的所有股票，重新拿出來逐一檢視；總結發現，對我的投資生涯總報酬最有助益的，都是長期持有的股票。在金融海嘯前買進的微軟和埃森哲，一開始投入的資金並非很大，但經過 10 年的複利效果，竟然打敗都經過了股票分割的賽門鐵克和輝達。

金融海嘯後投資組合的成員更是經過嚴密的篩選，持股幾乎都是買入至今未曾變動，投資組合的年周轉率都在 1% 以下。至於像台積電、微軟、輝達、直覺手術、Booking.com、博通（Broadcom，美股代號：AVGO）等早期被賣掉的持股，如果我能及早體悟並長期持有至今，經過 10 多年所產生的複利效果將更為驚人。

在我看過約 800 本投資理財的書後，心得是多讀幾次經典的書籍，對投資觀念的導正和投資成功者經驗的汲取，會有你意想不到的助益。這些潛移默化的改變不會是立即的，但絕對會反映在長期投資績效上，且可以讓我們少走許多的冤枉路和減少犯錯的機率（犯錯的機率是投資能否成功的決定因素之一）。

一本理想的書籍內容應該不要太複雜，但傳遞的中心思想要明確。任何太過複雜、多數人難以理解、令人有距離感、不真實的內容，可能會是一篇好的學術論文，但一定不會是容易被實踐的原則。

在投資的路上，簡單才是王道，找到符合自己的投資獲利方式，堅持下去，一定會成功。當你發現某個成功的投資大師書中所描寫的，和自己的主要投資原則或方向一致；抑或是當你一再看到成功投資大師書裡所表達的道理，和自己的信念竟是如此地相契合的時候，那我要恭喜你，這表示你正走在正確成功的投資道路上了。

10多年前的某個早晨，世界首富亞馬遜（Amazon，美股代號：AMZN）創辦人傑夫．貝佐斯（Jeff Bezos）打了通電話給前任世界首富華倫．巴菲特（Warren Buffett）問：「為什麼你的投資原理如此簡單易懂，但世上卻很少人願意遵守而致富呢？」巴菲特告訴貝佐斯：「因為多數人不願意慢慢變富有。」

林子揚 

Part 1

打造成功投資藍圖

1-1 長期投入＋具備正確觀念 投資致富絕非難事

「投資很簡單，但是並不容易。」

——華倫．巴菲特（Warren Buffett）

首先向大家交代我個人從 1996 年～ 2020 年，這 25 年至今的歷年投資績效（計入相關稅費，但不包含股利），如表 1 所示：

◎統計期間 25 年（1996 年～ 2020 年）。

◎平均年化報酬率（IRR）25.37%。

◎同期間標準普爾500指數（S&P 500）平均年化報酬率7.51%（不含股利）。

◎同期間台灣加權股價指數的平均年化報酬率 7.71%（不含股利）。

如圖 1 所示，從我開始投資的 1996 年算起，所產生的資產報酬至 2020 年為止的 25 年，初始投入的 1 萬元已累積到約 284 萬元。可以看出這段期間的資產累積是逐漸上升的，而且愈到後期，增加的幅度愈是驚人，呈現拋物線的陡升樣貌。

表1 林子揚投資25年的平均年化報酬率達25.37%
——林子揚投資組合與美股、台股指數年度報酬率比較

年份	年度報酬率（%）		
	林子揚投資組合	標準普爾500指數	台灣加權股價指數
1996	30.27	20.26	34.00
1997	35.19	31.01	18.10
1998	22.72	26.67	-21.60
1999	12.64	19.53	31.60
2000	40.20	-10.14	-43.90
2001	30.54	-13.04	17.10
2002	-12.20	-23.37	-19.80
2003	51.48	26.38	32.30
2004	23.68	8.99	4.20
2005	-3.59	3.00	6.70
2006	33.34	13.62	19.50
2007	52.39	3.53	8.70
2008	-21.79	-38.49	-46.00
2009	128.61	23.45	78.30
2010	-32.27	12.78	9.60
2011	14.75	0.00	-21.20
2012	33.73	13.41	8.90
2013	24.96	29.60	11.80
2014	50.65	11.39	8.10
2015	1.90	-0.73	-10.40
2016	4.63	9.54	11.00
2017	53.06	19.42	15.00
2018	6.48	-6.24	-8.60
2019	73.44	28.88	23.30
2020	83.33	16.53	22.23
平均年化報酬率（%）	25.37	7.51	7.71

註：已扣除各式交易佣金、交易手續費、匯款手續費、稅款、美股存託憑證（ADR）保管費，報酬數字並不計入股利

股票投資簡單路線圖須掌握 8 關鍵

人生並不平等，但不論貧富貴賤和出身，每個人一生所擁有的「時間」是平等的，請記住這句話。

投資是一輩子的事，而股票投資是典型的知易行難，沒有祕密。道理簡單大家都懂，願意遵守的人卻不多，只有極少人可以堅持到最後，獲得最後的成功。

說來也奇怪，多數人採取的反而不是這些已經公開，或是早已獲得實際驗證過的、簡單且證明能夠成功的投資道理；反而無所不用其極地找尋複雜、未經證實、無數人經歷過的失敗方式，奮不顧身地投入，即使失敗也不後悔。

股票投資是一門藝術，不是一門科學，不存在經簡單的數學公式計算就 100% 保證一定能賺錢這回事。但投資要成功還是有方法的，如果你天資聰穎更好；但只要努力，有一般水準的能力，再加上一顆渴望成功致富的決心，為此願意長期堅持投入，是可以靠股票投資成功達成致富目標的。永遠記住這句話：「正確的投資觀念，以及採用簡單且已被許多成功的投資人士驗證過的投資方法，抱持這個觀念永遠比如何選股來得重要。」

我所推薦的股票投資簡單路線圖，必須掌握以下 8 關鍵：

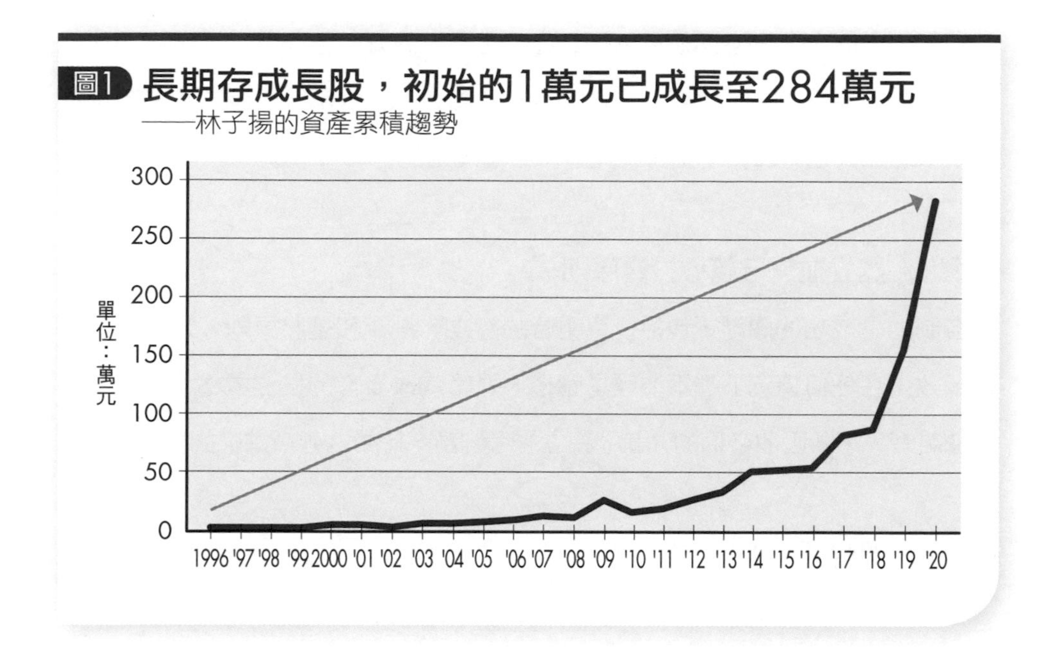

圖1 長期存成長股，初始的1萬元已成長至284萬元
——林子揚的資產累積趨勢

關鍵1》盡早開始，並持續投入資金

投資時間的長度最重要，如果已經下定決心要進行股票投資，請盡早邁出股票投資的第一步。改變你的消費習慣、多儲蓄、持續存錢才有辦法投資。投資金額也是關鍵，必須持續投入擴大你的本金，才能使你的創富雪球愈滾愈大。太晚開始或資金太小，致富的機率很低。

關鍵2》要有毅力，並長期堅持

投資這檔事是典型的「知易行難」。你必須向自己承諾投入時間，大量閱讀和進行深入的企業基本面研究，愈詳盡、愈深入愈好。你必須長期有毅力地堅持和自制，否則再多、再好的方法都徒勞無功。為何大部分人減肥和戒菸容易失敗？無法長期有毅力地堅持，光下決心是沒用的。

關鍵3》建立並堅守核心投資原則

自制力是成功的關鍵，包括投資組合的建立、投資和選股原則、定期檢視投資績效；在任何情況下都不要輕易動搖、退讓或改變你的投資風格、不要理會各種雜音、不斷吸收必備的知識、獨立思考判斷、持續改善精進你的投資技巧。

關鍵4》具備正確的投資觀念

不要借錢投資、不要投入任何衍生性金融商品、不要投資你不懂的企業、不要相信曾經有任何重大不良紀錄的公司和它的經營團隊、不要投資你看不懂財務報表的公司、不要全盤聽信財經專家或名嘴網紅投顧老師。市場崩盤時要做的是加碼買進，不是恐慌賣出。日本股神是川銀藏就告誡投資人：「要自己下功夫研究，老實說，單聽別人的意見，或是只憑報紙、雜誌的報導就想賺錢，這樣的心態本身就已經是失敗的根源，天下豈有如此的美事？」要自己讀公司的財報，不是看別人的報告了事。

關鍵5》長期投資才會成功

股票市場長期會穩定向上，不論投資人是買 ETF（Exchange Traded Fund，指數股票型基金）或個股，這個長期趨勢不會改變。根據美股歷史的統計結果，持有美股 1 天可獲利的機率正好是 50%，持有 1 年獲利的機率是 68%、持有 10 年獲利的機率是 88%、持有 20 年獲利的機率則是 100%（精確地說是任何 18 年間）。

量化投資界的大師詹姆斯・西蒙斯（Jim Simons）的生涯投資平均年化報酬率高達 39.1%，巴菲特為 20.5%。根據 2020 年的《富比世》（Forbes）全球富豪榜，排在第 36 名的西蒙斯身價為 235 億美元；第 4 名的巴菲特為 675 億美元。造成如此巨大差距的根源就在於巴菲特 14 歲就開始全力累積資產；而西蒙斯在他 44 歲時才全力投入投資，整整晚了巴菲特 30 年。

截至 2021 年，西蒙斯累積資產的期間只有 40 年，而巴菲特是 77 年，幾乎是西蒙斯的 2 倍。

關鍵6》獨立思考，並養成閱讀的習慣

根據事實進行分析判斷，不要理會各種預測或投資報告，關掉你的電視財經台。在確實讀過至少 3 本（愈多愈好）經典必讀的股票投資書籍前（詳見本書附錄），請勿入場交易。在沒有詳細讀過企業的過去幾年的年度財報、搞懂公司業務、財務盈虧、未來展望，以及股價估值是否合理之前，切勿買入任何企業的股票。

投資不可能一蹴可幾，天下沒有白吃的午餐、不要相信明牌內線消息、確保每天投入一定長度的時間進行研究。一定要做必要的功課，收看財經節目不算做功課，重點是每天的功課要自己做。

關鍵7》站在投資巨人的肩膀上

研究巴菲特、凱因斯（John Maynard Keynes）和彼得．林區（Peter Lynch）等受世人崇敬的投資大師們的實際做法，仔細推敲他們的投資策略和原則，找出適合自己的投資方法。

仿傚這些大師們所使用而且已經被證實可行、採用已經過無數人檢驗能獲得成功者的做法，不僅安全，而且事半功倍，也會是股票投資最實際有用的最佳良策。站在投資巨人的肩膀上，絕對能使你看得更遠。

關鍵8》要有改變和追求成功的渴望

巴西著名的私募股權業者 3G 資本（3G Capital）在徵人時有個稱為「PSD」的法則，也就是偏好找具有貧窮（Poor）、聰明（Smart）和渴望成功（Desire）這 3 項特質的人才。

經濟學的基本原理就是供需法則，很多公司在面試選才（尤其甄選業務人才時）時常會故意選需錢孔急的窮人，因為這類人對成功的渴望往往超越常人。

為了成功致富，他們願意付出一切的代價，這種自我鞭策的動機絕對比書面的合約或口頭承諾有效多了。所有成功人士的共同特徵只有一個——擁有強烈的成功欲望。

散戶也能靠買股累積財富

前文提到，我們應該站在巨人的肩膀上，學習他們的智慧和經驗；另一方面，我們也需要有自知之明，認識自己的能力圈，不要在自己不熟悉的領域瞎投資。散戶投資人應該只投資自己熟悉有把握的行業和領域，憑著自己較他人更豐富的知識、經驗和智慧進行投資就好。這樣子在進行投資思考和判斷時會比較可靠，犯錯的機率就會比較低。散戶投資人真有可能靠投資致富嗎？以下分享幾則著名的故事：

故事1》任職祕書43年，靠1檔股票累積到700萬美元

《芝加哥論壇報》（Chicago Tribune）曾報導過，1 位大學畢業後就進入知名醫療保健公司亞培（Abbott Laboratories，美股代號：ABT）擔任祕書長達43 年的葛莉絲・格羅納（Grace Groner），在 1935 年 26 歲那年，用 180美元的儲蓄，以每股 60 美元認購了自己公司特別發行的 3 股股票。

買進股票後的 75 年，格羅納都沒有賣出這些股票，並將股息再投資；她生

活節儉，終身未婚，在她百歲過世後，她的遺產留給了自己的母校，遺產價值高達 700 萬美元。

故事2》加油站員工買股數十年，資產高達近800萬美元

《華爾街日報》（The Wall Street Journal）在 2015 年也曾報導過美國 1 位散戶致富的故事，主角瑞德（Ronald Read）曾在加油站工作 25 年，退休後又到百貨公司擔任清潔人員，直到 76 歲才真正退休。他出身平凡，生活節儉，最大開銷是長期訂閱《華爾街日報》和《霸榮周刊》（Barron's），也是公立圖書館的常客。瑞德 2014 年過世後，才被律師發現他身後留有 90 多家公司的股票，總額將近 800 萬美元。

瑞德購買股票的時間橫跨數十年，最早是在 1959 年，大部分皆為有配息的績優股：包括嬌生（Johnson & Johnson，美股代號：JNJ）、寶僑（Procter & Gamble，美股代號：PG）、富國銀行（Wells Fargo，美股代號：WFC）、高露潔-棕欖（Colgate-Palmolive，美股代號：CL）、美國運通（American Express，美股代號：AXP）、味可美（McCormick，美股代號：MKC）……。這些股票都具有下列的共同點：

1. 皆為該企業所處產業中的領頭羊，並擁有數十年以上的歷史。
2. 旗下都擁有極為知名的品牌。

3. 皆擁有大約 2% ~ 2.5% 的現金股利殖利率。

瑞德在遺囑當中囑咐，將大部分財產捐為公益之用，其中最大的一筆是 480 萬美元，捐贈給當地的醫院，其次為當地的圖書館。

故事3》散戶用1,000美元買股，滾出200萬美元

根據《芝加哥論壇報》2017 年的 1 則報導，1 位散戶葛瑞墨（Russ Gremel）在 1940 年代，以 1,000 美元買進美國芝加哥的連鎖藥局沃爾格林（Walgreens，後於 2014 年購併聯合博姿（Boots）公司，並更名為 Walgreens Boots Alliance，美股代號：WBA），因為他認為民眾經常需要購買藥物，他一直持有到 1990 年代後期，都沒有賣出。隨著沃爾格林股價持續上漲，這些股票資產最終累積到 200 萬美元，不過，葛瑞墨選擇把股票捐給非營利機構 Illinois Audubon Society，該機構將這筆財富用於建立野生動物保護區。

請留意，上述 3 則故事的主角都是「長期投資人」，這絕對不是巧合，身為散戶，唯有透過長期投資才可以保證成功；另一方面，上述這些成功致富的散戶，有很大的成功原因是選對股票，這就關乎主動選股的觀念是否正確。

要怎麼判斷自己具備良好的主動選股能力？當你投資一段時間後，例如連續

2年、3年或5年後（3年～5年的時間已足夠判斷），發現自己很努力，但自行選股投資的報酬實在不佳（例如績效長期落後大盤，甚至賺少賠多），那很遺憾，你並不適合靠自己選股。

不適合或沒時間主動選股的人，但又想進行長期的股票投資以累積財富，該怎麼做？不妨改買追蹤大盤被動式的指數基金或ETF，仍可用最低的成本和最低的風險，獲得多數投資人，甚至基金經理人都無法戰勝的市場平均回報。

如果連投資指數基金或ETF，還是賺不到錢；這證明你實在不適合靠投資股市來理財。建議你不要用任何和股市有關的理財方式，遠離股市，改用其他方式，這樣至少還能保住辛苦賺來的血汗錢。

投資要成功不是靠碰運氣，而是要有方法。只要肯努力、有一般水準的智力和能力、再加上一顆渴望致富的心，以及長期堅持投入的決心，投資必能成功。

1-2 分析3因素 找出股價上漲的關鍵

「如果你無法找到方法讓錢在你睡覺的時候為你工作，那你將工作到死。」

——華倫・巴菲特（Warren Buffett）

幾乎所有投資人都希望股票能夠「一買進就上漲」，因此市場上充滿各種計算股價高低點的數學公式，試圖做到「買在最低點、賣在最高點」，再等股價下跌後買回來，等待下一次的上漲機會。

事實上，股票投資屬於經濟學領域，不是數學或物理等科學定律，並不存在著用簡單數學公式就可以輕易得到 100% 正確的答案。

現代經濟學大師凱因斯（John Maynard Keynes）就曾指出：「原子假說在物理學表現出色，在經濟學這門學科中卻失效。」因為整體不等於部分的總和，比較數量的結果不具意義，小變動也可能造成大影響。凱因斯堅持：「經濟學不是自然科學，而是道德科學；也就是說，經濟學包括了反思與價值的判斷。」

備受巴菲特推崇的價值投資大師霍華・馬克斯（Howard Marks）曾表示：「投資就像是經濟學，比較是一門藝術而非科學。」

傳奇投資天王彼得・林區（Peter Lynch）也說過類似的話：「股票投資是一門藝術，而不是一門科學。」「在科學上，當你說『哦，我明白了』時，你會想出答案。但在投資上，如果等到你徹底想明白了，股價可能已經翻兩番了。所以你必須得承擔一些風險。」「對於那些受到呆板的數量分析訓練的人，處處小處著眼，反而變成股票投資不利的因素，如果可以通過數學分析來確定選擇什麼樣的股票的話，還不如用電腦算命。選擇股票的決策不是透過數學做出的，你在股市上需要的數學知識，早在你上小學4年級時就已經全部學會了。」

巴菲特則相信「評價企業是科學也是藝術」，他知道無法用精確的量化或科學計算方式，得到股票的真正價值。但是投資人還是可以運用非量化的方式（例如加大買進股票時的安全邊際、評估經營團隊的能力、判斷企業是否具有持久的競爭力、企業是否已經證明能持續保有創造盈餘的能力），以彌補評量企業股價時不夠準確的缺失。

在學習挑選股價會長期上漲的「超級成長股」之前，要先了解「股價為什麼會上漲？」股票是在市場上公開交易，因此股價上漲的原因很簡單——買的人多於賣的人，股票搶手，價格就會上漲，這是經濟學最基礎的供需原理。

這也是為何上市公司的管理階層，要千方百計地討好由企業和政府退休金、養老金、共同基金、信託單位、銀行，甚至於各國的主權基金，這些擁有深不見底口袋的投資法人所組成的機構投資人，因為他們手上有用不完的投資金額，在市場上到處找尋投資標的。

買賣行為直接左右股價的漲跌，2021 年 1 月最瘋狂的故事就是全球規模最大的電視遊戲和娛樂軟體零售巨頭遊戲驛站（GameStop，美股代號：GME）事件，這家公司長期表現平平，2020 年 8 月開始有轉好的可能性，但是基本面尚未明顯改善，股價卻從不到 10 美元漲到超過 40 美元。

知名做空機構香櫞（Citron Research）便評論這檔股票將暴跌，並且嘲諷買這檔股票的投資人都是傻子，引起 GameStop 散戶投資人的不滿，散戶透過 Reddit 等社群網路串聯，以買進選擇權買權的方式合力大買 GameStop，引發一波「軋空行情」，推升股價暴漲，在 1 個月內曾創下盤中最高價 483 美元的紀錄。此次事件影響重大，代表散戶透過社群網路可以成為華爾街以外的一股重要力量；香櫞更宣布將結束長達 20 年的做空研究，並將目標轉為替散戶尋找長期投資機會。

回到正題，若撇開刻意炒作等短暫人為因素之外，投資人若想要正確選到股價長期上漲的股票，就得了解，是什麼原因推動股價上漲？根據我的經驗，原因不外乎以下 3 項：1. 企業盈餘的持續成長、2. 股利的提升、3. 市場估值的改變，其中，又以市場估值的改變對股價影響最大。

因素 1》企業盈餘的持續成長

盈餘的成長，是維持股價上漲的根本動力。當公司有能力持續賺取並不斷擴大盈餘，股價才會一直上漲，否則遲早會下跌。一家能持續創造收入及盈餘的公司，才能證明其商業模式的成功，也才能保證企業能在不依靠向外借貸的方式下，繼續經營下去。

無論是從本業或業外賺到錢，公司都會將淨收入保存下來，稱為「保留盈餘」。保留盈餘會成為股東權益（淨值）的一部分，代表著股東總權益再投資回公司的回報，因此當公司持續累積盈餘，並且使盈餘持續成長，最終會讓股東權益愈來愈高，這才是股價上漲的保證。

因素 2》股利的提升

上市公司從保留盈餘中派發給股東的那一部分就是股利，股利是股東投資於股份公司的收益的一部分（另一部分是資本利得，也就是股價上漲後的價差），它是付給股東資本投入的報酬。而且一般而言，能穩定配發股利的股票，由於股東可以有固定的收益，市場給予的評價會比較高，在市場下挫時，會比沒發股利的股票獲得較強大的價格支撐。

因素 3》市場估值的改變

企業盈餘和股利的成長，對於股價的影響是相對容易估計的；但是要從市場估值去猜測公司股價的變化，就相對複雜許多。市場瞬息萬變，有可能因為大盤走勢、經濟景氣、法規監管，或是市場對企業的看法發生改變，進而影響到對企業股價的估值。常見的影響因素包括：

①個別企業的股價，會隨整體市場的估值變化而跟著上漲或下跌

在牛市的時候，投資人的樂觀情緒會帶動市場整體估值的上升；反之，在熊市時，因投資人的看法轉趨保守和悲觀，會使市場整體估值大幅下降。最著名的案例就是在網際網路狂飆的年代，2000 年上半年網際網路股泡沫破裂，導致 2000 年下半年開始，市場上對科技股簡直是避之唯恐不及，悲觀的情緒快速地蔓延到整個市場；後來又因為 2001 年 911 事件美國股市休市 1 週，導致這種現象甚至持續數年之久才逐漸恢復。

2008 年，百年一見的金融海嘯，重創全球的股票市場，所有市場上的股票都倒地不起，無一倖免，金融相關產業受創尤其嚴重。當時的市況是，列名道

瓊工業平均指數（Dow Jones Industrial Average，DJIA）和標準普爾 500 指數（S&P 500）的藍籌股遍地是本益比 5 倍，甚至是不可置信的 3 倍以下，乏人問津。可是當時市場上的投資人不論股票多便宜，還是無人敢買進，所有資金湧入固定且低殖利率的國債，造成債券市場狂飆。

②市場對某個產業的前景和重要看法發生根本上的改變

當市場對某產業前景的重要看法產生根本上的改變，也會使得相關產業的企業股票估值發生大幅度變動，進而影響該產業股價的漲跌，尤其產業中的領導企業會受到最大衝擊。其中，政府產業政策的影響力更是典型的代表。例如近年來全球各國對新能源車的各項補助減稅和禁燃油車時程表的時程確定，使得電動汽車先驅特斯拉（Tesla，美股代號：TSLA）和中國電動車商蔚來汽車（美股代號：NIO）的股價在 2020 年一整年內，分別上漲 743% 和 1,112%，十分驚人（詳見圖 1）。

再如全球最大的風力和太陽能發電業者新紀元能源公司（NextEra Energy，美股代號：NEE），受惠於政府對可再生能源的各項減免優惠措施，2016 年～ 2020 年 5 年的股票年化報酬率為 24.4%，過去 10 年股價則總共上漲 493%（2011 年～ 2020 年），這對股價牛皮的公用事業領域股票而言，是不可思議的奇蹟（詳見圖 2）。還有一個例子是，主要受惠於美國對中國的半導體禁令、新能源車暢銷導致新的晶片需求，以及新冠肺炎（COVID-19）疫

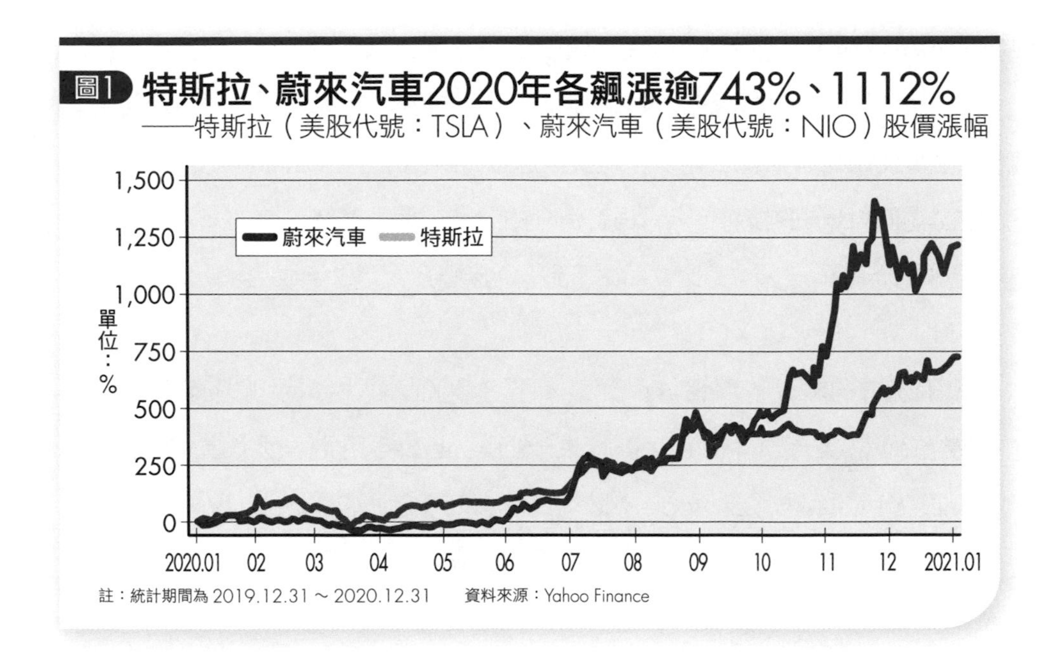

圖1 特斯拉、蔚來汽車2020年各飆漲逾743%、1112%
——特斯拉（美股代號：TSLA）、蔚來汽車（美股代號：NIO）股價漲幅

註：統計期間為 2019.12.31 ~ 2020.12.31　資料來源：Yahoo Finance

情令全球各式裝置的晶片需求暴增，就讓聯電（2303）股價在 2020 年一整年內上漲 328%。

③市場對個別企業的經營、展望、盈利趨勢等重要看法產生變化

當市場對某企業的展望、營利趨勢產生根本上的改變，也會影響該企業的估值並影響股價。

2011 年，蘋果（Apple，美股代號：AAPL）隨著 iPhone 4S 推出智慧語音

數位助理「Siri」的內建服務，這項革命性的產品顛覆整個科技業，大家可以用口語來取代鍵盤等文字輸入的電腦命令，也造就現在智慧型音箱的風行。由於 Siri 當時使用語音辨識公司——紐安斯通訊（Nuance Communications，美股代號：NUAN）的技術，進行語音命令的識別，使得當時少有人知道但公司存在已久的 Nuance，本益比立即由不到 20 倍狂升至 50 倍以上。

除了既有的非硬體服務訂戶到達 4 億 8,000 萬人，以及服務年營收首次突破 500 億美元外；2019 年蘋果一口氣推出信用卡、雲端遊戲 Arcade Service、新聞訂閱服務 Apple News ＋、影音串流服務 Apple TV ＋等全新的非硬體服務產品，再加上新的穿戴裝置 Apple Watch 與 Airpods 熱賣，使得蘋果股價在 1 年內大漲 89.59%。主要原因就是投資人不再把蘋果視為一家只做手機或電腦的純硬體裝置公司，這也讓本益比由 15 倍（15 倍是較優秀的電腦硬體公司的本益比估值）大幅提升至 22 倍（22 倍是典型軟體公司的本益比估值）。

普通小散戶投資人應該要對股票投資抱持何種心態呢？巴菲特的老師班傑明．葛拉漢（Benjamin Graham）這麼說：「如果你購買普通股，請選擇你去採購雜貨品時所用的方式，而不是購買香水的方式。」

巴菲特則認為：「用買房子的方式來買股票。了解並喜歡它，以便你在沒有

圖2 新紀元能源股價於2011年～2020年上漲493%
——新紀元能源（美股代號：NEE）股價走勢

註：統計期間為 1981.05.15 ～ 2021.03.26　資料來源：Google 財經

市場交易時還會心滿意足於繼續擁有它。」而彼得・林區則如此形容：「就像你在買車前，總是需要踢一踢車胎一樣。」

1-3 掌握3項參數 享受複利帶來的甜美果實

「複利是世界第 8 大奇蹟。」

——羅斯柴爾德男爵（Baron Nathan Rothschild）

成功的投資人，必然懂得善用「複利」的力量。說穿了，就是做好以下這 3 件事：

1. 找到夠長的坡道：「時間」坡道要長，活久一點，或是及早開始投資。
2. 找到夠濕的雪：指的是「投資報酬率」。
3. 雪球要夠大：一開始最好盡可能地投入你所有可用的「資金」。

形成複利的這 3 項參數，數字愈高，複利威力愈強。其中，一般投資人最應該重視、也最容易輕忽的就是「時間」；時間所能產生的複利，在所有投資構成元素裡最具威力。

1-1 曾分享我投資 25 年來的資產累積趨勢，充分能夠證明時間複利的強大之處（詳見 1-1 圖 1）：

1. 長期投資對資產累積的巨大複利效應，只要是長期穩定的投資，資產的累積會是逐漸向上攀升的趨勢。

2. 更重要的是，趨勢圖會呈現巨幅向上陡升的典型拋物曲線；累積的時間愈久，陡升幅度愈劇烈。

華倫·巴菲特（Warren Buffett）曾表示：「錢對我沒用，時間對我才有用。」這句話的意思再清楚不過了，「人生就像滾雪球」則是巴菲特在自傳《雪球》所傳遞的中心思想。而這 2 句話背後真正的涵義，我認為其實是「時間所能產生的複利」。

巴菲特曾用「印第安人在 1626 年以 24 美元賣掉曼哈頓這個小島」這個大家耳熟能詳的故事，來說明時間複利能夠達成的驚人效果。

他在 1965 年寫給合夥人的信中指出，當時曼哈頓島的土地價值約為 125 億美元，折合成年化報酬率為 6.12%。如果 1626 年印第安人有一筆「部落共同基金」，把 24 美元用於投資，設法每年賺取 6.5% 的報酬率，那麼 1965 年時他們將能擁有 420 億美元；如果可以每年獲得 7% 的回報，那麼累積的價值將躍升至 2,050 億美元，比土地價值 125 億美元都好太多了。

以下我將用幾個實例來說明這 3 項參數對投資的影響，以下提到的「範例 1」（初始本金 1,000 元，中間不投入資金，年投資報酬率 7%，投資 40 年）將會是接下來所有例子的比較基準，然後我會分別調整時間、投資報酬率、資金這 3 項參數，讓大家感受一下不同參數對最後投資結果的影響。

要特別說明的是，會採用年投資報酬率 7% 作為比較基準（以下簡稱年化報酬率，此指計入複利精神的內部報酬率，詳見延伸學習），主因是這個數值接近美國大盤過去 25 年的年化報酬率（1996 年～ 2020 年標準普爾 500 指數（S&P 500）年化報酬率為 7.51%）。

參數 1》時間：投資持續的時間與績效成正比

假設投入 1,000 元的初始本金，中間不再投入任何資金，年化報酬率 7%，40 年後，你可以得到 1 萬 4,974 元（範例 1）；但是，如果只持有 20 年，只能得到 3,870 元，此為「範例 2」。

僅僅只是多持有 20 年，累積金額的差距竟高達 1 萬 1,104 元，差距將近 2.9 倍（＝ 1 萬 1,104 元 /3,870 元）！仔細看兩者的每年累積金額變化，不難

延伸學習 年化報酬率多指「內部報酬率」

一般我們在談論投資報酬率時，通常分為以下2種：

1.總報酬率：不論資金投入時間為1個月、1年或10年，只要是這段期間產生的報酬，報酬占投入成本的比率就是總報酬率。計算方法為：總報酬率＝投資期間總利潤／投入成本。

2.年報酬率：計算資金平均投入一年所得到的報酬率，而年報酬率又可以分為2種：「平均報酬率」、具有複利精神的「內部報酬率」。當我們在討論股票投資的年報酬率時，最好要弄清楚是哪一種，在一般情況下，除非特別註明，否則指的都是計入複利精神的內部報酬率。

①平均報酬率（Average Rate of Return，ARR）：
算法是直接將總報酬率除以資金投入的年數。例如投入3年，總共賺取30%的總報酬率，年平均報酬率即為10%（＝30%/3）。

②內部報酬率（Internal Return Rate，IRR）：
又稱為複利報酬率（Compound Annual Growth Rate，CAGR），或是年化報酬率。這是將每年獲利的再投資也考慮進去，因此可以更精確地反映出報酬的多寡。

計算方法為：（總報酬率＋1）開年數的平方根後再減1，例如投資2年，總共賺取44%的總報酬率，內部報酬率：（44%＋1）＝1.44，再用1.44開平方根，然後減1，得到最後的值為20%。也可利用Excel快速計算，公式為「＝（總報酬率＋1）^（1/年數）-1」，因此以上述範例的寫法即為「＝（44%＋1）^（1/2）-1」。

看出原因是後面這 20 年，金額累積的速度愈來愈快（詳見圖 1）。

參數 2》投資報酬率：報酬率愈高，累積資產才能拉高

投資過程中，必須維持一定的投資報酬率，才有利資產的成長。假設初始本金 1,000 元，中間不再投入任何資金，但是年化報酬率只有 3.5%，40 年後，你只能得到 3,959 元，此為「範例 3」；然而，同樣的資金，若年化報酬率提高到 14%，同樣累積到 40 年後，可以得到 18 萬 8,884 元，此為「範例 4」。兩者差距高達 18 萬 4,925 元！

仔細看兩者每年累積金額變化，年化報酬率 14% 只比 3.5% 多出 2 倍，持有 40 年後，累積金額竟多出 46.7 倍。就算只有 7%（7% 比 3.5% 多 1 倍），累積金額也多出 2.8 倍；再比較年化報酬率 7% 和 14% 的差異（14% 比 7% 多 1 倍），最後居然相差 11.6 倍。可見報酬率數字愈高，時間一拉長，對於財富累積的效果更為明顯（詳見圖 2）。

參數 3》資金：投入資金愈多，愈有機會創造財富

投資初始金額也對資產累積金額的高低有著重要影響。以範例 1 為基準，初始本金為 1,000 元，中間不再投入任何資金，年化報酬率 7%，40 年後可以

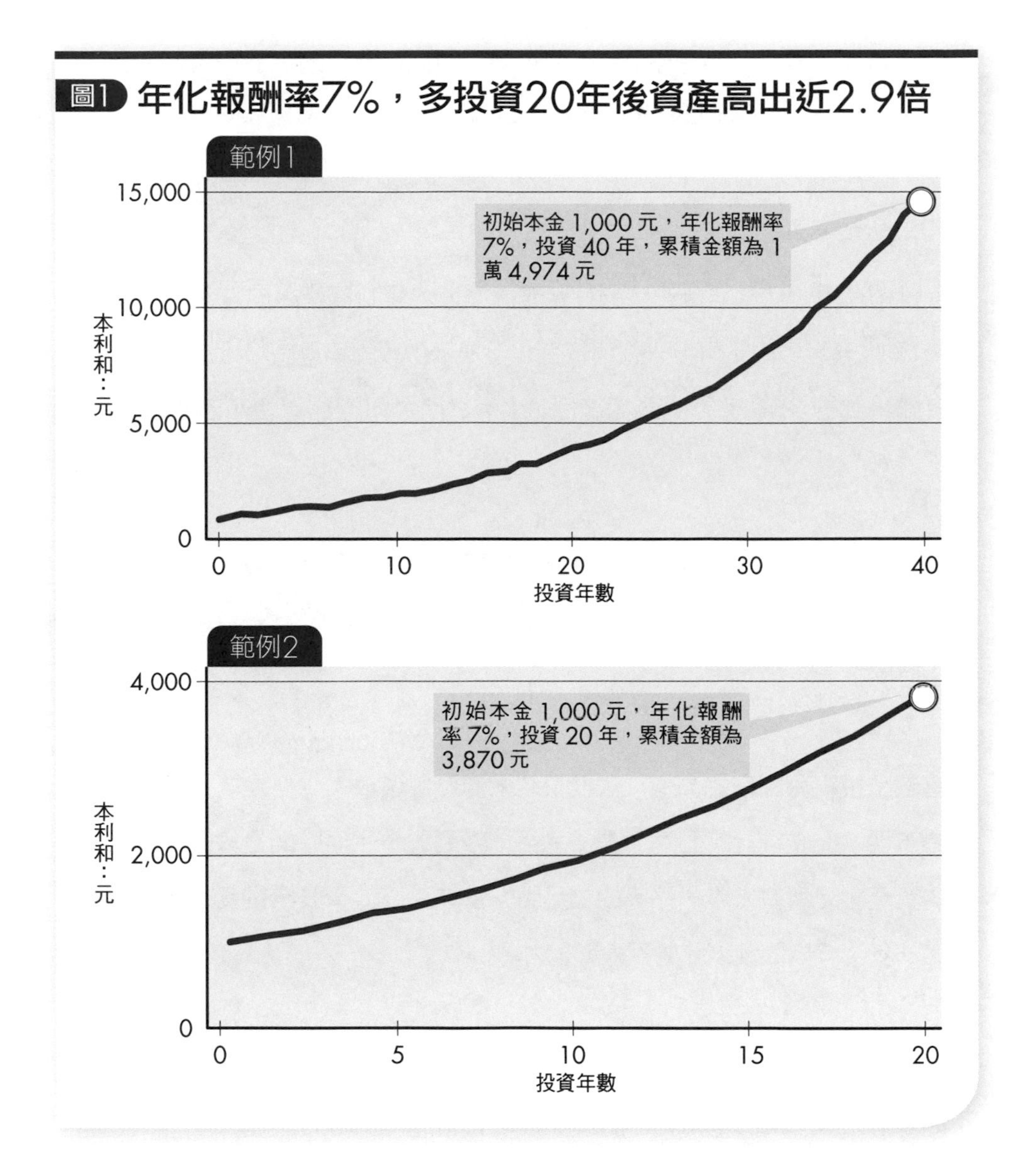
圖1 年化報酬率7%，多投資20年後資產高出近2.9倍
範例1
15,000
10,000
5,000
0
本利和：元
初始本金 1,000 元，年化報酬率 7%，投資 40 年，累積金額為 1 萬 4,974 元
0
10
20
30
40
投資年數
範例2
4,000
2,000
0
本利和：元
初始本金 1,000 元，年化報酬率 7%，投資 20 年，累積金額為 3,870 元
0
5
10
15
20
投資年數

得到 1 萬 4,974 元；若把初始本金加倍為 2,000 元，最後能得到的金額也能多 1 倍，即為 2 萬 9,949 元，此為「範例 5」。

如果初始本金只有 1,000 元，中間每年再投入 10 元，最終可以得到 1 萬 7,111 元，總金額只多出 13%，相當有限，此為「範例 6」；然而，若每年投入金額增加為 100 元，最終則能得到 3 萬 6,335 元，大幅多出近 1.43 倍（＝（3 萬 6,335 元－ 1 萬 4,974 元）/1 萬 4,974 元），此為「範例 7」（詳見圖 3）。

由以上 7 個範例，結合時間、投資報酬率、資金這 3 項參數，如果仔細比對和分析，聰明的讀者一定馬上可以得到一個結論；對最後投資結果影響最大的是「時間」。

當然，投資報酬率的高低，對投資結果的影響也很大，但是要找到「每年」都有市場 2 倍的年化報酬率，是不大可能辦到的事。而時間是每個投資人都具有的資產，是所有人唯一平等的立足點，當你決心從事股票投資，務必盡早邁出第一步，讓時間發揮它的巨大影響力。

最後再以巴菲特的一句名言作總結：「成功的投資需要時間、紀律、和耐心；不論如何天才，有些事情就得需要時間。」

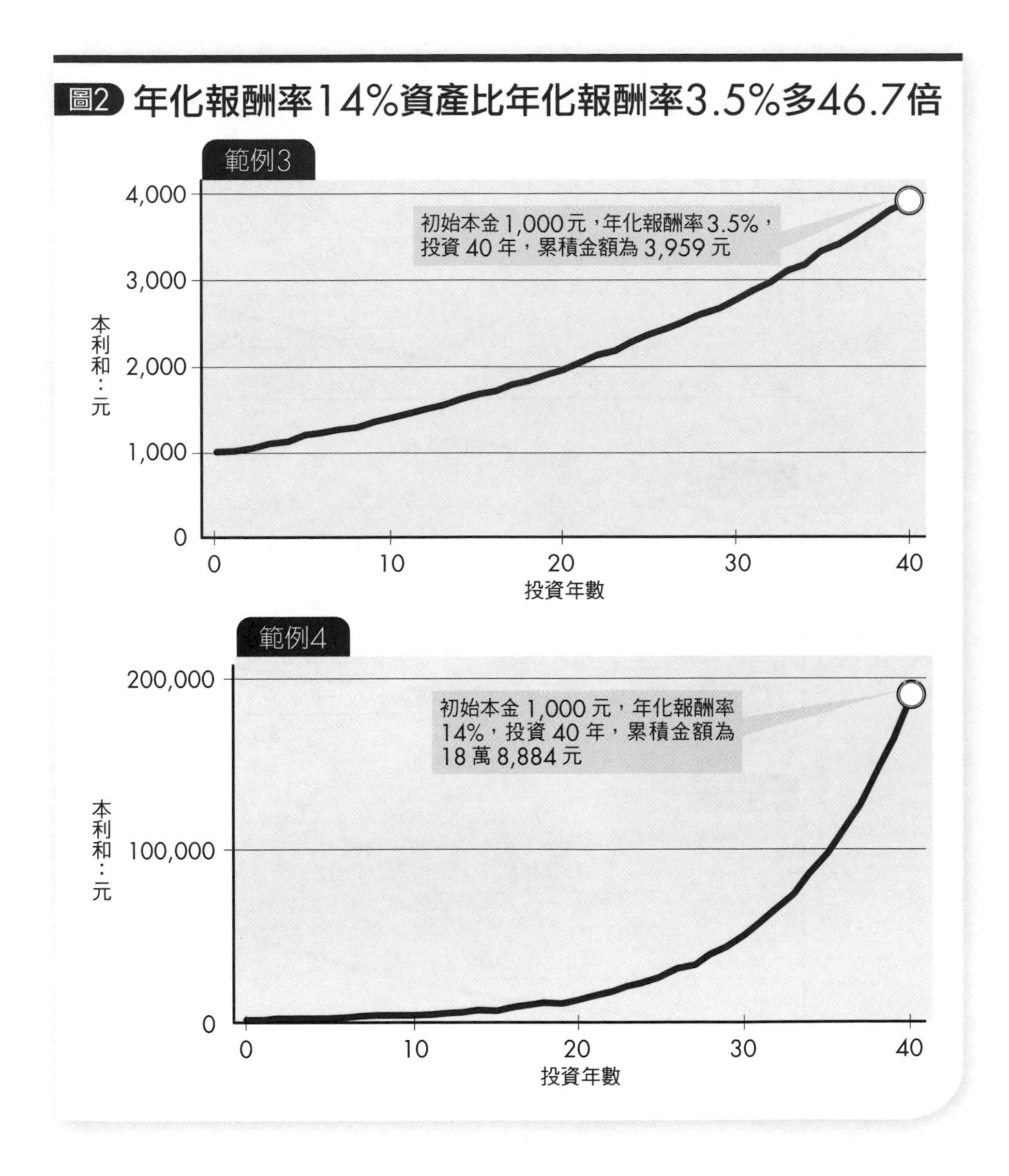
圖2 年化報酬率14%資產比年化報酬率3.5%多46.7倍
範例3
4,000
3,000
2,000
1,000
0
本利和：元
初始本金1,000元，年化報酬率3.5%，投資40年，累積金額為3,959元
0
10
20
30
40
投資年數
範例4
200,000
100,000
0
本利和：元
初始本金1,000元，年化報酬率14%，投資40年，累積金額為18萬8,884元
0
10
20
30
40
投資年數

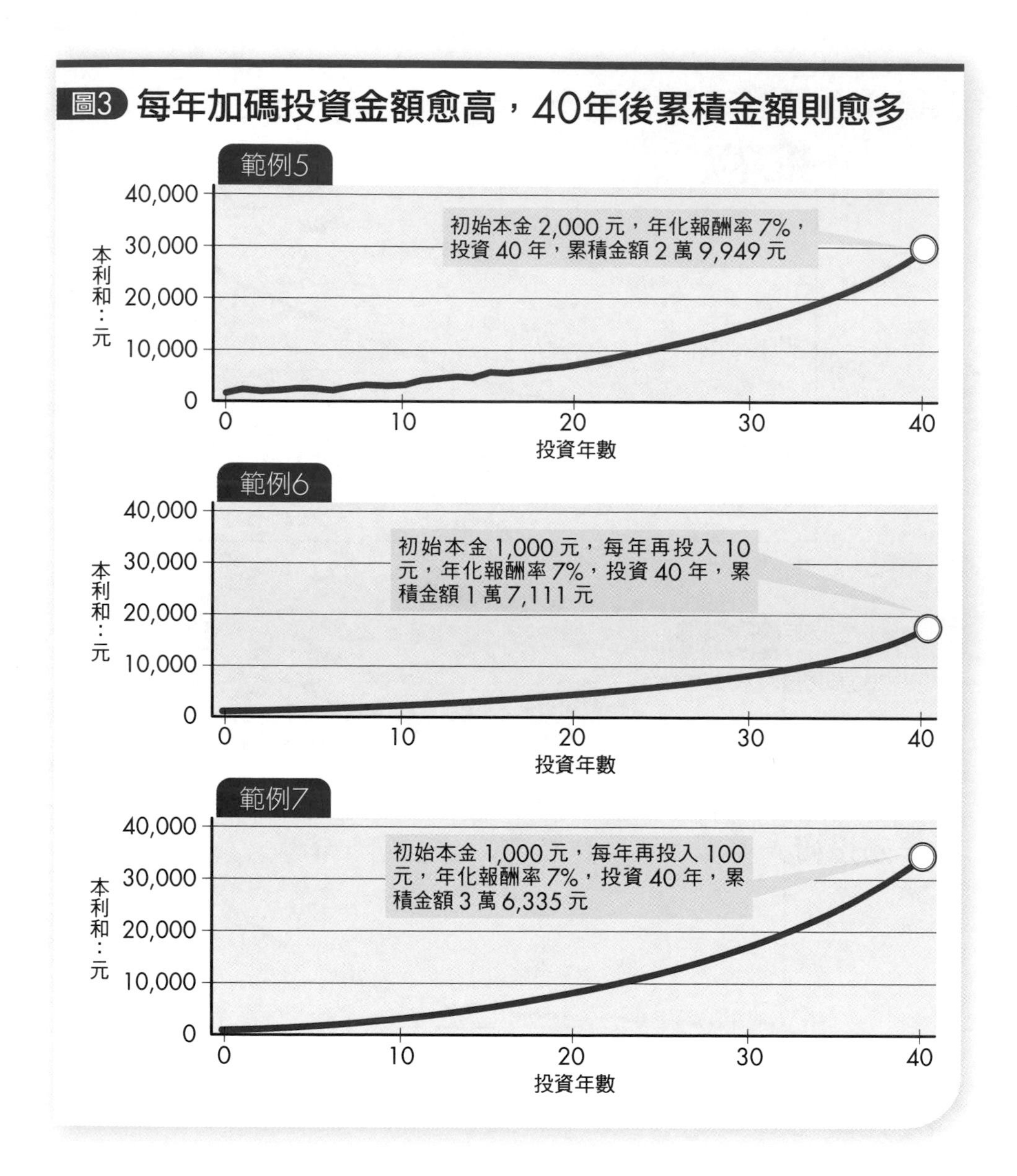
圖3 每年加碼投資金額愈高，40年後累積金額則愈多
範例5
初始本金 2,000 元，年化報酬率 7%，投資 40 年，累積金額 2 萬 9,949 元
本利和：元
40,000
30,000
20,000
10,000
0
0
10
20
30
40
投資年數
範例6
初始本金 1,000 元，每年再投入 10 元，年化報酬率 7%，投資 40 年，累積金額 1 萬 7,111 元
本利和：元
投資年數
範例7
初始本金 1,000 元，每年再投入 100 元，年化報酬率 7%，投資 40 年，累積金額 3 萬 6,335 元
本利和：元
投資年數

1-4 避免頻繁進出股市 長期投資才是獲利王道

「如果一檔股票你不願持有 10 年，那就連持有 10 分鐘都不要考慮。」

——華倫・巴菲特（Warren Buffett）

想靠「超級成長股」讓身價跳躍式成長，除了要買對股票，更要抱得住、抱得長。如果總是滿足於買進幾天賺到 15%、20% 的快感，很難真正賺到大錢；當你抱住具成長性的股票，隨著持有時間拉長，公司的成長性與複利的威力將能為你帶來更加豐厚的報酬。

近年來投資人持股時間大幅縮短，股票周轉率愈來愈高

美國紐約證券交易所統計過，在 1950 年代個股的平均持股時間是 8 年！但這個數字到 2010 年代，則降為不到半年。

我們再以「股票周轉率」（Turnover Rate）來看，現代投資人有多麼愛交易

股票。股票周轉率指的是一段時間內整體市場或個股的股票被交易的比率，可用來評估股票交易頻繁的程度，計算方法為：（股票交易量／股票流通總量）×100%。假設某個國家的股市 1 年周轉率為 80%，代表這 1 年平均有 80% 的股票被換手 1 次。

紐約證券交易所在 1982 年～ 1999 年間的股票周轉率由 42% 上升到 78%；那斯達克證券交易所在 1990 年～ 1999 年間的股票周轉率則由 88% 上升到 221%。

台灣集中市場普通股在 2016 年～ 2019 年的股票周轉率分別約 63%、84%、83%、73%，而 2020 年竟升高至 126%；中國股市在 2019 年的股票周轉率則為 300% 左右，可見現代的股民愈來愈沒耐心。

投資人持股時間大幅縮短，主因是科技的發達，美國有高達 3/4 的交易是透過電腦交易完成。而這些電腦所完成的交易大部分都具有巨量、短期、高頻、快速獲利了結的特性，且多數為買賣權和期貨等衍生性金融商品的交易，促使股票價格的震盪比以往更加劇烈。

隨著科技益加進步，投資人現在甚至不需要電腦，只需要隨手用手機下單，就可以迅速完成交易，買賣出脫非常容易，結果使投資人愈來愈沒有耐心，導致股票的周轉率愈來愈高，報酬愈來愈低。

股神巴菲特就很不喜歡短線進出，他一直以來都以長期持有優秀股票的風格聞名；他在 1988 年給波克夏（Berkshire Hathaway，美股代號：BRK.A、BRK.B）股東的信中提到：「對於由傑出經營者管理的傑出公司，我們最喜歡的持有時間是永遠。」

巴菲特職掌的波克夏從 1964 年開始買進美國運通（American Express，美股代號：AXP），截至 2020 年已持有超過半世紀，且仍是重要核心持股。1988 年開始買進的可口可樂（Coca-Cola，美股代號：KO），截至 2020 年也已持有超過 30 年。

當然，巴菲特不是真的不賣股票，而是選股時做過深入且全面的評估，只要該公司依然出色，能夠維持競爭優勢且持續創造利潤，就不輕易出脫；他認為，「投資者應該只買那些在股市關閉 10 年他們還會放心持有的股票，不要過於密切關注市場股票市場的劇烈波動。」

股票是長線投資人的最佳選擇

巴菲特畢生不遺餘力地推薦用股票進行長期的投資，他表示在任何即將到來的 1 天、1 週甚至 1 年中，股票都會比短期美國債券具有更高的風險，但是從長遠來看，投資普通股是更安全的選擇。他在 2020 年給股東的信中也強調：「明天的股市有可能會發生任何事，有時會發生 50% 或更大的跌幅，不過綜合我在去年寫過的文章〈美國經濟順風車〉（American Tailwind），以及史密斯先生（Edgar Lawrence Smith）所謂的『複利奇蹟』而言，對於那些不用借錢買股票、且能夠控制自己情緒的人來說，股票會是更好的長期投資選擇。」

長期持有股票是最好的投資方式，早已獲得許多的數字和實際資料的印證。巴菲特不是第一個這麼說的人；上述巴菲特給股東的信提及的經濟學家埃德加·史密斯，在 1924 年的著作《用普通股進行長期投資》中，就提倡以股票來進行長期投資。此倡議影響了許多人，包括巴菲特和經濟學家凱因斯（John Maynard Keynes）。

史密斯當初撰寫此書時，原本是企圖驗證在通貨膨脹時期，股票的表現會優於債券；而在通貨緊縮時期，債券的回報會更高。但是史密斯實際研究的結果讓人大吃一驚——在通貨緊縮時期，股票的表現還是比債券好。他的書以一段自白開始：「這些研究是失敗的紀錄，失敗的事實無法支持一個先入為主之見的理論。」

幸運的是，這個失敗促使史密斯更深入地思考應該如何評估股票。他認為，造成不論在通貨膨脹或緊縮時，股票表現都優於債券是源於數種因素，但是關鍵主因是普通股具有的複利效應。

長期持有股票具有 4 項優點

長期持有股票和短期投資或頻繁交易相較，有以下 4 項優點：

優點1》長期複利將帶來豐碩成果

股票市場長期會穩定向上，不論投資人是購買 ETF（Exchange Traded Fund，指數股票型基金）或個股，這個長期趨勢是不會改變的。股票價格本身會被股利、盈餘、市場估值這 3 個變數推動上漲，再加上隨著時間推移所帶來的長期複利，這 2 項效果相乘的結果將為投資人帶來驚人的報酬。

優點2》不錯過優秀企業自身成長所帶來的長期報酬

優秀企業會把保留盈餘再投入企業的經營，使企業隨時間成長。我們來看，巴菲特在 2020 年給波克夏的年度股東信中，就引用了凱因斯的一段話，來解釋保留盈餘的力量：「通常，管理良好的工業公司不會將其全部盈餘分配給股東。在美好光景的年代，它們也會保留一部分盈餘，重新投入到業務中去。因此，好的投資存在一個有利的複利因素。經過多年的時間，除了支付給股東的股利外，一家穩健的工業公司，其資產的實際價值會以複利的形式不斷增長。」

優點3》減少犯錯、後悔的機率

很多人會在市場牛市或熊市因恐慌賣出持股，等市場恢復信心時，才後悔莫及地再以更高的價格買回當初所賣出的同一檔股票。長期投資可避免巴菲特所說「典型的不應犯卻犯的錯誤」（Mistake of Commission）。

優點4》避免付出過多的交易成本

長期的頻繁交易，所花的費用會非常龐大，結果就是大幅侵蝕投資人的獲利。巴菲特是箇中高手，他很早就看出這點，這也是他一直提倡必須長期持有股票的主要原因。

凱因斯也看過史密斯的《用普通股進行長期投資》這本書，而且也大受影響，成為凱因斯選擇長期價值投資的轉捩點之一。他在對國王學院產業管理委員會的備忘錄中說：「我相信投資要成功，取決於幾個因素，其中一點為：無論如何，都要在數年間緊守大量的單位。」

不僅是價值投資派的巴菲特、查理．蒙格（Charlie Munger）、約翰．坦伯頓（John Templeton），終身提倡指數投資的查爾斯．艾利斯（Charles Ellis）、先鋒集團（Vanguard Group）創辦人和指數型基金的發明人約翰．柏格（John Bogle）、《漫步華爾街》作者柏頓．墨基爾（Burton Malkiel）、只投資極少數優越成長企業的菲利普．費雪（Philip Fisher）、提倡尋找成長沃土的小湯瑪士‧羅威‧普萊斯（Thomas Rowe Price, Jr.），再加上經濟學家凱因斯，這些投資大師幾乎都強調股票投資必須「長期持有」，這絕不是巧合，而是他們歷經一生的實際投資經驗及投資智慧所得到的共識。

造成散戶長期報酬落後大盤的 2 大元凶

我們以標準普爾 500 指數（S&P 500，以下簡稱標普 500 指數）來做實際的驗證。標普 500 指數囊括美國前 500 大市值公司，也是公認代表美股大盤的指標，觀察近 50 年（1970 年～ 2020 年）的長期報酬率，將能感受到時間複利對長期投資的影響有多大（詳見表 1）。

如果你認真地分析道瓊工業平均指數（Dow Jones Industrial Average，DJIA，以下簡稱道瓊指數），道瓊指數在 1820 年封關指數是 71.95 點，而 2020 年封關指數是 3 萬 606.48 點。道瓊指數在這 100 年間漲了 424 倍！照理說，投資人應該隨便買都賺錢才對啊！可是很奇怪，實際上大部分的投資人真的都賠錢。再舉例來說，台灣加權股價指數報酬（含股利再投資的加權股價指數）從 2010 年～ 2020 年的年化報酬率是 9.47%，同期間美股標普 500 指數（含股利再投資）的年化報酬率是 13.46%。如果觀察世界其他主要股市約 10 年期間的指數，也會發現幾乎都上漲；但是全世界股市投資人卻是賠錢居多，主要有 2 個元凶：

元凶1》追高殺低，周轉率過高

除了指數基金和被動投資人可以賺到貼近大盤的平均報酬之外（因為交易頻率很低，不需要付出太多手續費），其他投資主動型基金或委託理財顧問投資的人，績效普遍落後大盤；若以大盤的平均報酬為標準，在扣掉諸多交易成本以及給顧問的費用後，績效自然達不到大盤平均值，也輸給那些平時啥都不做的被動投資者。

本文一開始就提到，現代股市的周轉率愈來愈高，然而大部分價值投資和長期持有者，投資組合的周轉率都很低。

理由其實不難理解：①這些成功的投資人一開始時，就很嚴格地遵守自己設定的投資原則來選擇組合中的投資標的，因此他們的持股都已是一時之選；②這些經過嚴格篩選的股票通常表現會比較好，既然組合的表現勝過大盤很多，有什麼理由需要更換呢？而當有更多的資金時，巴菲特的建議是持續投入原有持股，而不是「拔鮮花為雜草澆水」（賣出表現正好的股票，改買對未來報酬沒把握的其他新股票）。

專門負責評價全球基金業者的晨星（Morningstar，美股代號：MORN）統計資料顯示，如果以 10 年的期間來統計，投資組合周轉率在 20% 以下的基金經理人，平均投資報酬率約為 12.9%；而投資組合周轉率在 100% 以上的基

表1 美股大盤近50年的年化報酬率達9.9%
——標普500指數1970年～2020年報酬表現

項目	1970年～2020年	1980年～2020年	1990年～2020年	2000年～2020年	2010年～2020年
標普500指數總報酬率（%）	2,591.63	2,856.00	864.26	129.95	191.76
標普500指數年化報酬率（%）	6.81	8.84	7.85	4.25	11.30
包括股利再投資的總報酬率（%）	11,109.06	8,192.88	1,681.39	233.59	253.57
包括股利再投資的年化報酬率（%）	**9.90**	11.68	10.08	6.21	13.46

資料來源：moneychimp.com

金經理人，平均投資報酬率僅有 11.3%。看起來差距似乎不多，只有 1.6 個百分點而已？各位不要小看這個差距，因為只有 1/4 基金經理人能取得不低於市場平均績效的報酬，而美股自 1996 年～ 2019 年的 24 年市場平均報酬率約 7.13%，這 1.6 個百分點已經可以再讓基金經理人的績效再打敗 22%（＝1.6%/7.13%）的同業了！如果再加上多年的時間複利效應，長期下來的差距會拉得更大。

先鋒集團創辦人約翰．柏格曾估計，投資人只要把投資組合的股票換過一輪（也就是 100% 的周轉率），投資組合的整體績效就會損失 1%；因為這些錢都會流入證券市場中，整個產業鏈一堆廠商的口袋裡，外加政府從中所拿走的可觀稅收。

元凶2》頻繁進出，增加「摩擦成本」

再來看看短線交易所產生的「摩擦成本」，這是指頻繁進出股市，買進和賣出所增加的交易成本，主要為：

①手續費：台灣券商的手續費，買賣都收成交金額的 0.1425%。然而美國現在因為市場競爭的關係，主要線上證券商近年來的交易手續費，都已經降成令人難以置信的 0 元，不過，傳統證券經紀商還是會收取相當的交易手續費和佣金。

②滑移價差：即使你立即向你的證券經紀商買回一秒前的同一筆交易，證券經紀商也會以較高的費用開價賣回給你；同一時間的股票買價和賣價間的價差，就稱之為滑移價差。

③稅金：台灣現在只課徵證券交易稅，但包括美國在內的許多國家，會徵收證券交易資本利得稅，這可是一筆很大數目的錢。

巴菲特形容過於活躍的股市，有如偷走創業精神的扒手。他表示：「總體而言，投資者的回報會隨著交易活動的增加而減少。」蒙格表示：「做了幾筆大投資，然後坐下來等待，這樣的益處不可小覷：你付給經紀人的錢變少了，聽的廢話比較少。要是賺了錢，政府的稅務制度每年還會給你額外百分之 1 ～ 3 的複利。」巴菲特曾在他 1999 年的文章中估計，美國投資人每年支付的摩擦成本約為 1,300 億美元；相較之下，全球 500 大企業前 1 年也總共才賺了 3,340 億美元，摩擦成本占比將近 40%，可想而知這筆金額有多大。

當然，還是會有少數基金經理人的表現非常出色，儘管從短期來看，很難確定優秀的績效成績是出於運氣還是才能。但是大多數的理財顧問們在產生高額費用方面的能力，會比產生高投資回報方面要強得多，事實上，他們的核心能力是推銷技巧而不是投資。不論投資金額大小，投資人都應該要好好閱讀約翰．柏格的《約翰柏格投資常識》這本書才是。

當華爾街收取高額費用來管理數兆美元時，通常是華爾街的經理們獲得超額利潤，而不是客戶。我要強烈建議讀者，可以拜讀一下連股神巴菲特都推薦的《客戶的遊艇在哪裡？》這本經典的華爾街名著，對於是誰真正賺走你的血汗錢這件事，將會有深刻的認識。

全球投資先驅坦伯頓提醒大家：「進行長期投資計畫時，要著眼於『實質』報酬率。因為將投資利得扣除通貨膨脹與稅負後，才是真正的報酬率，如果投資人忽略通貨膨脹與稅負的影響，長期投資的路途將會步履維艱。」

對於繳稅，約翰・坦伯頓堪稱是極端分子，他公開放棄美國籍，搬到沒有所得稅與遺產稅的英屬巴哈馬群島，他自己說，光是因為不用煩惱稅負的問題，就讓他的投資績效大幅躍進。

就台灣而言，現在只課徵證券交易稅，台股目前是賣出時課徵 0.3%，如果投資 ETF 交易稅是 0.1%，不論是盈虧都必須固定繳交。股利所得則併入個人年所得，於年度課徵個人綜合所得稅時一起申報。

但是許多國家的股票交易，都必須繳交證券交易資本利得稅，因此會對投資人的買進和賣出造成很大的影響。例如美國的納稅義務人買賣股票就必須支付資本利得稅，所以稅負對投資績效有著巨大的影響，如果你是美國納稅義務人，就要正視這項稅負帶來的殺傷力（詳見延伸學習）。

延伸學習 美國納稅義務人應善用退休帳戶節稅

如果你是美國納稅義務人，務必善用你退休帳戶的免稅優勢來節省稅金，或是堅持長期持股，以減緩資本利得稅的殺傷力。

美國資本利得稅對短期持有股票者，會課較高的稅率，基本上是用個人的所得稅率來課徵，短期稅率介於10%～35%間，資本利得稅長期優惠稅率介於0%～15%間，兩者的差距非常大。而有能力買賣股票的人，個人所得稅率通常都不會太低，因此很不划算。

長期持有者的美國資本利得稅稅率有3個級距。假設你適用20%的資本利得稅級距，投資100元，投資報酬率10%，假設遞延繳稅2年，到第2年才賣掉股票繳稅；那麼第1年年底，你的證券帳戶裡會有110元，第2年年底本金加報酬有121元後賣出持股；因為你有21元的資本利得，所以必須課徵4.2元（＝21元×20%）的稅金，你的證券帳戶最終本利和為116.8元。

但如果你是每年年底都賣出股票執行獲利，且繳稅40年。第1年你會被課徵2元（＝10元×20%）的稅金，帳戶只剩下108元；第2年用108元投資產生10.8元的獲利，你會被課徵2.16元的稅金，最後本利和為116.64元；這個數字比遞延繳稅2年後的116.8元少了0.16元。0.16元看起來很少，但是如果你的投資本金較大，而且幾十年後才賣股的話，遞延繳稅幾十年後，就會有「非常驚人」的差距。

假設你是適用25%的資本利得稅級距。投資1,000元，每年的投資報酬率是8%，若你每年年底都賣出股票執行獲利，且繳稅40年；40年後，證券帳戶最終本利和為1萬285.72元（＝1,000×（1.06）^40）。假設你遞延繳稅40年，到第40年年底才首次賣出股票執行獲利，那在這40年間的本利和會有2萬1,724.52元（＝1,000×（1.08）^40），獲利為2萬724.52

元，扣稅25%後，本利和還會有1萬6,543.39元（=2萬1,724.52元－（2萬724.52元×25%））。這和你每年年底都賣出股票執行獲利繳稅的結果相較，足足差了60.8%（=〔（1萬6,543.39元－1萬285.72元）／1萬285.72元〕×100%）以上！

另外，美國納稅義務人可以呈報當年度的投資損失抵免。雖然如此，但還是要提醒，不要因為美國納稅義務人可以呈報當年度的投資損失抵免，就不多加考慮地購入或出清股票，只為了拿來抵稅。請切記，被迫買賣股票永遠是造成重大損失的原因之一。

1-5 從自身能力圈選好股提高投資勝率

「好的投資非常『罕見』，當這種一生罕見的投資機會出現時，你就得押注你手上的所有籌碼。」

——查理・蒙格（Charlie Munger）

世界上公司何其多，但是適合我們長期持有的公司其實相當有限。從專業機構的美國企業統計資料更可以看到，企業壽命正持續縮減：

◎根據勤業眾信（Deloitte & Touche）的資料，標準普爾 500 指數（S&P 500，以下簡稱標普 500 指數）中的公司於上個世紀 60 年代，在指數裡的平均存活壽命為 32 年，但現在只有 24 年；再根據美國研究機構 CB Insights 的資料，標普 500 指數中的公司於 1955 年時，在指數裡的平均存活壽命為 61 年，於 2015 年則只有 17 年，未來可能更短。

◎ 1970 年之前上市的企業中，在接下來 5 年內存活的機率竟然高達 92%。

◎ 1980 年～ 2017 年的期間，到 2018 年時仍處於上市狀態的美國企業只占 28%、已下市的公司占了 72%。

◎在 2000 年～ 2009 年間上市的企業，存活率只有 63%。

◎美國 2 大交易所下市高峰都是企業上市之後的第 4 年，下市率約 10%。

至於優秀的公司，就更難尋找了。從 1896 年第一版的道瓊工業平均指數（Dow Jones Industrial Average，DJIA，以下簡稱道瓊指數）到現在為止，當中的成分股已經更動過 53 次了，而道瓊指數成分股主要是反映美國當代的工業產業主力公司。100 多年過去了，隨著奇異（General Electric，美股代號：GE）在 2018 年 6 月被踢出道瓊指數成分股，已經看不到任何道瓊指數創立時的成分股在其中了，更證明世上沒有一家公司可以永遠保有強大的競爭力。

由此可知，好公司相當罕見；然而，只要找到好公司，成功機會將比持有平庸的公司更高。根據我的研究，史上偉大且成功的公司，都具有以下 3 項特徵，沒有例外：

1. 有能力深入創造或發掘出某個有使用者需求的新市場，然後深耕市場。
2. 創造公司在這個市場的價值，並能夠使公司和市場的價值結合。

3. 成為這個市場的實際壟斷者，而且能夠持續擴大市場的壟斷。

華倫・巴菲特（Warren Buffett）曾告誡大學新鮮人，投資人應該要抱著一生只有 20 次股票投資機會的心態來投資，這樣你的每次選股都將會無比慎重，成功機會也會大幅增加。菲利普・費雪（Philip Fisher）在已是 91 歲高齡時也曾強調：「最優秀的股票是極為難尋的，如果容易，豈不是每個人都可以擁有它們了？我想購買最好的股票，不然我寧願不買。」

就某種程度上而言，投資就是等待市場有人犯錯（以錯誤價格售出好公司的股票）；當我們懂得耐心等候標的股票的價格到達自己中意的股價範圍，就一鼓作氣地大舉買進。這裡的重點在於，你必須有能力判斷市場犯錯。要怎麼確信市場犯錯？信心來自於「能力圈」，對於那些在自己能力圈內的企業，你會比他人具備更深入的知識進行思考分析，並據此做出更正確的判斷，增加成功機率。

唯有具備超越他人的知識，足夠判斷一家企業的營運情形好壞，才有足夠信心長期持有；不至於因為公司短期的困難就被迫賣出，也才不會在不利因素消除、股價回升後，才來後悔衝動賣股。而在市場下挫，等待絕佳時機來臨時，也才有能力判斷市價是否低於企業應有的價值，並在別人拋售時，從容地大舉進場撿便宜。

務必堅守自己的投資原則，避免隨波逐流

不論你的投資原則如何，投資人應該要慎重地發展一套適合自己、且證明能獲利的投資原則，在任何的市場情況下都不要任意更動。世界上沒有一套投資原則是完美無缺的，任何投資原則都可能會在某段期間內報酬表現不佳，但只要是慎重選擇且已經過證明能獲利的投資原則，長期而言都不應在某段時間或對某個投資標的進行法外開恩、被突然放棄或網開一面。我自己的經驗是：只要違反我自己的投資原則所進行過的例外或衝動投資，結局都是後悔莫及。

巴菲特一再表示：「你不會因為群眾不同意你的看法，就表示你是對的或是錯的；你是對的是因為你的數據資料還有你的推論是對的。」在投資中，讓你覺得舒服的東西很少會獲利；為了保持良好的投資績效，成功的投資人需要一些非常規的、願意與眾不同的行為才行。

全球投資先驅約翰．坦伯頓（John Templeton）則提醒投資人：「如果你買的證券跟別人相同，績效會跟別人一樣；除非你跟大多數人不同，否則不可能創造優異績效。」

我們是投資股票，不是進行民意投票。只要是根據你所取得的事實（例如已公布的財報、執行長對企業的未來展望談話、企業官方正式的媒體公告等）所

進行分析得到的結論，就不需要擔心，因為股市終究會反映企業營運績效所應該有的股價水準。

被譽為「華爾街院長」的班傑明．葛拉漢（Benjamin Graham）就說過一句很貼切的名言：「短期而言，市場是投票機；但長期而言，它卻是一個體重計」。巴菲特則說：「當別人貪婪時你要恐懼，當別人恐懼時你則要貪婪。」投資股票的最佳時機，通常是市場上大多數人認為最絕望的時候。當大家都看好同一檔股票時，這檔股票通常非常昂貴，遠超出它應有的價值。

散戶典型的心態和行為就是追高殺低，導致大部分的投資人賺不了錢，一看到市場上近期的熱門股就不經思考地趕緊上車，深怕錯過致富列車。所有在這種情形「強迫自己買入」的下場，通常結局都不好。原因再清楚不過了，受歡迎的股票通常很貴，買入估值太高的股票，不可能會有好的報酬。不要害怕等待，好的企業再過 3 年，再過 5 年都會是好企業（但如同前述，好的企業很罕見）。正確的做法應該是等待市場冷卻，耐心等候，等到股價達到你滿意的價格水準才買進，才能保證你能有可觀的報酬。

每年都會有無數的股票上市，每個年代也會有當代的新科技和領導企業出現。儘管投資人不必非得放棄原則，執著於非得擁有某家企業的股票不可；然而一旦不考慮安全邊際，強迫自己買入就是虧損的開始。

用 3 項條件篩選出可信任的成功投資人

我們在投資生涯裡總會徬徨無助，想尋求有經驗人士的協助，或是想參考成功投資人的想法或做法，但在採取行動前，請先確定他們是否符合以下 3 項基本條件（缺一不可）：

條件1》擁有10年以上的投資經驗

我只會參考擁有 10 年以上經驗投資人的想法，愈長愈好。原因非常簡單，人生經驗對投資是有幫助的，而時間複利是累積財富的最大因素，因此靠時間複利致富的成功投資人，不可能在 35 歲就累積出他人生的最高財富。一般來說 10 年的期間，一定會經歷市場的熊市、正常的經濟景氣循環週期和多次相當程度的市場修正，再加上許多不可預期的恐慌或大型突發事件導致的巨幅震盪，這些都是成功的投資人必須經歷的考驗。

每個人的一生財商（Financial Quotient）最高的時候大約是在 45 歲～ 55 歲之間，上市公司的管理團隊主要成員，年齡也一定是介於 45 歲～ 55 歲之間居多；這不是巧合，這個年齡階段的專業人士正好處於人生工作敏銳度的高峰，是最有貢獻力的時期。

條件2》具體且具說服力的績效數字

我個人認為至少 10 年的平均年化報酬率（IRR）要超越市場大盤的水準，達到 10% 是基本門檻。過去 25 年（1996 年～ 2020 年）代表美股市場大盤的標普 500 指數，平均年化報酬率是 7.51%，同期間台股加權指數的平均年化報酬率是 7.71%。我們可以用這個投資報酬率的數值做基準，如果 10 年的平均年化報酬率比 10% 低，還不如直接投資追蹤大盤的 ETF（Exchange Traded Fund，指數股票型基金），不必白忙一場。

若能有 15% 以上績效的長期投資人，可以算是非常優秀，這樣的成績明顯超越大盤；20% 以上的長期績效就很罕見了（巴菲特 54 年的投資生涯平均年化報酬率為 20.5%），更值得好好了解他的投資方法與智慧。

條件3》夠大的投資組合金額

以下是美國幾家歷史悠久較著名的證券商，所公布的客戶投資組合平均值（不是中位數）：

◎最大線上券商嘉信理財（Charles Schwab，美股代號：SCHW）購併德美利（TD Ameritrade）後，兩者總共有 2,962 萬 9,000 位客戶，投資組合的平均值是 22 萬 5,849 美元（2020 年數據）。

◎盈透證券（Interactive Brokers，美股代號：IBKR）統計 107 萬 3,000 位

客戶，投資組合平均值是 26 萬 8,966 美元（2020 年數據）。

◎億創理財（E*Trade Financial）的 516 萬 9,757 位客戶，投資組合的平均值是 13 萬 1,050 美元。此為 2019 年數據，億創已在 2020 年被摩根士丹利（Morgan Stanley，美股代號：MS）購併。

為什麼值得學習的投資人需要擁有 10 年以上的投資經驗？因為他可能只是在某一段期間或某一年他的運氣特別好，或是那段期間市場大幅上揚的助攻罷了。投資組合的資金大小為何重要？因為當投資金額具有「相當的規模」時，看待投資的方式、選股的考量、持股的期限、投資的態度、投入程度、還有對市場和風險的看法將會大不相同。

因此，我們建議您在尋求諮詢或參考之前，要確定他同時有 10 年以上的投資經驗、15% 以上的年化報酬率、以及 25 萬美元以上的投資部位這 3 個條件，缺一不可，否則不要輕易採納相信。再強調一次，我們談的是必須要有 10 年以上的投資經驗和 10 年以上的年化報酬率數據，不是去年、市況好的時候、或曾經有一陣子。

此外，我不建議找銀行理專或股票經紀人提供投資建議！而且奉勸投資人能避多遠就避多遠。他們的目的是「賺你錢，不是幫你賺錢」，畢竟他們的工作是當業務員，專長是如何說服你成為他們公司各項金融產品的買家，藉此賺取佣金，這是他們薪水和業績的來源。他們的專長不是理財，更不是投資幫你賺錢，這點要銘記在心。經濟學家凱因斯（John Maynard Keynes）曾向他初入股市的姪子建議「經紀人錯了本來就不奇怪，先別說他們是圈內人這種優勢，如果他們能提供好建議的話，早就賺大錢退休去了。」巴菲特有句經典名言：「永遠不要問理髮師是否需要理髮。」

1-6 追求超額報酬 絕不能缺少美股

「成功之路並不容易，但透過努力、進取和熱情，是有可能實現美國夢的。」

——美國時裝設計師湯米．希爾費格（Tommy Hilfiger）

全球化供應鏈的趨勢並不可逆，台股即使最賺錢的少數公司（包括台積電（2330、美股代號：TSM）），都是外國企業的代工公司，多數公司的營收上下起伏劇烈並不穩定。2010 年～ 2019 年的 10 年間，台股中竟然只有台積電和信邦（3023），這 2 家公司的年度報酬率，每年都能夠打敗代表台股大盤的元大台灣 50（0050）。

美股擁有上百家台積電等級或更優秀的公司

外國公司吃肉，台灣企業最多只能喝湯或啃骨頭。美股則有上百家台積電等級甚至更優秀的企業可供選擇，它們才是掌握著未來趨勢、手握市場訂單，或是擁有「卡脖子技術」（註 1）的命運決定者。

我們做個最嚴重的假設，如果美國決定對台積電進行類似對中芯國際（港股代號：0981）的禁運限制，並聯合盟友搬出《瓦聖納協議》（註2），只要消息一發布，台積電一定連日跌停板鎖死。因為從此台積電就無法取得半導體供應商的設備和原料，更致命的是所有的美國客戶就立即會取消訂單（台積電絕大部分的客戶來自美國，光是蘋果（Apple，美股代號：AAPL）2020年就貢獻新台幣 3,367億7,500萬元的營收，年增36.22%，占總營收比重高達25%。當然，這只是一個想像中的假設，台積電自有其獨特的強大優勢，此處的舉例是想帶大家思考全球供應鏈基本上要看美國臉色）。

歷史上這種事已經發生過。1986年因日商日本電氣（NEC，日股代號：6701）、日立（Hitachi，日股代號：6501）及東芝（Toshiba，日股代號：6502）幾乎壟斷當時的世界半導體市場。無法忍受的美國，強迫日本與美國簽訂《日美半導體協議》，隔年台積電創立並隨著美國推進的水準分工，陸續接到生產訂單，很快步入了增長階段。

註1：形容極為重要的核心技術，若原創者不釋出，他人將難以輕易取得替代技術，並且會因此導致產品無法完成。

註2：世界主要的工業設備和武器製造國在1996年簽署《瓦聖納協議》（The Wassenaar Arrangement），包括美國在內的42個國家同意，進行常規武器與兩用產品和技術出口的管制，旨在遏制軍事技術向中國、北韓和伊朗等國家擴散。2020年2月又進行強化，同意納入軍事等級網路軟體和具有武器能力的半導體零件製造技術出口管制，以防範網路攻擊和其他國際威脅。

美股長期投資報酬率為正成長

美股沒有漲跌幅限制（但有市場和個股的熔斷冷卻機制，以防止瞬間市場的暴漲暴跌）、200 多年的歷史不曾因任何原因造成市場長期關閉、規模巨大，很難被人為操縱、流動性強、法令完備，重要的是歷史證明美股的長期報酬一定是正成長（全球只有美股擁有此項殊榮），投資報酬率遠高過世界上其他股市。美股約一半的交易是非美國人所貢獻的，投資人無論如何都應該配置相當的資金到美股上。

美國線上平價券商現在幾乎都是交易零手續費、能線上立即完成開戶、沒有帳戶最低金額的限制（它們幾乎都有中文電話、中文線上即時通、中文操作介面，而且多是經營 20 年～ 30 年，受美國證券交易委員會（SEC）嚴格監管，且市值很大的公司），需要額外支付的成本就是將美元匯到海外的匯費。

台灣券商也有提供複委託服務，投資人可以選擇開立新台幣或美元帳戶進行下單，需要多支付每筆交易手續費（多有每筆交易的最低門檻限制，例如台灣券商龍頭元大證券複委託美股電子下單手續費最低收取 35 美元，投資人可自行比較）。

我自己用過 6 家美股線上券商的服務，目前較常用的有嘉信理財（Charles

Schwab，美股代號：SCHW）和盈透證券（Interactive Brokers，美股代號：IBKR）這 2 家，皆是美股上市多年的大型公司。

嘉信理財是全美最大的線上證券商，在 2019 年更完成對德美利（TD Ameritrade）線上券商的購併，使其規模和客戶人數和第 2 名的差距拉得更大；盈透證券則是多年來持續榮獲《霸榮周刊》（Barron's）評比功能完善和專業度第 1 名的證券商。它們都有香港分公司，各有優缺點，請看以下我對這 2 家券商的摘要整理（詳見表 1）。

簡言之，若要選擇美國線上券商服務，嘉信理財適合一般散戶和資金不多的入門初學者。盈透證券適合專業人士和大額交易者，而且許多功能都需要額外收費，這點投資人要特別注意。以我 27 年來使用嘉信理財的經驗，嘉信理財提供的服務已經涵蓋一般大多數投資人會用到的各種交易和必備功能，對一般散戶和資金不多的入門初學者，已經足夠了。舉例而言，我個人較常用到，嘉信理財提供以下投資人都會用到的常見，且所需要的基本的功能：

1. 多家著名分析機構為各上市企業所提供的分析報告，包括路透（Reuters）、標準普爾（Standard & Poor's，母公司 S&P Global，美股代號：SPGI）、晨星（Morningstar，美股代號：MORN）等。

2. 證券、ETF（Exchange Traded Fund，指數股票型基金）、選擇權、權證、

期權、債券、基金的買賣。

3. 個股每季GAAP(一般公認會計原則)和非GAAP的盈餘和營收數字追蹤。

4. 強大的個股技術分析走勢圖。

5. 個股新聞、歷史財報和競爭公司的財務數字比較。

6. 每日市場動態，例如交易量和漲跌幅排行榜。

根據 2020 年的資料，全台已經有超過 200 萬人開了台灣證券商的複委託帳戶以投資海外股市；其中投資美股和港股的人數比例約 3：1，各項海外投資額突破新台幣 3 兆元，其中特斯拉（Tesla，代號：TSLA）和蘋果則是被買入的前 2 名。但這並不是台灣特有的現象，日本、香港、新加坡、中國和韓國，近年也有類似這股主要由新一代年輕人所帶動的美股投資風潮。

其中韓國更明顯，因為年輕人普遍認為學歷已經貶值，出社會後的低薪和血汗的工作環境很難改善，靠工作已經無法保障他們的未來生活，新一代的韓國年輕人相信必須靠自己鑽研投資，才能掌握自己的命運，讓未來生活獲得保障。而報酬相對較高、擁有更多具競爭力公司的美股才是他們的首選。

而我個人的投資組合也全部都是由美股構成，25 年來，我透過投資美股，將每 1 萬元滾到 284 萬元的成績，都是投資人務必將美股加入投資組合的最佳證明。

表1 嘉信理財較適合一般散戶使用

——嘉信理財（美股代號：SCHW）vs.盈透證券（美股代號：IBKR）

項目	嘉信理財（Charles Schwab）	盈透證券（Interactive Brokers）
2020年底客戶帳戶總數	2,962萬9,000人，包括德美利（TD Ameritrade）	107萬3,000人，非自然人占43%
2020年底客戶總資產	6兆6,917億美元	2,886億美元，非自然人占64%
2020年全年總交易數	6億5,585萬5,200筆	7億427萬8,000筆
2020年合約數和交易股數	未提供	選擇權6億2,403萬5,000個合約，期貨1億6,707萬8,000個合約，股票3,385億1,306萬8,000股
每月帳戶管理費	無	帳戶資金在3,000美元以下每月收20美元，1萬美元以下收10美元
股票交易手續費	無	每股0.005美元，每次交易至少收1美元
開戶最低金額要求	2萬5,000美元	無
融資利率	6.825%～8.575%	1.45%～2.66%
線上交易全球大部分地區的股票	無	可
其他相關服務	ETF買賣也是0元手續費，另有理財服務	包括即時外匯買賣和各種交易服務，適合專業人士
中文電話服務	美國總公司和香港分公司都有	香港盈透分公司有，美國總公司無
線上即時通服務交談	無	有
中文使用者介面	有	有
附加手續費	股票和ETF相關服務基本上都已經免費	基本上所有功能都必須收費，免費者最好先行確認
全球通行的提款卡	有	無
線上立即完成開戶	無	可
重要性	全美最大的線上證券商	功能完善度第1名的專業證券商
使用者介面和上手程度	使用者介面簡單乾淨，容易上手	使用者介面非常複雜，不容易上手

資料來源：嘉信理財、盈透證券

找出公司競爭優勢

2-1 透過3項標準建立投資原則 篩選具強大護城河的企業

「買具有悠久盈利歷史並擁有主要商業特許權的公司。」

——華倫・巴菲特（Warren Buffett）

對股神巴菲特投資風格有巨大影響的成長股大師菲利普・費雪（Philip Fisher）表示過：「找到真正優秀的企業，即使企業處在創立初期，不論市場表現如何都長期持有；對大部分的人來說，這種做法會比買低賣高更有利可圖。」

追隨投資大師的理念，確立成長股投資策略

我在歷經 2008 年及 2010 年投資組合的大幅減損和 2 年多的深入研究，檢討之前所犯的錯誤，並調整我的投資方式之後，對費雪的這項投資策略深表贊同。經過 10 多年來的確實執行，確立以下的成長股投資原則：

選股》選擇具有強大競爭優勢的企業

選股首要標準是「競爭優勢」，巴菲特及 2 位成長股大師——小湯瑪士・羅

威．普萊斯（Thomas Rowe Price, Jr.）、費雪，都把企業是否具有競爭優勢視為企業過濾標準的第一道門檻；我個人也認為，完全不必浪費時間在沒有強大競爭優勢的企業上。

交易》買進股價必須有安全邊際

即使找到強大的企業，但以過高的股價持有，仍難以獲得好報酬，因此投資人買進前必須檢視 3 個問題：

1. 企業合理的股價是多少錢（訂出合理股價作為買進基準）？
2. 目前的市價和同業相比合理嗎（股價相對合理才值得買進）？為什麼？
3. 目前的股價有安全邊際嗎（有安全邊際的股價能夠提高賺錢的機率）？

請將這句話隨時牢記在心──「投資最終能有多少的報酬，在你買入股票（當時的價格）時就已經決定了。」

策略》長期持有

我一定會思考，企業在未來的 5 年、10 年、20 年後，還會繼續存在嗎？企業的未來長期展望如何？只有聚焦在挑選適合長期持有的標的，才能一起享受企業成長的長期複利。股票投資大幅獲利的根本，來自於長期持有優秀企業的股票。

配置》集中持股獲取超額報酬

分散投資只是防範無知的手段，知道自己在幹什麼，就沒有必要分散投資；過度分散會使報酬趨近於大盤，如果想要獲得超越大盤的超額報酬，應該只購買在能力圈範圍內、自己有深入產業知識及具備高度判斷能力的企業股票，並且長期持有。把所有心力放在少數的幾檔持股上，對這幾家企業的所有動靜了解得愈透徹，自然愈能增加對投資組合的長期持有信心。

追蹤》勤做功課確保持有最佳投資組合

買進股票前務必勤做功課，根據事實獨立思考判斷、研讀資料，閱讀企業最近 5 年財報是基本功，資料愈多年愈好，慎重選股。在建立投資組合後，也須持續關注企業動態，包括目前企業現況和當初買進時相比，經營狀況有大幅改變嗎？是否出現具威脅性的競爭者？企業競爭優勢是否受到動搖？在持有過程中保持追蹤，以確保手中持股為最佳投資組合。一旦在研究思路遇到瓶頸，建議重複研讀經典的投資書籍（詳見本書附錄），從投資大師的智慧中尋得答案。

具備強大競爭優勢的企業，必須通過以下過濾標準：

標準 1》企業是否具備競爭優勢

擁有護城河（商業上的持久競爭力）的企業，愈有能力贏過其他競爭對手，

圖1 企業須具備護城河優勢才有深入研究的必要
——企業競爭力評估流程圖

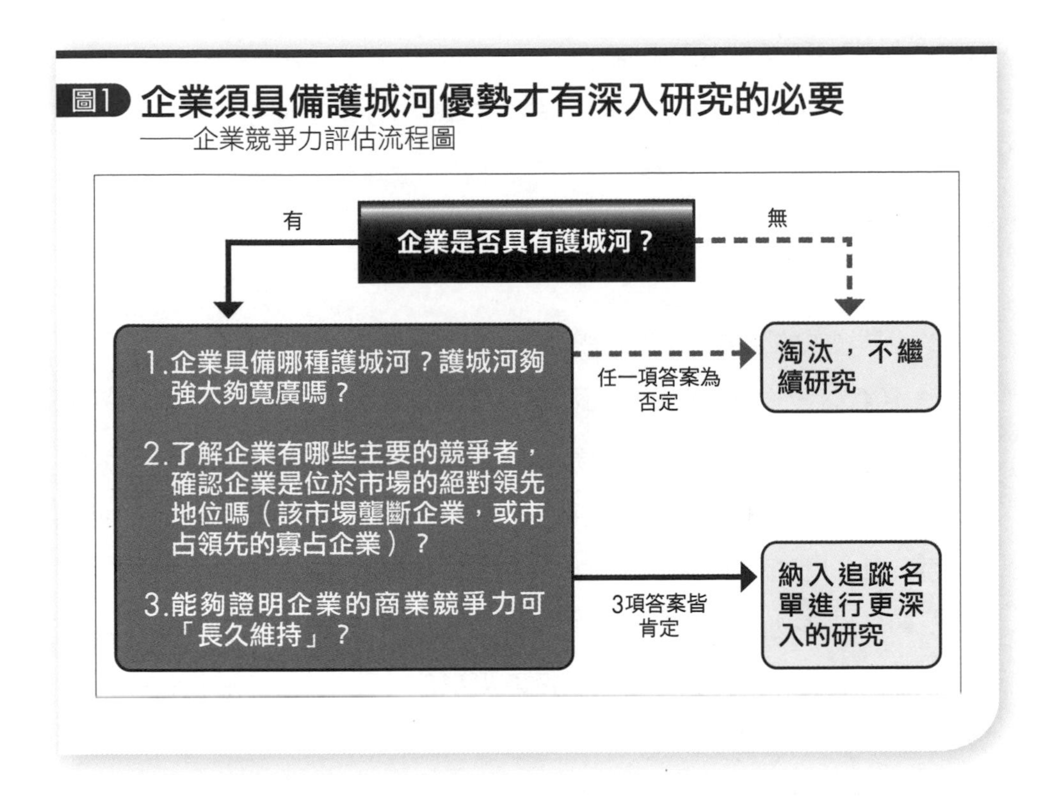

投資人可以利用圖 1 的流程圖來評估企業是否具備競爭優勢。

標準 2》企業的獲利是否具持續性

我非常同意查理・蒙格（Charlie Munger）說的一句話：「如果一家企業有很差的過往歷史，但卻有很光明的未來，那我們會放棄。」

觀察企業5年～10年的獲利表現

研究一家企業時，必須檢查它過去至少 5 年～ 10 年間的表現如何？歷史過往的成績是無法被改變的經營事實，但未來只不過是充滿不確定的想像，有可能不會發生。

觀察企業過去的歷史，是為了確認企業擁有「持續盈利」的能力。以美國標準普爾 500 指數（S&P 500）為例，當中的成分股代表著美國前 500 大市值的優秀企業，會被列入的成分股，除了市值必須達到指數編製企業訂立的標準，企業最近 4 個連續季度的盈餘總和也應該是正值，而且最近 1 個季度的盈餘也應該要如此。歷史上有太多風光上市，前景被一致看好，但卻無法盈利的上市企業，最後只好被購併或下市。歷史已經做了證明，沒有例外，這類連自己都無法養活的企業，要如何期待它能替投資人賺錢？

標準 3》企業是否具成長性

用 5 個問題來檢視一家企業在未來還可不可以有相當程度的成長：

問題①》這家企業所在的產業的潛在市場有多大？

經營一個成熟已飽和的產業，很難期待有大成長的前景。必須找到普萊斯所謂「成長的沃土」──處在成長週期的產業、為業內最具有成長潛力的企業。

問題②》這家企業未來能拿下多大的市場？

潛在的市場有多大？目前的滲透率如何？目前的競爭者有哪幾家？這家企業是否擁有獨特的競爭力，能在市場上脫穎而出？

問題③》這家企業未來繼續成長的可能性有多高？

營收成長率夠高嗎？還是只能趨近於通貨膨脹的個位數成長？巴菲特說過：「作為投資者，你的目標就應該是用合理的價格，買入一家容易理解的企業的部分股權，那種收益在 5 年、10 年及 20 年後幾乎肯定會大幅提高的企業。」

問題④》這家企業是一個壟斷式的平台型企業嗎？

這家企業是否具有屬於自己、明顯強大的獨特生態系統？如果答案是肯定的，那麼這家企業就已經證明了它的平台的商業壟斷能力。壟斷式的平台型企業具有自動集客式的能力、能主動吸引客戶上門、不必投入廣告或營銷資金就能自動發揮群聚和網路的效應，並為企業帶來龐大的利潤。

最好的商業經營模式，就是能提供一個壟斷式的平台，不必隨客戶的增加而同比例性的增加資本投資。這樣的商業經營模式可以具有相對較低的資本投資、取得較高的回報、而且還具有高度的企業業務規模延展性。

目前強大的網際網路科技巨獸們都具有這項特徵。例如 Google（母公司為字母（Alphabet），美股代號：GOOG、GOOGL）只需要開發一段程式代碼，全球幾十億網際網路使用者重複使用的，就是相同的一段程式代碼。

問題⑤》這家企業在10年後還會存在嗎？

既然目標是長期持有，投資人必須懂得評估這家企業的未來長期展望。10年或20年後不會存在的企業，也有可能在明年甚至下個月就倒閉。

怎麼評估？先試著找出能生存至少10年以上的企業，再檢視這家企業過去至少10年的財報（愈多年愈好）。為什麼呢？企業的歷史過往成績是無法被改變的經營事實，能夠存在10年以上的企業，至少證明它能夠盈利賺錢。只要它能夠接著繼續存在20年、30年或50年，它繼續賺錢的可能性當然就會更大。

如果你確信它是家好企業，但是經營歷史未達10年，那麼仍請試著找出這家企業現有的歷史資料，愈長愈好、愈多愈好；依照它過往幾年達成的成績，判斷它接下來10年有何前景？10年和20年後它會成長成什麼樣貌？還是會就此消失？為什麼？

一家偉大的公司，其商品或服務必能滿足廣大消費者的需求，或者為眾多消費者解決問題。美國矽谷創投企業凱鵬華盈（Kleiner Perkins Caufield &

Byers）創辦人尤金・克萊納（Eugene Kleiner）就說過一句創投界的千古名言：「研發完成後，要確信狗想吃狗食。」沒有市場的產品終究是沒有用的。

亞馬遜（Amazon.com，美股代號：AMZN）創辦人傑夫・貝佐斯（Jeff Bezos），在 2014 的年度股東信裡面列出，一項好產品或服務，必須具備以下 4 大特徵：

1. **顧客喜歡它。**
2. **能夠成長至很大的規模。**
3. **能帶來堅實的資本報酬。**
4. **有存續數十年的潛力。**

這 4 大特徵，和我上述所列值得投資的企業過濾標準完全吻合。能滿足這些條件的公司，基本上就值得讓我們列入長期持有的考慮名單。

2-2 長抱微軟、蘋果 獲利能力強到不怕倒

「殺不死我們的東西，會使我們更堅強。」

——尼采（Friedrich Wilhelm Nietzsche）

華倫・巴菲特（Warren Buffett）在資金投入特定股票之前，他要的是這檔股票能夠展現「持續的獲利能力」。在 2007 年的致波克夏（Berkshire Hathaway，美股代號：BRK.A、BRK.B）股東信中，巴菲特進一步闡述了自己更喜歡投資何種類型企業的想法：「真正優秀的企業必須有一條歷久彌堅的護城河，能夠保護投入資本的出色回報。資本主義的天性，會導致任何高回報企業的城堡遭受競爭對手的反覆攻擊。」因此他一再強調「買具有悠久盈利歷史，並擁有主要商業特許權的公司。」「偉大企業的定義：經過 25 年或 30 年仍然能夠保持其偉大企業地位的企業。」

巴菲特和他的老師班傑明・葛拉漢（Benjamin Graham）最大的不同在於，葛拉漢投資重視的是定量的量化方式，在投資組合裡買進大量的便宜股票，期望這些夠多的企業股票可以克服市場多變的狀況，藉以提高收益；但巴菲特較

著重在定性的因素，他尋求的是「居優勢地位的傑出公司，其擁有的特許權難以複製，而且可以持久或幾乎永久保持下去。」

巴菲特幾十年來的選股風格，我們可以將它大致總結為「在較成熟的產業中，尋找因具有很強的品牌力，或是產品擁有獨門技術或配方，讓企業具有市場壟斷或寡占優勢，使得企業對其產品具有一定定價權」的企業。短短的幾行文字，就可以點出股神堅持多年的投資原則，而這一段話裡面所提到的重點品牌力、獨門技術或配方、市場壟斷或寡占優勢、定價權等，就是我們現在要討論的護城河和競爭優勢。

「護城河」這個名詞是 1993 年巴菲特在致波克夏股東信中首次提出的概念，是指企業能夠維持經濟競爭優勢，來保護它的長期獲利和市場占有率的能力，也定義了經濟競爭優勢所具有的 3 項特性：

1. 被需要，有人需要它或者是希望得到它。
2. 沒有接近的替代品。
3. 漲價的權力不會被限制。

1999 年，巴菲特在接受《財富》（Fortune）雜誌採訪時也引用了護城河一詞，用它來概括他的價值投資理論。巴菲特當時如此描述：「就投資一家企業而言，關鍵不在於其所在的行業給社會帶來多大的影響，也不在於企業取得多大的增長，而在於公司擁有的競爭優勢，以及競爭優勢可以持續的時間。只有擁有寬廣、可持續護城河的產品和服務才能給投資者帶來豐厚的回報。」

巴菲特建議投資人利用企業是否具備護城河，來幫助自己進行股票的篩選。著眼點不是去分析某個產業將對社會造成多大的影響，或者它能有多大的成長；而是要去判斷這家公司在經濟上的競爭優勢，更重要的是，競爭優勢必須具有耐久性，訣竅是試著找出它現在所做的和 10 年前相同的事業，為什麼呢？

1. 事實上，10 年是一段不算短的時光，企業有足夠的時間來修正既有的問題，發展出屬於自己的盈利模式，足夠證明這家企業有能力繼續往正確的道路前進。

2. 能撐過 10 年的企業都有很穩固的基礎。如果它們在未來持續做相同的事，出錯的機率會很低。

3. 思考一下，10 年後，是賣霜淇淋的冰雪皇后（Dairy Queen，為 1940 年成立的美國知名連鎖冰品品牌，1998 年成為波克夏全資子公司）還是某個軟體公司會繼續存在？冰雪皇后的霜淇淋已經存在 80 年，證明在這 80 年間經歷過無數的經營困難，擊退無數的強力競爭或挑戰者而生存下來。但是現在風光的軟體新創公司就像初出茅廬未經世事的社會新鮮人，必須拿出在社會上賺錢的真本事，時間才能證明它的生存能力。

優秀公司領導人最重要的工作，就是要能加寬公司的護城河，也就是增加公司的競爭力。巴菲特就曾經對媒體表示過，他只給波克夏大家族的公司執行長們 2 項任務：

1. 持續做它們過去長年在做的事，繼續加寬公司的護城河，這並不是非要企業的利潤要一年比一年多，因為有時做不到；然而如果企業的護城河每年不斷地加寬，這家企業會經營得很好。

2. 把公司賺的現金送到奧馬哈（Omaha，波克夏公司總部所在城市），由巴菲特統一配置進行投資。在 2000 年的波克夏股東大會上，巴菲特進一步解釋說：「我們根據護城河加寬的能力，以及不可攻擊性，作為判斷一家偉大企業的主要標準。」

請注意，巴菲特是用「加寬」公司護城河這個字眼，他鮮少提及護河城深度，我可以理解為——護城河是用來抵禦競爭者「跨」過護城河的。

接下來，我們來看 2 家具有強大護城河的公司：

微軟》美國史上第 2 個達成市值 1 兆美元的公司

應該沒有人會懷疑微軟（Microsoft，美股代號：MSFT）是一家擁有強大護城河的典型優秀企業。讓我們以微軟為例，來檢視具有經濟競爭優勢的公司所應該具備的 3 項特性：

特性1》被需要的必需品

微軟的 Windows 視窗作業系統和 Office 辦公室套裝軟體產品，是大部分企業辦公室都會添購的必備軟體產品，長久以來幾乎獨占全球的個人電腦作業系統市場，以及寡占辦公室套裝軟體產品的市場。

特性2》沒有接近的替代品

20 多年前沒有 Chrome OS，也沒有各種 Linux 版本，除了微軟作業系統之外，只有貴得要死的蘋果 OS X 可以選（一般人買不起，而且個人電腦也和蘋果完全不能相容）。

這 20 多年來即使有了 Chrome OS 和各種 Linux 版本，也完全無法撼動微軟在個人電腦作業系統壟斷獨占的地位；加上它還有在軟體界領先的辦公室套裝軟體、伺服器軟體和雲端平台等各種寡占的產品，企業消費者幾乎不大可能可以完全不用微軟的產品。

特性3》漲價的權力不會被限制

20 多年前（1996 年～ 1999 年），微軟在被各國反壟斷單位調查時，就已經被世界各國認證這是一家具有強大護城河的公司了。當時美國甚至考慮要像對付美國電話電報公司（AT&T，美股代號：T）一樣，將微軟進行分拆。在那個年代，大家都調侃微軟的業務員根本不用經營客戶，客戶都會自動上門來交訂單，這種說法一點也不誇張。

我們可以把微軟的產品，視為所有個人電腦必須隨機出貨安裝的捆綁配件，就像那個年代在台灣買了電視機，會被強迫隨機捆綁 3 家無線電視台一樣。有誰見過 3 家電視台的業務員，挨家挨戶去拜託大家訂閱他們公司的無線電視頻道？因為沒得選，就只有那 3 台可以看。

而隨著微軟挺過美國和歐洲政府多年的反壟斷和分拆危機，各國的反壟斷目標已轉向近年崛起的新一代科技巨獸「GAFA」（Google（母公司為字母（Alphabet），美股代號：GOOG、GOOGL）、亞馬遜（Amazon.com，美股代號：AMZN）、臉書（Facebook，美股代號：FB）、蘋果（Apple，美股代號：AAPL））。微軟也就能夠安心隨著通貨膨脹調整它的產品售價，不必再動輒得咎，擔心壟斷價格被起訴或調查。

再從另一個角度證明微軟護城河的強大程度。3 家著名的國際信用評等公司標準普爾（Standard & Poor's，母公司 S&P Global，美股代號：SPGI）、穆迪（Moody's，美股代號：MCO）、惠譽（Fitch Ratings），一致給予微軟 AAA 級的最高評等，代表微軟發行公司債被倒債的機率是趨近於零。最重要的原因是微軟在 2020 年第 4 季是美國現金最多的企業，坐擁 1,320 億美元，槓桿比率只有 0.56（借貸很低的意思，詳見 4-2）。而標準普爾在 2013 年 6 月破天荒地調降美國的國家主權信用評一級，由 AAA 下調至 AA +，意思是微軟的信用評等比美國這個國家的評等還高！

全美國，只有微軟，以及醫療藥品和民生消費品巨擘嬌生（Johnson & Johnson，美股代號：JNJ）這 2 家公司，同時被 3 家國際信評公司授予 AAA 級的最高評等。原因都是這 2 家公司的護城河都夠寬、產品都具有強大的競爭力、公司可以產生源源不絕的現金，不愁沒錢還債。

轉眼過了 20 多年，當時不僅微軟被質疑且引領業界的產品還是繼續壟斷著市場，更可怕的是，2010 年微軟推出雲端運算平台產品——Azure，這項產品改變微軟的命運和產業的生態。如今微軟的 Azure 和亞馬遜的 AWS，這 2 個雲端運算基礎平台產品高居全球市占的前 2 名，合計超過一半的市場占有率，是典型的市場雙寡占產品（Canalys 在 2020 年的調查顯示亞馬遜、微軟、阿里巴巴（Alibaba，美股代號：BABA、港股代號：9988）、字母（Alphabet，美股代號：GOOG、GOOGL），市占率分別為 31%、20%、7%、7%）。

再加上微軟新任執行長薩蒂亞．納德拉（Satya Nadella）成功改變公司的文化和策略，宣告微軟放棄長期以來以 Windows 為中心的微軟產品方向，擁抱 Linux、iOS、和安卓（Android）等非 Windows 的平台，擴大市場並建立更寬廣的護城河。這一切的改革不僅獲得客戶的喜愛和支持，也使公司營收和獲利大幅上揚，這一切也顯示在公司的股價表現上。

微軟股價從新任執行長自 2014 年 2 月上任 5 年多來，上漲超過 4 倍，成為美國史上第 2 個達成市值 1 兆美元的公司。可見好的企業能克服各種艱難挑戰，而且能隨著時代和科技的演進變得更為強大，微軟可說是為全世界的企業上了珍貴一課。

蘋果》波克夏持股比重最高的公司

無庸置疑，蘋果也是一家偉大的公司，蘋果也是巴菲特的波克夏最大的持股（截至 2020 年 12 月 31 日，占波克夏所有持股比重高達 42.82%）。蘋果和微軟這 2 家公司的市值，在 2019 年及 2020 年穩居美國股市前 2 名。我們來看看，蘋果是否同樣具備經濟競爭優勢的 3 項特性：

特性1》被需要的必需品

蘋果的主要產品雖不能說是民生必需品，但也已是現代人生活不可或缺的配備，包括智慧型手機 iPhone、智慧型手錶 Apple Watch、平板電腦 iPad、筆記型電腦 Macbook、應用程式平台 App Store，以及蘋果產品衍生出的獨有生態圈。蘋果的產品黏著度高，在市場上有相當高的需求，這從歷年美國聖誕季網購採買清單上，蘋果產品始終享有高人氣就可以知道。

特性2》沒有接近的替代品

蘋果的主要產品是消費型產品，消費者在市場上還是可以找到許多的可替代選擇，例如來自安卓陣營的眾多產品，削弱了蘋果在「沒有接近的替代品」這項特性上的得分。

特性3》漲價的權力不會被限制

漲價權力是蘋果的強項。蘋果產品在市面上有許多死忠的粉絲，擁有強大的品牌忠誠度，即使調整它的產品售價，還是不會影響它的產品銷售量。雖說全球使用 iPhone 的人數只有使用安卓手機人數的 1/6 而已，但是根據許多市調公司的結果顯示，蘋果手機使用者的平均花費是安卓使用者的 4 倍！

最後，在蘋果和微軟兩相比較之下：

1. 標準普爾和穆迪 2 家國際信用評等公司只給予蘋果 AA +的公司評等，比微軟獲得的評等 AAA 級次了一級。當然蘋果在「沒有接近的替代品」此項目稍居下風，但這也是因為它的產品是消費終端硬體的宿命使然。

但比較主要的因素是蘋果的財務槓桿較大（借了比較多的錢的意思），增加被倒債的機率，這才是信用評等公司們最在意的（這也是信用評等存在的主要目的）。這部分我們將在 4-2 再深入討論。

2. 微軟的優勢明顯更勝蘋果一籌，這也反映在股票市場對 2 家公司的估值差異上。即使蘋果 2019 年推出許多大受好評的非硬體產品，而且服務業務已經成為營收的第 2 大支柱，市場也已對蘋果的估值做過大幅調升；可是微軟的本益比還是比蘋果高（若比較 2021 年 3 月 5 日的本益比，微軟為 34 倍、蘋果為 32 倍）。

微軟與蘋果這 2 家公司都擁有明顯的寬廣護城河，這 2 檔也是我個人目前的重要持股。以 2021 年的此刻而言，我認為它們都還會是適合投資人長期持有的成長股。

2-3 了解常見的護城河樣態 掌握成長股穩健的經營優勢

「如果你在漲價之前必須舉行祈禱會，那你就沒有護城河。」

——華倫．巴菲特（Warren Buffett）

能夠成為「超級成長股」的公司，必然具備業務開展能力，進而創造營收與獲利成長的續航力；這些公司能夠成功的關鍵，正是股神巴菲特所重視的「護城河」。

相信許多對基本面選股有興趣的投資人都閱讀過一本講述護城河的經典書籍——《護城河投資優勢：巴菲特獲利的唯一法則》，接下來我也會以這本書中提到的護城河分類為基礎，並根據我多年來研究成長股的心得，一一介紹我所認為卓越公司需要具備的護城河樣態。

壟斷》單一業者獨占特定市場

「壟斷」是所有競爭優勢當中最強的一種，是指唯一的一家業者獨占某個特定產業的市場，形成競爭者無法進入的絕對競爭優勢地位。

完全壟斷在現實世界很難出現，因為各國為維持市場公平競爭，都會立下「反托拉斯法」（反壟斷的法規），由主管機構介入管理，不允許這種情形發生。因此消費者在市場上能看到的完全壟斷市場的企業，很少會是公開上市的企業，通常是各國的國營企業，例如：

1. 銀聯卡：在中國壟斷當地的信用卡支付方式，它是中國的國有企業，不是中國的公開上市公司。

2. 台灣電力公司：是在台灣營運的唯一一家電力公司，也不是台灣的公開上市公司。

比較常見的是，市場上雖有同業競爭者，但競爭者的市占和實力根本難以與其抗衡，雖未造成名義上的壟斷，但早已形成「實質上」的壟斷：

範例1》英特爾實質壟斷個人電腦的中央處理器市場

國際晶片大廠英特爾（Intel，美股代號：INTC）在 x86 個人桌上型電腦、筆記型電腦和伺服器的中央處理器市場，名義上是和超微（Advanced Micro Devices，美股代號：AMD）2 家公司瓜分全球的 x86 中央處理器的市場；但幾十年來，超微的市占率大部分的時間都在 10%，甚至是低於 5% 以下，根本無足輕重，未曾威脅到英特爾的市場獨霸地位。因此，英特爾在個人桌上型電腦、筆記型電腦和伺服器的 x86 中央處理器市場，是處於名義上的寡占，事實上卻是壟斷獨占的絕對有利地位，這在全球產業中很少見。

範例2》微軟實質壟斷個人電腦作業系統市場

再如微軟（Microsoft，美股代號：MSFT）的 Windows 作業系統是大部分企業辦公室個人電腦和筆電的必備系統軟體。

根據 Netmarketshare 在 2020 年 10 月發布的報告，微軟的 Windows 作業系統市占 87.56%、蘋果（Apple，美股代號：AAPL）的 macOS 市占 9.54%、Linux 市占 2.35%、Chrome OS 市占則只有 0.41%。近 30 年來，雖持續有諸如蘋果 macOS、字母（Alphabet，美股代號：GOOG、GOOGL）的 Chrome OS 及 Linux 在作業系統領域的挑戰，但始終無法撼動微軟在個人電腦作業系統的獨霸地位。

寡占》少數企業聯合壟斷特定產業

寡占是指少數幾家業者聯合壟斷某個特定的產業，形成競爭者無法進入的競爭優勢，以下公司都是相當經典的例子：

範例1》全球發卡銀行雙雄寡占

發卡機構威士卡（Visa，美股代號：V）和萬事達卡（Mastercard，美股代號：MA），提供全球信用卡金流服務，在中國以外的全世界市場，長期形成信用卡支付方式的雙寡頭壟斷。日本地區較流行的JCB卡（未上市），或是主要在美國本土流通的美國運通卡（American Express，美股代號：AXP）、大來卡（Diners Club，美股代號：C）、發現卡（Discover Card，美股代號：DFS），商家的接受度和流通性都較低，具有明顯的地域侷限性。不論是跨國網路的支援、發卡量、刷卡金額，或商家的接受度，都極難與全球商家都接受的威士卡與萬事達卡抗衡（詳見圖1、圖2）。

根據市調公司尼爾森（Nielsen）於2020年10月發布的2019全球流通支付卡報告指出，全球共有228億張流通中的支付卡（Payment Card）：中國的銀聯卡有84億張；威士卡有34億張；萬事達卡有22億張；限本國國內使用的各種支付卡共有16億張；其他各種支付卡有72億張。

尼爾森的這份支付卡調查報告有幾點需要特別說明：1.報告中的支付卡包括提款卡（Debit Card）、信用卡（Credit Card）、預付卡（Prepaid Card）、禮物卡（Gift Card）、拉丁美洲和開發中國家很流行由政府單位發行的福利卡（Benefit Voucher）、發卡行與大型企業合作只能在特定企業商店消費時使用的品牌專屬信用卡（Private Label Cards）；2.銀聯卡有90%流通於中國，國

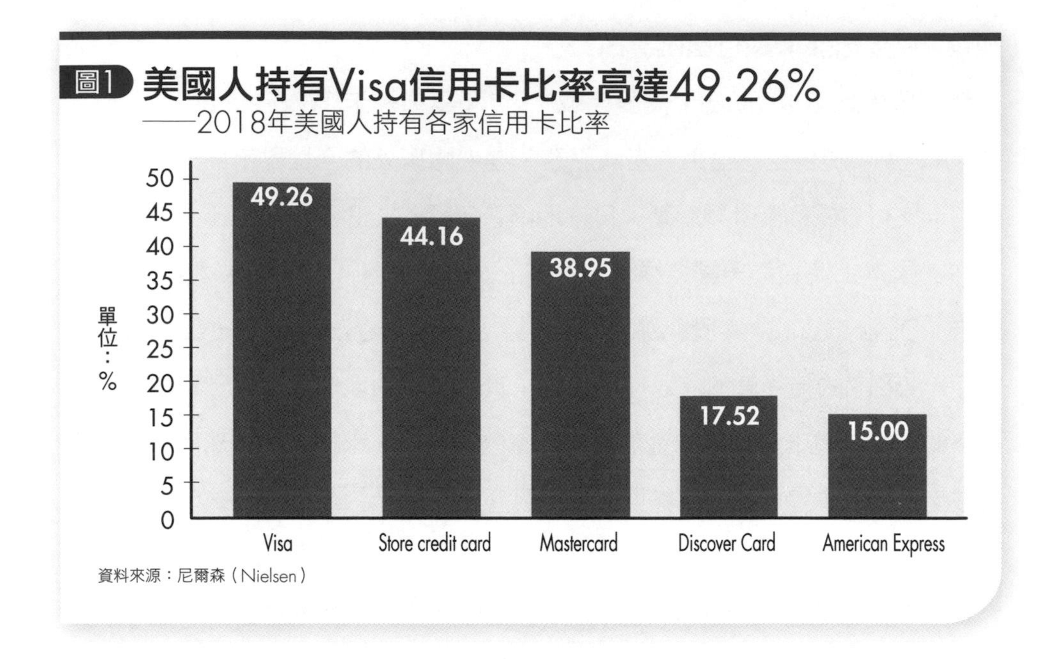

圖1 美國人持有Visa信用卡比率高達49.26%
——2018年美國人持有各家信用卡比率

資料來源：尼爾森（Nielsen）

際流通較受限；3. 除了威士卡與萬事達卡外，其他的卡種流通性、使用範圍都有限制。

範例2》中國行動支付市場呈現雙寡占

相較於其他國家，中國的信用卡支付並不盛行，而大約自 2011 年起智慧型手機普及、中國電子商務蓬勃發展以來，「行動支付」逐漸成為中國人民最主要的支付方式；根據艾瑞諮詢 2020 年第 2 季的中國行動支付市占調查報告；阿里巴巴（Alibaba，美股代號：BABA、港股代號：9988）的支付寶市占為

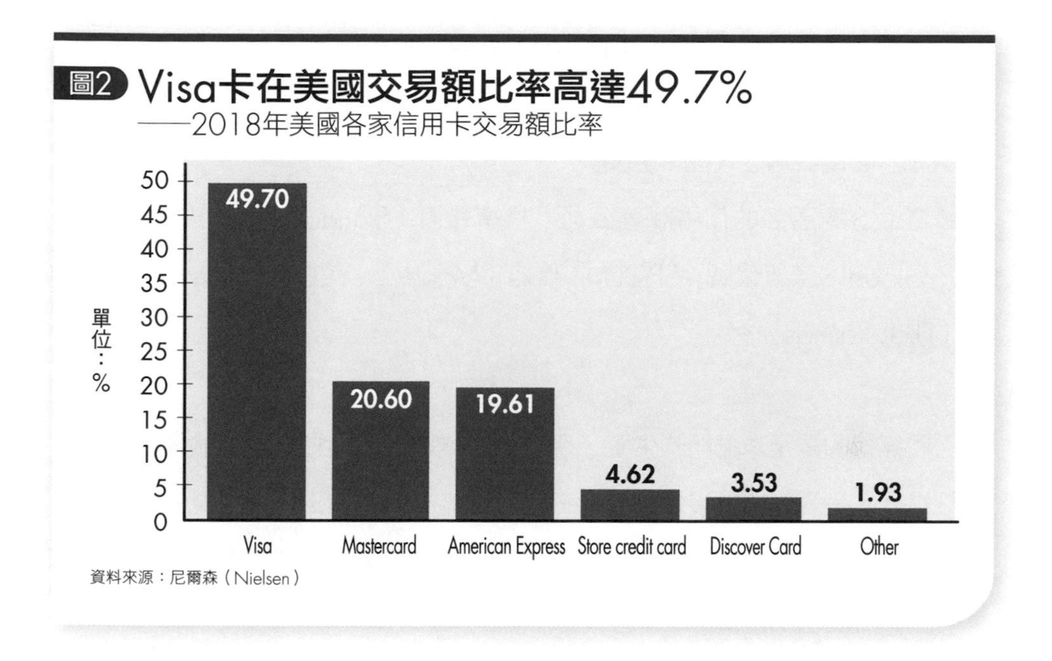

55.6%、騰訊（Tencent，美股代號：TCEHY、港股代號：0700）的財付通為38.8%、其他廠商合計 5.6%。若不使用支付寶或財付通支付，在中國的日常生活會寸步難行。

範例3》美國房屋抵押貸款的唯二機構

「房利美」（Fannie Mae，美股代號：FNMA）和「房地美」（Freddie Mac，美股代號：FMCC）是美國法律允許的唯二房屋抵押貸款機構。兩者的主要業務是在美國房屋抵押貸款二級市場中收購貸款，並向投資者發行機構債券或證券化的抵押債券，以較低成本集資，賺取利差。

範例4》信用評等3大國際巨頭

國際上 3 家著名的信用評等公司：標準普爾（Standard & Poor's，母公司 S&P Global，美股代號：SPGI）、穆迪（Moody's，美股代號：MCO）、惠譽（Fitch Ratings）。

它們經營的是全球獨門的生意，所有的企業都需經過它們出具的信用評等，一般銀行、投資銀行或資金放貸業者才會依這 3 家公司出具的意見，給予企業適當的融資和債券利率條件，這 3 家極具公信力的公司，在國際市場上已形成實質壟斷的態勢。

其中，穆迪是由商業數據分析公司鄧白氏（Dun & Bradstreet，美股代號：DNB）於 2000 年分拆出為獨立公司，巴菲特曾於 1999 年投資鄧白氏，並於 2000 年首次投資穆迪。

由於 2008 年發生的金融海嘯，美國政府希望了解金融海嘯的成因，組織了「金融危機調查委員會」（Financial Crisis Inquiry Commission），調查過程中曾將矛頭指向包含穆迪在內的信用評等公司（因為它們為引發金融海嘯的不動產抵押債券做出高評級），並於 2010 年 3 月對於身為穆迪大股東的巴菲特進行訪談，我們可從以下的訪談節錄，一窺巴菲特對於穆迪的精彩見解：

巴菲特：「鄧白氏的生意很好，穆迪又更棒。基本上，評估一家公司最重要的是『定價能力』（pricing power），如果你擁有調漲售價卻又不會損失任何客戶的能力，那麼你擁有的就是非常棒的生意。如果你連調漲 0.1 美元都要先禱告，那麼你擁有的是相當糟糕的生意。」

調查委員：「你的導師班傑明・葛拉漢（Benjamin Graham）和你都曾提及管理階層的重要性，在你決定投資時，穆迪的管理階層有什麼吸引你之處？」

巴菲特：「我並不清楚穆迪的管理階層，我說過很多次，一家生意模式很爛的公司，儘管有極佳的管理階層，仍不會造成什麼改變。如果你擁有壟斷市場的報紙或電視台，就算是你的笨蛋外甥也能夠經營它。一家擁有非凡生意模式的公司，並不太需要特別卓越的管理者。」

調查委員：「你曾為穆迪的戰略決策提供任何意見嗎？」

巴菲特：「如果我認為它們需要我，我當初就不會買它們的股票。」

儘管巴菲特曾經減碼穆迪持股，不過截至 2020 年 12 月 31 日，擁有巴菲特口中絕佳生意模式的穆迪，仍是波克夏（Berkshire Hathaway，美股代號：BRK.A、BRK.B）相當重要的持股之一（截至2020年12月31日占比2.55%，為第7大持股）。

無形資產——專利》最有效的排他性競爭優勢

「無形資產」是指企業本身所擁有、不能具象化的資產。其中，能夠帶來競爭優勢的主要是「專利」及「知識產權」，讓企業得以守住這些無形資產建構而成的堡壘。專利受到法律保障，是最有效的排他性競爭優勢。我們以藥廠的原廠藥專利，以及智慧型手機的標準必要專利，來說明擁有專利的廠商所能享有的超級競爭優勢。

範例1》原廠藥在專利期間，政府不允許其他競爭者加入

美國的原廠藥由於開發曠日費時，動輒10年以上，以及需要至少10億美元以上的龐大資金投入研發；因此美國的食品藥物管理局（FDA）都會在原廠藥上市時，授予13年的專利保護（亦可能因個別狀況予以延長）；非原廠藥（註1）則需在原廠藥的生產廠商專利到期後，才能加入競爭。

因此在這13年的專利保護期間，原廠藥的生產廠會有極其龐大的利潤。舉例來說：

①輝瑞降血脂用藥立普妥：美國知名藥廠輝瑞（Pfizer，美股代號：PFE）開發的降血脂用藥立普妥（Lipitor），在專利保護期間，曾在 2006 年創下最高近 129 億美元的年度銷售額；但在 2011 年專利到期後，年度銷售額大幅衰退，2012 年僅剩不到 40 億美元，隔年只剩約 23 億美元，而後直到 2019 年都很少超過 20 億美元。

②亞培治療類風濕等疾病的自體免疫用藥 Humira：亞培（Abbott，美股代號：ABT）的自體免疫用藥 Humira 自 2003 年上市後便一舉成名，而後亞培分割西藥部門為獨立的艾伯維公司（AbbVie，美股代號：ABBV）。Humira 於 2015 年超越輝瑞的 Lipitor 成為最暢銷藥物，光是 2018 年一整年就創造了近 200 億美元的營收，2019 年及 2020 年營收也都維持在 190 億美元以上的水準。

Humira 在美國及歐洲都有進行專利布局，其中較大的美國市場取得高達百項以上專利，而核心專利經過展延之後將於 2023 年 1 月到期；因此儘管 2017 年～ 2018 年有其他藥廠獲得授權可生產 Humira 的生物相似藥，但仍需等到

註 1：藥物分為小分子藥（化學藥物）和大分子藥（生物製劑，主要是注射針劑的型態）。前者的仿製藥稱為學名藥（Generic Drug），是按照原廠藥的化學式合成出相同成分的藥物，生產門檻較低；後者的仿製藥則稱為生物相似藥（在美國稱為 Biosimilars），生產門檻較高。

2023 年 Humira 專利到期後才能於美國上市。

③默克的抗 PD1 免疫療法癌症用藥 Keytruda：亞培的 Humira 受專利保護到期後，競爭者將加入瓜分最大的美國市場，可預期屆時銷售額將受到衝擊。默克（Merck & Company，美股代號：MRK）於 2014 年上市的免疫療法癌症用藥 Keytruda，是接下來被看好的全球最暢銷藥物，2018 年～ 2020 年的年度銷售額從 72 億美元成長到 144 億美元；隨著更多適應症的核准，市場更預估 Keytruda 在 2025 年之前，年度銷售額可望達到 222 億美元。

非原廠學名藥或生物相似藥業者會在原廠藥專利到期後盡快加入競爭、爭奪市場。但是世界上有關的法規正在發生改變，2017 年 8 月，FDA 打算加速核准更多的學名藥上市，學名藥廠的利潤恐遭到大幅壓縮。這個巨大改變對許多非原廠藥商的營收造成重創，例如號稱以色列國家之光的全球最大的仿製藥製造商 Teva（Teva Pharmaceutical Industries，美股代號：TEVA），就因此遭遇空前危機，Teva 的股價一天之內下跌高達 24%，幾乎倒地不起。

Teva 幾任的執行長都對公司究竟應發展學名藥，或是自行開發原廠藥的長期發展路線爭論不休。由於 Teva 一路進行槓桿操作，舉債購併昂貴的學名藥廠，使公司的負債高達 300 多億美元；接著創辦人之子又涉入購併案中的詐欺、毀約官司和賄賂等一連串醜聞，還因此引發投資人控告公司隱匿因操縱價格遭

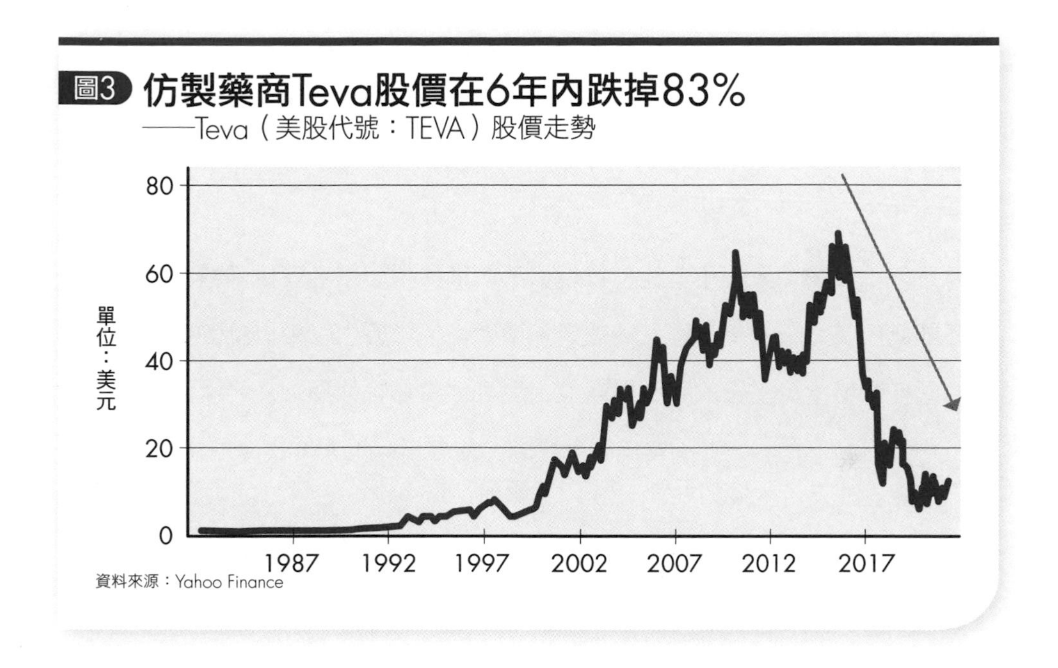

司法調查的重大資訊。不過真正導致Teva股價長時間下跌的是年銷40億美元、占營收達 2 成的公司金雞母——治療多發性硬化症藥物 Copaxone 專利到期，面臨其他學名藥廠的競爭。2017 年第 4 季，連巴菲特都進場撿便宜，大舉購入 Teva 的股票 1,880 萬股。公司的股價由 2015 年 7 月的高點 72.31 美元一路暴跌，已經跌掉 83%（截至 2021 年 3 月 16 日），還未見起色（詳見圖 3）。

西方各國的原廠藥大多都非常昂貴，而開發中國家的人民收入水準根本負擔不起，因此像印度政府為造福窮苦的本國百姓，對本國藥廠在仿製屬於小分子藥的學名藥時，給予特殊的在地法律保護，使印度成為全世界最大的學名藥生產國。

但是若仿製屬於大分子藥的生物相似藥，則比仿製學名藥更困難，主要原因是不同藥廠的大分子藥製程上的差異，會大幅地影響生物相似藥的藥效。也因此，即使原廠大分子藥的專利到期並出現其他生物相似藥加入競爭，許多例子都證明對原廠的衝擊，並不會像學名藥對一般原廠藥的衝擊那麼巨大。

範例2》高通握有多數手機必要專利，坐享長期龐大授權收入

說到專利，不能不提到最具有代表性的例子——美國晶片設計廠高通（Qualcomm，美股代號：QCOM）。高通握有大部分手機的必要專利，所有智慧型手機的製造商都無法閃避高通擁有的專利。

這些手機的「標準必要專利」（Standard Essential Patent，SEP）權利金收入，對高通有多重要呢？

①占高通全部營收的 1/3。

②比賣晶片好賺，因為不須每年投入大量的資金再研發，或是投入生產成本

進行設備更新或維護。

③手機業者必須簽署同意支付此項專利費用的協議書，才能獲得高通的晶片。而手機業者因為擔心失去高通晶片這個貨源，因此很難與高通談判或企圖調整專利權利金價碼，高通也為此在全球各國都遭到反托拉斯調查和罰款，可見它的壟斷情況之嚴重。

◎美國：聯邦貿易委員會（Federal Trade Commission，FTC）於 2017 年提出高通的反壟斷案，一度被認定高通具有壟斷事實，但又遭到駁回。2021 年 3 月底，聯邦貿易委員會最終決定放棄上訴，不再繼續此案。

◎歐盟：歐盟委員會（European Commission，EC）於 2018 年對高通處以 9 億 9,700 萬歐元的壟斷罰款、2019 年又因高通 10 年前阻止競爭對手進入市場，被歐盟委員會罰款 2 億 4,200 萬歐元、2020 年再因利用在射頻晶片市場中 5G 數據晶片的市場地位，從事反競爭行為被裁定罰款。

◎中國：在 2015 年被罰 9 億 7,500 萬美元，專利權利金經協商後降為 65 折。

◎韓國：在 2016 年被罰 8 億 5,400 萬美元，而且裁定以後不准高通再收這種標準必要專利權利金。

◎台灣：在 2017 年被罰 7 億 7,500 萬美元，2018 年台灣政府縮手只罰了 9,300 萬美元，竟向高通妥協，由高通未來 5 年投資台灣 7 億美元來取代這筆天價罰金。

高通不僅和全球各國有反托拉斯調查和罰款的訴訟，也和許多的手機業者因此鬧上法院。其中，最有名的例子就是蘋果的多年專利權利金大戰。依蘋果提供給法院的書面資料，蘋果歷年付給高通的專利權利金（請注意這僅是手機專利授權金，不包括數據機晶片的費用）：2011 年：4 億 6,550 萬美元；2012 年：6 億 7,900 萬美元；2013 年：7 億 6,750 萬美元；2014 年：9 億 6,330 萬美元；2015 年：11 億 6,000 萬美元；2016 年：10 億 8,000 萬美元。後來蘋果只願意每支手機付高通 1.5 美元，可是實際高通拿走了 7.5 美元，雙方差距實在太大，導致雙方最後不得不對簿公堂。2016 年蘋果一家公司所付的 10 億 8,000 萬美元，就占了高通當年度向所有手機廠商總收費 79 億美元中的 13.7%。

蘋果一再表示高通的手機專利授權制度不合理，蘋果執行長庫克（Tim Cook）還做過一個生動的比喻：「我賣房子，我房子裡只不過用了你們生產的沙發而已，而我還先付了沙發的錢，但是你卻要『再』強行依我出售整棟房子的售價中，抽取某個百分比作為佣金，這樣合理嗎？」

此外，由於高通數據機晶片的售價實在太高，為了增加談判籌碼，蘋果從2017 年的 iPhone 後就開始部分改用英特爾的數據機晶片，2018 年起則全部改用英特爾數據機晶片，從此和高通鬧翻，雙方互控鬧上法院。業界估計，2017 年蘋果光是數據機晶片，就付了 10 億美元給英特爾，2018 年全面使用則付了約 20 億美元。

蘋果和高通鬧翻後開始拒付高通的手機專利授權金（請注意：手機專利授權金和數據機晶片是 2 件事，蘋果公司須付 2 筆錢），2017 年 1 月 20 日蘋果把高通告上法院，這一決定使得高通的股價在接下來的一星期內跌掉了 17%。慘劇還不只如此，此舉造成高通 2017 年的年度淨利大幅縮減，由 2016 年的年度淨利 57 億 500 萬美元減少至 24 億 6,600 萬美元，減幅高達 58%（我們可算出來其中的差額，就是高通 1 年由蘋果一家公司所淨賺的錢；2018 年蘋果改用英特爾的晶片只花了 20 億美元，但沒付專利授權金）！

2019 年 4 月，蘋果與高通纏訟達成世紀和解。雙方撤銷所有訴訟，達成為期 6 年全球專利許可協議，其中包括 2 年的延期選項，蘋果還必須支付高通款項，蘋果將補給高通的授權費金額估計在 45 億美元～ 47 億美元之間。高通的股價當天以大漲 14.7% 回應，而且在接下來的 1 週內共漲了 58%。蘋果和高通和解後，改回去用高通的數據機晶片。

失去了蘋果這個幾乎是唯一的大客戶，造成英特爾生產的數據機晶片完全賣不出去，原因有 3 個：

①所有中低階手機，都會使用和手機主要應用程式處理器封裝在一起的整合式數據機晶片，藉以降低成本，也可省去工程設計上的困難和額外增加的資源投入，沒有中低階手機會去用英特爾這種貴死人的獨立的數據機晶片。

②英特爾的數據機晶片報價，原本就比市場同等級的產品高出很多，但效能卻不是頂尖。

③英特爾自從裁撤行動運算部門後，現在原行動運算部門只剩下生產獨立數據機晶片的事業單位而已，但問題是客戶不喜歡獨立的數據機晶片。原因如下：

❶獨立的數據機晶片會占去額外的主機板空間。手機已經很小了，沒有人願意自找麻煩，再去煩惱要如何挪出額外的空間給獨立的數據機晶片。

❷獨立的數據機晶片需要獨立供電，會減低手機電池的供電時間，意思是你的手機就可能三不五時地需要時常充電，或是換用較大的電池才行。

❸獨立的數據機晶片會產生熱源，還要花心思去散熱。

❹獨立的數據機晶片容易產生訊號的干擾，這是手機設計工程師們最頭痛的事之一。

英特爾數據機晶片部門喪失唯一的蘋果這個客戶後，只能任人宰割，加上蘋果多年來也已經投入不少資源，想開發自己的數據機晶片。雙方一拍即合，英特爾於 2019 年在沒有選擇餘地的情況下，以 10 億美元的低價，把數據機晶片整個部門賣給蘋果。

無形資產——知識產權》他人未經授權則不得任意使用

知識產權（Intellectual Property，IP）即所謂的智慧財產權，規範他人在未經授權的情況下不得任意使用，也是一種法律上的保障。2021 年 3 月 5 日，WikiMili 根據上市公司財務數據、全球第三方權威數據統計平台等，匯總得出全球最賺錢的前 50 個 IP。由於篇幅限制，在此僅列出前 10 個（詳見表 1）。

靠知識產權維生的著名企業，首推美國娛樂集團華特迪士尼公司（The Walt Disney Company，美股代號：DIS，以下簡稱迪士尼）。迪士尼擁有累積近百年的龐大知識產權，目前靠這些無形資產經營著龐大的娛樂帝國（表 1 列出的全球最賺錢前 10 大 IP 名單中，迪士尼一家公司就占了一半）。

這些無形資產主要有：

1. 大量的經典卡通片和電影：2016 年統計共有 4,000 多部卡通片和電影。

2. 遍布全球的 12 個迪士尼樂園：2019 年共吸引 1 億 5,500 萬名遊客，還有世界各地無數的迪士尼產品專賣店。

3. 網路串流視訊 4 大平台：Disney +、Hulu、ESPN +、Star。

4. 電視網：3 大無線電視網之一的 ABC、ESPN、迪士尼電視頻道、迪士尼音樂頻道、還有遍布各國的許多有線電視頻道。

5. 電影品牌及製作公司：迪士尼旗下的電影品牌和製作公司包括：21 世紀福斯、福斯探照燈影業、福斯 2000 影業、福斯家庭、福斯動畫、福斯 21 製作、國家地理頻道、華德迪士尼影片、皮克斯動畫工作室、漫威漫畫、迪士尼卡通、星際大戰系列電影、盧卡斯影業、迪士尼影業、試金石影業、印度的 UTV。

一家企業旗下就有這麼多知名的影片製作公司，怪不得迪士尼可以達成以下

表1 華特迪士尼擁有多項獲利驚人的IP

——全球最賺錢的前10大IP

排名	IP系列	誕生年份	累積總收入估計值（美元）	原始媒體類型	IP擁有者	國家
1	精靈寶可夢	1996	1,000億	手機遊戲	任天堂	日本
2	凱蒂貓	1974	845億	禮品	三麗鷗	日本
3	維尼熊	1924	803億	圖書	華特迪士尼	美國
4	米老鼠	1928	803億	卡通	華特迪士尼	美國
5	星際大戰	1977	687億	電影	華特迪士尼	美國
6	迪士尼公主	2000	464億	卡通	華特迪士尼	美國
7	麵包超人	1973	449億	漫畫	Froebe-Kan館	日本
8	漫威電影宇宙	2008	353億	電影	華特迪士尼	美國
9	瑪利歐	1981	346億	電玩遊戲	任天堂	日本
10	哈利波特	1997	322億	小說	J.K.羅琳	英國

資料來源：維基百科「List of highest-grossing media franchises」

的驚人成就：1. 史上最賣座的 30 部電影，迪士尼占了 16 部；2. 史上最賣座的卡通片，前 3 名皆為迪士尼出產；2019 年美國最賣座的 10 部電影，迪士尼占了 7 部；2019 年美國電影票房共計 112 億 6,000 萬美元，迪士尼獨吞其中的 38%；第 2 名的華納（WarnerMedia，美股代號：T）只有 13.8%。迪士尼的這些影片或產品，可以無限次被出售、授權、和播放，不必有任何的資金再投入。現在你可能看過，而你的後代也會付錢看這些影片，這就是知識產權的威力。

政府特許》須花費鉅資取得營業執照

某些使用有限資源的特定事業，需要經過政府許可才能營業，可說是擁有先天優勢，在政府保障之下，它們得以直接阻斷新競爭者的挑戰（詳見表 2）。這些事業的經營，都需要政府發給執照，有些營業執照必須耗費鉅資購買才能取得，例如各國的無線電信業者。

以台灣剛完成的 5G 頻譜標案來說，5G 頻寬競價作業，由中華電（2412）、遠傳（4904）、台灣大（3045）、亞太電（3682）、台灣之星等 5 大電信業者創下 1,380 億 8,100 萬元標金的紀錄，隨後的第 2 波 5G 位置競價作業開出 41 億 1,000 萬元標金。總價金衝至世界第 3 高，令人咋舌！

此外，因為特許事業的經營期限有限制，到期必須重新申請或展延；缺點為業者的產品及服務價格，須經主管機關審議通過才行。對投資人來說，政府特許的企業會具有以下的特性：

1. 因政府特許，企業股價非常穩定，不會大幅波動。
2. 通常是各國股市中的藍籌股。
3. 由於營收非常穩定，一般來說特許的上市企業都會配發股利，所配股利的殖利率在市場上算是較高的族群。

表2 電信、金融業等皆為政府特許事業
——政府特許事業主要有5種類型

類型	舉例
1.電信業	市話、行動通訊服務供應商，如美國電話電報公司（AT&T，美股代號：T）和威訊通訊（Verizon，美股代號：VZ），台灣的中華電（2412）、台灣大（3045）、遠傳（4904）等
2.金融業	銀行、保險、證券商等
3.民生公用企業	電力、天然氣、自來水等
4.媒體業	電視、廣播電台、報紙等，例如中視（9928）、壹傳媒（港股代號：0282）
5.大眾運輸業	地鐵、高鐵、鐵路、機場、航空公司、和高速公路等，例如香港地鐵（港股代號：00066）。各國都有經營鐵路和高速公路的上市公司，例如中國的京滬高鐵（陸股代號：601816）和台灣高鐵（2633）

業界的不成文標準》因普及度高而成為標準配備

有許多公司的產品在個別的產業中由於使用普遍，通過市場和產業界使用者的長期考驗，產品日漸壯大和受到使用者的歡迎，成為行業裡不可或缺的一部分，因此會逐漸成為行業中不成文的標準或潛規則下必須使用的產品。著名的例子包括：

範例1》奧多比：Creative Cloud

奧多比（Adobe，美股代號：ADBE）的Creative Cloud幾乎算是多媒體從業人員的必備軟體，在數位媒體軟體上處於壟斷的有利地位。在多媒體軟體產業中，奧多比的產品幾乎都是同類產品的業界領先者和不成文的多媒體格式標準，眾多產品在業界幾乎都沒有敵手。許多它的使用者從學生時代就一直使用到從職場退休，幾乎一輩子都不可能擺脫它。

舉個例子來說，我們現在會習慣性地用「把圖片 PS 一下」來形容「修圖」，其中的 PS 指的就是 Adobe Creative Cloud 家族裡最有名的修圖軟體——Photoshop。就像美國人口語會說：「把這份文件 Xerox 一下。」其中的 Xerox（全錄），表示影印的意思，因為全錄（Xerox，美股代號：XRX）這家公司發明史上第一台影印機。

其他目前常見的例子是，我們會把「去網路搜索一下」，直接說成「去 Google 一下」是相同的道理，這些被作為動詞使用的公司名稱，都顯示著公司在該領域極具代表性。

範例2》歐特克：AutoCAD

除奧多比公司外，歐特克（Autodesk，美股代號：ADSK）也是產品成為業界不成文標準的例子。它主要的著名產品為 AutoCAD，是工程、建築、設計專業人員進行電腦輔助繪圖必備的工程軟體；它的 3ds Max 和 Maya 則是立體動畫和電影特效從業者必備的軟體產品。

範例3》思愛普：ERP

德國的思愛普（SAP，美股代號：SAP）是軟體業界少見的非美國超大型軟體企業，它是企業後台關鍵企業資源規畫（Enterprise Resource Planning，ERP）軟體的最大產品開發商。直至今日，已經成為 ERP 軟體界的霸主，也幾乎成為大型公司 ERP 軟體不成文的首要選擇。

轉換成本》客戶需為轉換而付出代價

當一家公司具備轉換成本優勢，表示客戶若要改用其他廠商提供的產品或服務，將得付出高昂代價，並且通常會面臨巨大或未知的風險。因此只要原廠商繼續提供出色的服務，通常能留住大多數客戶；甚至隨著時間的推移，強化與客戶之間的黏著度。尤其愈大型的企業級客戶，因為包袱較大，考量也愈多，愈不易琵琶別抱。

典型的考量點包括：使用者的接受程度、客戶的接受程度、系統的相容程度、轉換的人員訓練成本、轉換期間導致的生產力下降、轉換可能產生的不可預知的風險。這每一項對企業來説都很致命，而且企業規模愈大，這些問題會成等比級數的上升，請注意價格反而不是主要的考量。

大部分能成氣候，經過時間考驗留下來的軟體公司都屬於這一類，包括微軟、奧多比、歐特克、思愛普、甲骨文（Oracle，美股代號：ORCL）等。因為顧客使用這些產品已經許多年了，基於太高的產品轉換成本，不會輕易切換到競爭對手的陣營。在這裡又要提到最具代表性的微軟了，一旦你使用了微軟的 Windows 和 Office 辦公室套裝軟體產品，你就不大可能任意轉換到其他公司類似的產品上，因為你會擔心累積了多年的 Word、Excel、PowerPoint 檔案格式的相容性問題和未知的潛在風險等。而高轉換成本，也是各大軟體公司可以獲得股票市場較高估值的最主要原因。

網絡效應》愈多人使用的平台愈具價值

網絡效應意味著用戶彼此會自動被吸引到特定市場中的領先平台。這個原因很容易理解，因為用戶都會希望擁有一個能達成與其他平台最大相容效果，並且可以正常工作的「最大」平台。因此，平台的網絡愈大、使用人數愈多、相容性愈高、甚至愈方便使用，或是用戶使用成本愈低者，其提供的服務就會愈有價值。

範例1》臉書統治一個擁有30多億人口的虛擬通訊帝國

網絡效應護城河最好的例子就是臉書（Facebook，美股代號：FB），其 4 大產品 Facebook、WhatsApp、Messenger 和 Instagram 都具有強大的網絡效應。因為基於和親友的聯絡需求，你會選擇加入大部分親友最常使用的社交平台，而這種網絡效應會造成大者恒大的情形。功能類似的較小業者，其產品生存機會當然會受到擠壓，長期下來都會無法繼續生存下去。這也是為何臉書能統治著一個擁有 30 多億人口虛擬通訊帝國的主要原因（根據臉書官方數據，截至 2020 年 12 月 31 日，臉書家族產品的每月活躍用戶數為 33 億人，每日活躍用戶數為 26 億人）。

範例2》微信可視為中國的臉書

在中國，騰訊的「微信」則可以視為中國的臉書，有過之而無不及。因為它是一個超級大程式，2020 年 9 月為止共有 12 億 1,280 萬個使用者帳號（2019 年底中國官方普查公布的人口總數為 14 億 5 萬人）。中國人日常的通訊、行動支付、財富管理、辦公室流程自動化、帳單支付、銀行信用卡轉帳扣款、電子商務（E-Commerce，以下簡稱電商）拍賣、線上卡拉 OK、線上網路影視、線上遊戲，甚至於取代部分身分證的功能，簡直是個無所不包、無法逃避的龐大生態系統。所有的家人、朋友、同事都在這個平台上，基於日常聯絡親友和生活的需要，使得中國人不得不使用這個產品。

不只如此，2017 年中國開始先在廣州試行發出首張微信身分證，網證取代紙本證件和手機 SIM 卡，可以上各官方機構辦理各項業務；2018 年騰訊「E 證通」，助力粵港澳大灣區掃碼通關，2020 年的疫情期間更據此建立防疫健康碼；2019 年中國的最高人民法院發布公告，微信微博聊天紀錄可用作打官司的證據；2020年5月起，中共最高法院新規定，以微信向公司請假也算數。

進入壁壘》競爭者難以進入市場

進入壁壘營業優勢，指的是企業在該領域的事業，已建立起競爭者難以進入的門檻，它們主要具備以下特色：

特色1》政府法規不容許跨區經營，限定業者的經營區域性

例如台灣的天然瓦斯業者，每個區域只限一家業者經營，居民只能向所屬地區的業者購買天然瓦斯服務。台灣的有線電視系統業者過去也不允許跨區經營，當時業者的獲利都相當穩定；後來開放有線電視跨區經營後，營收與獲利都明顯受到衝擊。

特色2》地域上擁有特殊優勢

業者在本地長年的經營已建立龐大的轉運、分銷、儲存、開採據點，異地業者在本地沒有後勤支援，業務不可能開展，即使競爭對手能把貨品從遠處運來販售，需要額外支付運輸成本，成本上划不來，例如砂石業、垃圾處理業等。

以美國最大的垃圾處理業者Waste Management（美股代號：WM）來說，就具有地域上的營業優勢，形成對手難以覬覦的進入壁壘。2018年Waste

Management 在北美共有 252 處垃圾掩埋場，第 2 大業者 RSG（美股代號：RSG）只有 190 個；Waste Management 在北美共有 314 個轉運站，第 2 大業者 RSG 只有 207 個。

而 Waste Management 1 年處理垃圾的能力是 49 億 8,500 萬噸，外來的新業者幾乎不可能拿走它的生意，而且每年微調處理費，客戶也只能乖乖埋單，毫無選擇的餘地。

規模優勢》大型營業規模為重要後盾

企業的營運規模優勢當然也可以形成護城河，但想要形成規模優勢可非易事，因為通常需要有強大的財務和企業集團作為後盾，否則在具有更強大的財務和集團資源的入侵下，優勢就很容易遭到威脅。我們可以舉出以下以規模優勢作為護城河的範例：

範例1》阿里巴巴3大產品和服務稱霸中國

根據中國商務部最新資料，2020年社會消費品零售總額人民幣39兆2,000億元，成為全球第 2 大消費市場，預計幾年後很快會超過美國。中國網購規模約人民幣 11 兆 7,600 億元，也已經連續 8 年成為全球第一大網路零售市場。折合的電商滲透率為 30%（根據 eMarketer 的資料，美國 2020 年電商滲透率為 16.1%；根據 Euromonitor 的資料，台灣 2019 年電商滲透率為 11.1%），其中實物商品占了將近 24.9%。

中國的阿里巴巴是中國最大電商業者，旗下的支付寶、淘寶、天貓，2020 年底合計擁有 9 億 200 萬名月活躍買家、7 億 7,900 萬名年活躍買家、13 億名的支付寶全球使用者、2020 財年的電商平台交易額超過人民幣 7 兆 530 億元。根據 eMarketer 公布 2019 年的資料，阿里巴巴在中國電商的市占為 53.3%；它的另 2 大企業產品，包括阿里雲和釘釘，也分別壟斷了中國企業的雲端計算平台，以及企業辦公室協同運算通訊的市場。

範例2》字母以Google等服務征服全球用戶

根據字母的資料，到 2020 年 4 月為止，就有 12 項產品，或是服務全球的使用人數超過 10 億人；包括 Google 搜尋引擎、Gmail、YouTube、網路瀏覽器 Chrome、地圖服務 Google Maps、行動作業系統安卓（Android）、Google 雲端硬碟空間 Google One、辦公室軟體 Google Workspace、翻譯服務 Google Translator……等。

利用這些產品或服務所產生的用戶流量和網絡效應，再加上軟體業天生具有的成本優勢和轉換優勢，形成一個龐大的網路科技帝國，令現代人想要擺脫都很困難。

範例3》亞馬遜的巨型網路零售王國

電商巨擘亞馬遜（Amazon.com，美股代號：AMZN），從圖書電商起家，而後建立自己的物流系統，一步步成為巨型的網路零售王國。根據 eMarketer 在 2020 年的調查，亞馬遜在美國所有線上電商約有 39% 的市占率，英國市占 30%、德國市占 27%、日本市占 20%、印度也達 44.6%；亞馬遜也是大多數西歐國家當地最大的電商，有聚市的效應，在美國也有具有阿里巴巴在中國一樣的競爭優勢地位。

範例4》台灣4大超商業者處於無人能及的產業地位

台灣 4 大超商的密集度全球第 2 高，僅次於韓國，其中最重要的又屬前 2 大業者——統一超（2912）和全家（5903）。台灣 4 大超商業者服務內容和台灣人民生的相關程度，比起南韓有過之而無不及。主因是遍布全台的密集營業據點、24 小時營業全年無休、無所不包且一直隨時代擴展的營業項目，幾乎打垮了傳統街頭巷尾的小商家，而且更威脅到物流、銀行、郵局、食品等各行各業，在台灣建立起獨樹一格、無可取代的產業地位。

成本優勢》利用低成本創造高利潤

成本優勢指的是公司能用更低的成本製造產品或服務，進而創造更高的利潤。最有代表性的例子是軟體公司，成本優勢可說是天生競爭力，因為軟體一旦被開發後，往後提供給新客戶的邊際成本幾乎為零。因此隨著時間的推移，市場領先者往往會變得更為強大，更有利可圖，這也是軟體公司的利潤率都會非常高的主要原因。

範例1》蓋可保險公司：保費業界最低

股神巴菲特執掌的波克夏公司旗下的蓋可（Geico）保險公司是全美第 2 大的車險業者。蓋可保險素以業界最低的保費聞名，以此低成本的方式營業近百年。而蓋可保險維持低營運成本的方法很簡單，因為它只招攬政府雇員這類低肇事率的保單，而且不依賴保險業務員攬客，可免去大量的仲介佣金。

順便一提，蓋可保險在 1970 年代，曾為了擴大營業規模而修改投保政策，開放較高肇事率的駕駛人投保。此舉幾乎招致蓋可保險的滅頂之災，不僅公司開始出現虧損，股價也持續探底多年，後來巴菲特趁機大量買進，並建議公司領導人回歸過去的營業方式，才讓公司起死回生。

範例2》好市多：以提供「最低價格」與「最好的商品」為宗旨

另一個以成本優勢立足的公司是會員制連鎖量販賣場好市多（Costco，美股代號：COST），素以低廉的營運成本，提供客戶「最低價格」和「最好的商品」這 2 項宗旨而聞名。這也是為何在亞馬遜強大的電商網購破壞力，以及美國連鎖量販賣場沃爾瑪（Walmart，美股代號：WMT）綿密零售分店的夾縫中，好市多還可以脫穎而出的主因，它所憑藉的就是成本的競爭優勢。好市多的主要盈利來源，是會員每年所付的會員費（2020 年會員費收入占其淨利的 88.48%），沒有會員費收入的話，好市多會立即轉為虧損，因此它不像是一般零售店，是靠大量貨品價差維持高毛利來生存。據好市多 2020 年度財報所載，全球有超過 1 億的會員，貢獻了 35 億 4,000 萬美元的會員會費。

好市多甚至限制所出售商品的毛利率必須要在 13% 以下，同業沃爾瑪是 24%，目標百貨（Target，美股代號：TGT）則是 29%。甚至如果是市面上廠商的貨品性價比或品質不佳，它索性會推出自有品牌科克蘭（Kirkland Signature）商品來取代；科克蘭品牌商品的售價比市場同類商品低 20% 以上，而且目前科克蘭品牌商品的營收已占好市多年營收的 1/3，證明這些自己推出的科克蘭商品都很受歡迎。

此外，好市多極致的成本優先考量也展現在它的市場和營銷成本上面，這部分的成本竟然只有同業沃爾瑪和目標百貨公司的一半而已！根據公司 2020 年的財報，好市多在美國有 1 億 550 萬名的持卡會員，亞馬遜在美國有 1 億 2,600 萬名 Amazon Prime 會員，重點是兩者的會員有近 2/3 的高度重疊性，客戶顯然認為「2 家公司我都需要！」這也證明了好市多是少數可以抵擋亞馬遜威脅的零售商。但成本優勢這項護城河是典型的雙面刃，和其他的護城河相較，它主要有 3 大缺點：

缺點 1》一般而言，具有這項護城河的公司都必須達到相當的營運規模，才能具備成本的優勢，而且這種類型的企業大部分是某種型式的製造業。而具營運規模的大型公司必須持續進行資金的投入以維持營運規模、技術、人力、和工廠，否則將會很快地失去市場的競爭力。

缺點 2》這類公司是耗費資金的巨獸，所以先天上比較不是好的投資標的。

缺點 3》成本優勢有大部分是由資金所建構出來的，因此很難維持長久的競爭優勢。試想，如果有競爭者能投入更多的資金、更具規模的工廠、更先進的技術，就可能立即威脅到此類公司的護城河。

效率優勢》看不見但卻是決定競爭力的主要因素

效率是企業經營成功與否的最主要指標之一，效率珍貴之處在於它是一項不可見、不是實體的企業資產、而且對企業的影響是全面性的，會滲透到企業的每個層面，這是決定企業在商場上競爭力的主要因素。投資人很容易從企業的營運上，以及財務資金運用上來衡量企業的效率。

範例1》Square：手機行動支付程式——Cash

Square（美股代號：SQ）這家 2009 年成立的美國金融新創公司，就看準

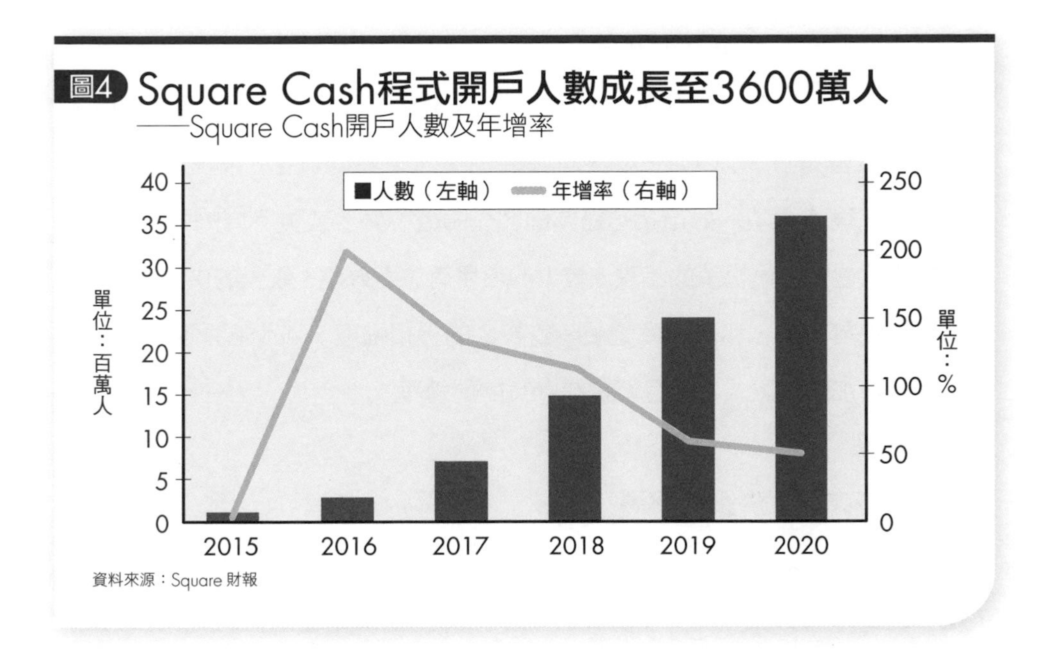

圖4 Square Cash程式開戶人數成長至3600萬人
——Square Cash開戶人數及年增率

資料來源：Square 財報

長期以來大部分的人對於銀行帳戶間轉帳需要曠日費時、冗長繁瑣的程序、甚至要臨櫃或至提款機辦理種種不合理及浪費時日的現象不滿至極，推出手機行動支付程式——Cash，可供立即轉帳（美國仍在大量使用中的紙本支票兌現或跨行ACH轉帳，都需要3個～5個工作天），但需要加計1.5%的轉帳手續費。想不到推出後大受歡迎（2020年底為止共有3,600萬個用戶），吸引年輕人大舉下載這個程式（詳見圖4）。隨後Square又在Cash程式上提供各種受歡迎的股票交易、線上刷卡、買賣比特幣等服務，成為推動公司股價大漲的一大功臣。

範例2》好市多：只賣最暢銷的商品

好市多整個公司都信奉不需多餘的裝飾（No-frills）政策，專注為客戶帶來價值。平均只會銷售 3,700 ～ 4,000 項產品，沃爾瑪則有 12 萬～ 14 萬項，亞馬遜更高達 6 億項。好市多透過為顧客先篩選不必要或賣不好的商品，同類商品幾乎只會留下最暢銷的品項。較少的項目有許多好處：較少的供應商管理、門市展示易於安排、和供應商議價時有較大的折扣幅度、減少客戶購買時決定的速度和增加購買意願、而且能提高存貨的周轉率。

範例3》波克夏：決策效率高

巴菲特的波克夏總公司只有幾十個人，投資和購併通常是巴菲特一個人就能決定，最多只和查理・蒙格（Charlie Munger）討論而已，不必要花費鉅資請投資銀行和顧問，而且省去拖延時日和決策效率不彰的大公司官僚病。

美國為什麼沒有像台積電（2330）一樣出色的晶圓代工廠？首先，美國第一流的硬體工程師都去了矽谷或大的半導體公司、晶圓廠永遠不在他們的考量內、美國人基本上是不加班的，更別提要輪班了、晶圓廠廠務線上的員工主力是高中生或專科生、員工離職率很高、很多都是尚未拿到美國公民身分者暫時棲身的選擇、美國相同工作的薪酬是台灣的 2.5 倍或 3 倍起跳、法規多如牛毛、水電等營運成本都高很多、員工動不動就串聯組織工會搞罷工……。反觀台灣是幾乎傾舉國之力，政府在法規流程和資源上全力配合、線上員工輪班和

24 小時隨叫隨到、台積電每年可挑選到近萬個優秀的大學或研究所畢業生、研發工程師不僅都是碩士和博士畢業、更幾乎是沒日沒夜的賣肝、台灣人服從性高、待遇較佳的其他選擇很少，造成台積電高壓、工時長，離職率卻僅是業界的 1/3，2019 年員工離職率只有 4.9%。根據《日刊工業新聞》估計，美國的建廠成本是台灣的 6 倍，美國的生產成本則比在台灣高 8% ～ 10%。

而哪些因素會影響企業效率？

①創辦人：蘋果創辦人史蒂夫・賈伯斯（Steve Jobs）對產品研發的投入、執著和不妥協的偏執態度至今都存活下來，並影響著蘋果。亞馬遜創辦人傑夫・貝佐斯（Jeff Bezos）把每一天都當創業第一天在經營、不成功便成仁的精神，無疑是驅動貝佐斯在最激烈的電商、利潤最微薄，以及生存最困難的零售行業能異軍突起的最大因素。台灣投資人應該都聽過郭台銘那張跟了他 10 多年鐵椅子的故事，如果一名專門做利潤微薄代工產業的公司領導人，在公司一開張時的辦公室就金碧輝煌，投資人就應該不要碰這家公司的股票。

②企業文化：美國上市企業都會在股東信和財報的一開始就開宗明義說明公司的任務（Mission）和遠景（Vision）作為企業上下奉行的圭臬。而影響企業文化的最重要來源就是創辦人，這也是為何投資人偏愛創辦人還在擔任執行長的企業的原因，因為數字會說話，這類公司的股價回報率也通常較高。

③企業管理團隊：當巴菲特和蒙格正準備購入富國銀行（Wells Fargo，美股代號：WFC）的股票時，他們聽說這家銀行的董事長卡爾．雷查德（Carl Reichardt）曾讓一名想在自己的辦公室放一棵耶誕樹的執行長，用自己的錢而不是銀行的錢買這棵耶誕樹。「我們得知這件事後買了更多的富國銀行股票。」蒙格在 1991 年波克夏年會上對股東們說過這個故事。公司的管理團隊對公司上下絕對負有不可推卸風行草偃的責任。

範例4》亞馬遜：提供顧客高效率服務

亞馬遜是這類企業中的佼佼者，他以零售為核心，販售的商品愈來愈多元，跨足不同領域，靠著提供給顧客的高效率服務深獲青睞，成為如今的跨國電商巨頭。亞馬遜為何具備效率優勢？以下數據可供大家參考：

① 2019 年亞馬遜每個包裹平均可以在 3.4 天內被投遞完成，而業界的平均值是 5.6 天。

②市調公司所進行的調查還發現，有 64% 的美國人對亞馬遜 2019 年所推出特有的「當天到貨送貨保證」非常有興趣。

③根據 2019 年投資銀行 Cowen 所進行的調查，有 30% 的客戶如果沒有亞馬遜當天到貨保證，他們會取消訂單！

品牌優勢》消費者願用更高價格購買同類產品

可口可樂（Coca-Cola，美股代號：KO）的可樂飲料、蘋果的智慧型手機iPhone、耐吉（Nike，美股代號：NKE）的運動鞋，在市場上都有足以和它們抗衡的競爭對手生產同類型產品。但是這 3 家公司的產品，為何可以成為消費者心中的首選？更重要的是，它們都賣得比競爭對手貴，消費者依然埋單，而且持續多年大受歡迎？這股力量就是品牌的優勢。而擁有品牌優勢的公司，產品通常經過多年的市場考驗和時間的淘汰，在品質、設計、和客戶體驗上，都能明顯超越競爭對手的同類產品，才能脱穎而出，建立可持續性的商業模式和產生比對手還可觀的利潤。

當一家公司的產品已經具有相當的競爭力時，如果能夠贏得顧客的信任，讓顧客願意持續購買時，會使公司獲得更大的加分。在商場上的人都知道，去開發一名新客戶所需的成本，是留下現有顧客的很多倍；因此單純從開發客戶成本上的考量，留住現有顧客顯然會比開發新的客源重要得多了。當客戶有了良好的產品或服務體驗，他會打從心裡願意自行推廣這家公司的產品或服務，有助於擴大公司的客戶群、提升企業的評價、進一步幫助公司業績的成長。

最後要特別提到一點，公司的護城河也可以來自本身所擁的技術能力，但必須足夠突出才行，這樣客戶才會因為獨特性而選擇採用，畢竟其他公司無法提供與你一樣的服務。同時由於技術的不可替代性，公司的產品能夠獲得更高的溢價，並且不需要投入過大的營銷成本與其他對手競爭。

企業的技術能力是否足以成為護城河？可以從以下幾方面來判斷：

1. 公司是否擁有在未來很多年都可以保護自身優勢的知識產權（專利等）？
2. 使用者是否願意為你的產品，付出比其他人更高的價格？
3. 來自使用者調查的回覆，結果是否顯示目前市場上並無其他可替代產品？
4. 競爭者是否有能力按照你的方式複製生產與發展？

能夠讓我堅持持有不賣的超級成長股，必然擁有本文所述的護城河，在你打算自行研究一家公司是否有潛力成為成長股時，務必檢視這家公司的護城河，以及是否能夠持久、繼續加寬，如此才能協助你快速地篩選出具有投資價值的企業。

2-4 好公司同時兼具多項護城河 競爭力堅不可摧

「投資的關鍵是確定任何特定公司的競爭優勢；最重要的是，這種優勢的持久性。」

——華倫・巴菲特（Warren Buffett）

一般來說，好公司通常會同時具備許多項護城河，不會只有一項。各位不妨想一下，蘋果（Apple，美股代號：AAPL）、微軟（Microsoft，美股代號：MSFT）、亞馬遜（Amazon.com，美股代號：AMZN）、字母（Alphabet，美股代號：GOOGL、GOOG）、臉書（Facebook，美股代號：FB）、阿里巴巴（Alibaba，美股代號：BABA、港股代號：9988）、騰訊（Tencent，美股代號：TCEHY、港股代號：0700），這些全球人盡皆知的科技巨擘，每一家公司是否都同時擁有多項強大的競爭優勢？

它們會如此強大，個個富可敵國（這些公司每一家的市值都超過台灣的GDP）不是沒有原因的。這些公司就是「成長股價值投資之父」——菲利普・費雪（Philip Fisher）所說的，典型「運氣好且能力強」的企業代表。

零售帝國亞馬遜》打造強大集客力

就拿亞馬遜來做例子好了，它所具有的諸多競爭優勢至少就包括以下幾項：

優勢1》進入壁壘

過去 20 多年亞馬遜持續進行資本投資，建設出綿密且有效率的亞馬遜物流（Fulfillment By Amazon，FBA）王國，這項優勢讓競爭者很難在短期內複製成功，打造堅實的進入壁壘，讓潛在競爭者不得其門而入，這些建設包括：

◎ 2019 年亞馬遜在全球共有 402 個倉儲中心、發貨中心和理貨點。

◎ 44% 的美國人住在離這些據點 20 英哩（約 32 公里）的範圍內。

◎ 2020 年亞馬遜自有機隊有 70 架飛機，租賃的不計在內。

◎ 2019 年亞馬遜總共有 7 萬 5,000 個貨運員和駕駛員，擁有 800 家以上的簽約物流投遞夥伴。

2019 年亞馬遜投遞了 35 億個包裹給客戶，其中約有一半的貨品是亞馬遜自有的物流體系內運送完成的，而不是仰賴聯邦快遞（FedEx，美股代號：FDX）、優比速（UPS，美股代號：UPS）或美國郵政公司。

當年聯邦快遞整個公司投遞了 30 億個包裹，優比速投遞了 47 億個，以上這些數目還在持續上升改善中。看了亞馬遜在這方面的投資、成就、和能力，難怪早有人指出，亞馬遜所從事的不是電子商務服務業，而是流通業，物流才是它的核心競爭力。

優勢2》效率優勢

亞馬遜從事的是最古老、利潤很低和原本最不被看好的零售業，但因為創辦人傑夫．貝佐斯（Jeff Bezos）用他對客戶的承諾和對創新的執著，不斷推陳出新各種改善零售效率的做法，打破現代商業的舊有窠臼，顛覆了所有人的想像，把零售這件事做到無可挑剔的極致，獲得顧客和市場的一致肯定。2019 年，亞馬遜每個包裹平均可以在 3.4 天內被投遞完成，而業界的平均值是 5.6 天。

優勢3》規模優勢

2019 年亞馬遜在全球共有 1 億 5,000 萬名 Amazon Prime 會員，還有超過 2 億 5,000 萬名網站用戶。美國有 1 億 2,500 個家庭，但卻有 1 億 2,600 萬名 Amazon Prime 會員。

CIRP 在 2019 年的調查結果顯示，Amazon Prime 會員在亞馬遜的年銷費額為 1,400 美元，非會員則只花費了 600 美元；CIRP 在 2020 年的調查指出，Amazon Prime 具 2 年會員年資者的續約率為 98%，1 年會員年資者的續約率為 93%（Amazon Prime 指的是會員定期付費即可享有免費快速到貨和串流影視等多項服務，目前會員月費為 12.99 美元）。根據《富比世》（Forbes）的調查，2018 年年收入超過 15 萬美元的美國人，有 70% 是亞馬遜 Prime 服務的會員；2020 年，貝佐斯在出席國會調查聽證會上表示，亞馬遜在美國和全球的零售市占分別為 4% 和 1%。

優勢4》網絡效應

2020 年全球約有 600 萬家以上的第三方賣家，在亞馬遜網站上販賣東西，占亞馬遜所有商品交易額 60% 以上，其中 100 萬家的年銷售額有 17 萬美元以上；2020 年有 60% 的美國買家習慣於跳過搜尋網站，而直接跑去亞馬遜網站購物；只有 22% 先在 Google 上進行購物的搜尋；SimilarWeb 調查指出，2019 年亞馬遜網站是美國網路流量第 3 大的網站，每個月有超過 2 億 5,000 萬名訪客到訪。

優勢5》品牌優勢

2020 年 MBLM Brand Intimacy 全球品牌親密度排行榜發布：亞馬遜第 1、華特迪士尼（The Walt Disney Company，美股代號：DIS）第 2、蘋果第 3；根據 Statista 的調查結果，2018 年有 95% 的顧客對亞馬遜的客戶服務表示很滿意或非常滿意；根據埃森哲（Accenture，美股代號：ACN）在 2016 年的耶誕節購物調查結果，84% 的美國人會在去其他地方買東西前，先跑去亞馬遜網站上瞧一瞧，這個數字在英國是 80%，在法國則是 70%。

優勢6》成本優勢

2020 年 Canalys 的市調指出，亞馬遜的雲端運算平台服務在全球有 31% 市場占有率，恐怖的是，亞馬遜的雲端運算平台服務幾乎隨時在降價，擠壓對手的生存空間，根據 TSO Logic 的調查結果，2006 年～ 2018 年間，總共降價 67 次；根據 CIRP 一項 2018 年對 4 萬人以上的大規模調查，購買亞馬遜智慧型音箱 Echo 後，在亞馬遜的平台上的採購會增加 66%。

由於亞馬遜強大的規模和網絡效應所形成的集市能力，吸引無數買家和賣家，造成原本最大的拍賣電商電子灣（eBay，美股代號：EBAY）營收日漸萎縮，生意大受影響。eBay 還甚至因為亞馬遜的集客計畫方案太過誘人，因此將亞馬遜告上法院。亞馬遜各方面展現的驚人能力，把 eBay 打得毫無招架之力。

全球晶圓代工龍頭台積電》競爭對手難以追趕

我們再拿另一個國人熟知的全球晶圓代工龍頭——台積電（2330、美股代號：TSM）來做例子。大家都知道台積電是一家相當卓越的公司，但它之所以成為獨霸該產業的霸主，關鍵在於它同時能擁有許多項的競爭優勢：

優勢1》進入壁壘

台積電所從事的是典型的高資本投入、低回報的產業。2020 年資本支出預計達 150 億～ 160 億美元，2019 年約為 140 億～ 150 億美元，約占去 2019 年營收 356 億 7,000 萬美元的 42%，這是一筆天文數字的花費。為了維持成本的競爭優勢，台積電別無選擇，每年都必須持續進行如此大量的資金投入，以維持營運規模、技術、人力和工廠。

當半導體製程進入 10 奈米以下的競賽時，全球有此資本投資能力的只有剩下美商英特爾（Intel，美股代號：INTC）、韓商三星電子（Samsung Electronics，韓股代號：005930，以下簡稱三星）和台積電 3 家公司。

台積電的主要同行聯電（2303）和格芯（GlobalFoundries），因為不想、也沒有能力進行資本投入的軍備競賽，都已經先後表明放棄 10 奈米或更高階製程的資本投資。也就是說，在某種程度上，台積電的現有優勢是競爭者自動讓道所造成的，這也是台積電可以拿下全球晶圓代工超過 50% 市占率的其中一項重要原因。

10 奈米或更高階的製程需要比以往更昂貴的設備投資，主要的關鍵設備就是荷蘭商艾司摩爾（ASML Holding N.V.，美股代號：ASML）生產的極紫外線曝光機。英特爾、三星和台積電 3 家公司都是艾司摩爾的股東和主要客戶，而艾司摩爾自己也因為販賣極紫外線曝光機，在 2020 年首度超越應用材料公司（Applied Materials，美股代號：AMAT），成為全球市值最高的半導體設備商。艾司摩爾的極紫外線曝光機每套要價超過 1 億歐元，這還不含半導體製程控管與測試設備的維護成本。

三星為了追趕台積電，2020 年一開年，就一口氣花了 33 億 8,000 萬美元向艾司摩爾採購 20 台極紫外線曝光機。根據 IC Insights 統計，為了攻先進製程，台積電、三星 2 家公司 2021 年的資本支出至少花費達 555 億美元，合計就占了整個半導體業的 43%。

優勢2》成本優勢

根據表 1，可看出沒有自有品牌的台積電竟擁有媲美英特爾的毛利率、營業利潤率、淨利率。不只和全球頂尖的半導體企業高通（Qualcomm，美股代號：QCOM）、德州儀器（Texas Instruments，美股代號：TXN）、輝達（nVidia，美股代號：NVDA）相比毫不遜色（台積電因為需要極其龐大的設備資本持續投入，導致毛利率比上述 3 家企業差了些），甚至營業利潤率和淨利率都比全球頂尖的純軟體企業微軟和字母都還高出許多。

這是非常驚人的財務數據。根據我多年的追蹤，台積電每年都能持續改善這 3 項數據，英特爾的毛利率則是持續惡化（2015 年第 2 季台積電的這 3 項數據分別為 47.44%、35.71%、32.05%；英特爾則是 63.93%、27.46%、21.05%），即使台積電三不五時調漲晶圓代工的價格，產能還是供不應求。

照理說，台積電是典型的超高資本投入和無產品的硬體代工廠，先天上吃虧的這兩點，很難有如此的利潤率；但是竟持續交出如此令人讚嘆、不可思議，連壟斷性軟體公司都難以望其項背的經營成就。尤其近 40% 的淨利率，全球的超大型企業裡，只有寡占的兩大信用卡公司和德州儀器才能有比台積電更好的淨利率。

優勢3》專利

2019 年全球半導體專利榜上，前 5 名分別是三星、台積電、中國的京東方（陸股代號：000725）、韓廠 LG（LG Electronics，韓股代號：066570）及英特爾。而台積電之所以現在能在晶圓代工業雄霸一方，另一項主要原因就是台積電擁有許多的半導體製程專利；其中，最關鍵一役就是台積電在 2011 年決定放棄以往仰賴的 IBM 製程授權，自行開發的 28 奈米製程量產，自此以後成功拋開所有的競爭對手。

優勢4》效率優勢

由於優良的工程技術水準和人員的投入，台積電擁有晶圓代工業界令人感到不可思議的超高製程良率。三星曾為了搶蘋果訂單，不惜將高階製程的訂單報價下調 20%，還是難以撼動台積電的蘋果訂單，其中根本的原因就是台積電製程良率超越三星很多，這一點使得台積電在製造成本和產品報價上更具有優勢，令競爭者難以在短期內追上；加上台積電工廠的產能使用率一直很高，尤

表1 台積電為高資本支出公司，仍能維持高利潤率

——2020年第4季著名優秀公司利潤比率

公司（台股／美股代號）	毛利率（%）	營業利潤率（%）	淨利率（%）
台積電（2330、TSM）	54.00	43.46	39.51
英特爾（INTC）	56.80	29.50	29.32
高　通（QCOM）	57.63	30.67	29.81
德州儀器（TXN）	64.92	45.31	41.41
輝　達（NVDA）	63.08	30.14	29.12
蘋　果（AAPL）	39.80	30.09	25.81
微　軟（MSFT）	67.05	41.55	35.90
字　母（GOOG、GOOGL）	54.16	27.51	26.77
臉　書（FB）	81.44	45.51	39.97
威士卡（V）	95.96	67.61	54.97
萬事達卡（MA）	未提供	51.24	43.33

資料來源：各公司財報

其較高階的產能利用率一直滿載，這當然使台積電的製造成本和產品報價上具有先天上的優勢，更能擴大發揮原本的成本和規模上的優勢。

2015 年，蘋果 iPhone 6S 採用台積電的製程，而較高階的 iPhone 6S Plus 則用以往一直為其代工的三星製程，結果鬧出「晶片門」事件，台積電生產的 A9 晶片性能功耗更好，甚至台積電版本的 iPhone 6S 在電池續航能力方面，比三星版本的優勢高達 30%，甚至更多。2016 年以後，蘋果決定往後晶片都

採用台積電製程，這對台積電是最重要的業務和市占的里程碑。

優勢5》客製化的服務

台積電除核心的晶圓代工外，這些年來也積極布局半導體相關產業關鍵技術，並願意主動為客戶進行必要的客製化服務，以滿足客戶的特殊需求。例如台積電一直以來就投入加強半導體封裝的最新技術，已在 2012 年量產的 CoWoS（註 1）和 InFO（註 2）封裝技術，以及 SoIC（註 3）系統整合單晶片更成為高階製程上擊敗對手的利器（2020 年 8 月，台積電宣布已整合旗下 SoIC、InFO 及 CoWoS 等三維立體晶片封裝技術平台，並命名為「3D Fabric」）。

優勢6》客戶的信任

因為台積電只專注於晶圓代工，自己並不從事半導體成品的銷售，並不會和

註 1：CoWoS（Chip on Wafer on Substrate）是一種晶片整合生產技術，先將晶片通過 CoW（Chip on Wafer）的封裝製程連接矽晶圓，再把 CoW 晶片與基板連接。通過晶片間共享基板的封裝形式，把多顆晶片封裝到一起，達到了封裝體積小、功耗低、接腳少的效果。CoWoS 可容納多個邏輯系統單晶片（SoC）、以及多個高頻寬記憶體（HBM）立方體，因此主要被應用在需要高速運算（HPC）的伺服器、網路裝置和人工智慧運算晶片上。

註 2：InFO（Integrated Fan-out Wafer Level Packaging）中文名稱為「整合扇出型封裝」，是一種晶圓的立體封裝技術，主要被應用在手機、網路裝置和人工智慧推論晶片上，不需要基板即可將不同性質的晶片整合在一起，具備成本更低、功耗更小，

客戶在市場上競爭。

這是即使有高階製程技術的英特爾和三星所比不上的，因為英特爾和三星本身的產品，就直接和其代工的客戶產品在市場上競爭，畢竟沒有客戶願意拿大把鈔票，資助商場上的敵人吧？

優勢7》經營規模

半導體晶圓的製造是高資本密集的產業，2020 年第 2 季為止台積電在全球已有 13 座運作中的晶圓廠。

不僅如此，目前確定美國未來最多會有 6 座 5 奈米以下的晶圓廠，台南 3 奈米廠正在建造中，新竹的 2 奈米廠則已在進行環評、日本則有望和台積電合作研發新世代電晶體，攻 2 奈米半導體製造和半導體新材料的研究，而歐洲也

且散熱效果更佳的優點。2017 年起台積電便採取此技術供應蘋果 iPhone 晶片。台積電將再推 4 款衍生性 InFO 封裝技術，包括可整合 DRAM 及基板的 InFO-MS，以及可應用在 5G 前端模組的 InFO-AIP 天線封裝等。

註 3：SoIC（System on Integrated Chips）中文名稱為「系統整合單晶片」，是一種創新的多晶片堆疊技術，能對 10 奈米以下的製程進行晶圓級的接合技術，為一種晶圓對晶圓（wafer-on-wafer）的接合（bonding）技術。SoIC 的系統效能會更好，可以把很多不同性質的 IC 放得很近，達到高效率、低功耗等訴求。這意味著未來的晶片能在接近相同的體積裡，大幅增加性能。

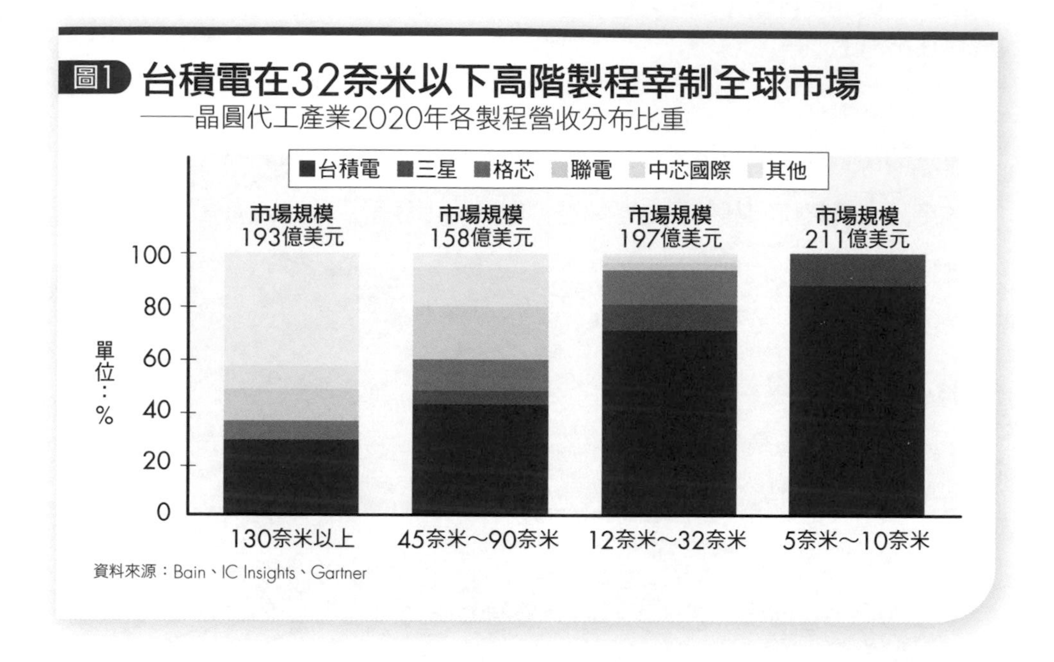

圖1 台積電在32奈米以下高階製程宰制全球市場
——晶圓代工產業2020年各製程營收分布比重

資料來源：Bain、IC Insights、Gartner

正積極爭取台積電設廠。

即使英特爾的新任執行長季辛格（Pat Gelsinger）發表新的IDM 2.0政策（垂直整合製造），表示要成立專職的代工部門，而且要新增2座新的晶圓廠和台積電競爭。但是台積電2021年的資本支出預估會介於250億～280億美元，還是遠大於英特爾的190億～200億美元。

即使英特爾的規畫成真，英特爾目前的製程還是遠遠落後台積電數個世代，

3 年～ 5 年間不可能立即趕上過去落後已久的相當差距。這表示可見的未來幾年，全球主要的晶圓代工訂單仍然還是會落入台積電的手中。

如圖 1 所示，可看到更驚人的事實——在 32 奈米以下的高階製程上，台積電幾乎完全囊括了全球的晶圓代工產業營收，而且愈高階的製程這種宰制力愈明顯。

聚焦科技產業趨勢

3-1 垃圾場中極難找到鑽石 選股前先避開6種產業

「聰明人被告知錯誤或不當行為時會反思並改善自己的行為，愚蠢的人則無視於建議，並重複同樣的錯誤。」

——莫罕達斯・甘地（Mohandas Gandhi）

在進一步挑選「超級成長股」之前，有必要先讓大家知道，如何避開那些不太可能成為超級成長股的產業或企業。畢竟在垃圾場裡翻找出珍珠或鑽石的可能性，就像大海撈針一樣，機率極低。

這世上本就有很多事是天生不平等，努力並不一定會有等值的回報；企業的經營也是相同的道理，很多企業是屬於艱苦行業，投入的心力和回報不成比例。舉例來說，零售業的淨利率都低於 5%，有些甚至於低於 3%。

股票市場也是一樣，在商場上沒有天生平等這回事。有前景的產業，因為產品的未來性和潛在爆發力，市場對它們會有較高的營收期望，連帶的股價評價也會比較高。

不同產業必須用不同的標準來進行分析，這就會直接影響到市場對公司的估價方式，進而決定公司的股價水準。

很多產業是艱苦產業，利潤微薄，公司連生存下來都很困難，更遑論成為超級成長股了，建議投資人盡量避免投資以下產業：

產業 1》前景不佳

前景不佳的壞公司往往只會更壞，例如主要產品已幾乎要被市場淘汰者，或是產品已經進入競爭激烈的紅海，但公司並不突出，可預見生意將會愈來愈萎縮者。很少有前景不佳的公司能改造成功或起死回生的，極少數起死回生成功的案例都已經被改拍成電影了。

產業 2》低利潤的零售業

零售業的利潤微薄，很少有公司的淨利率能超過 5%，除了要投入極可觀的資金、要具有相當的規模性、地域性、品牌忠誠度的極少數巨型公司能生存下來外，除非能以顛覆市場的方式來經營（例如亞馬遜（Amazon.com，美股代號：AMZN）和好市多（Costco，美股代號：COST）），否則很難有新進挑戰者能分食這些既得利益者的市場大餅。

產業 3》易受景氣起伏影響的大宗商品

除非你有十足的把握（但通常很困難），請避免投入典型大宗商品產業中的公司。這類公司的業績通常大好大壞，時常隨景氣的起伏大幅度地變動又難預測，例如不具有壟斷地位的半導體公司（例如生產通用型記憶體和顯示面板的公司，它們是當代的大宗物品）、農產品、單純的油品買賣，都是典型的大宗商品產業。

產業 4》須靠高資本支出維持營運

需要持續投入大量資本才能維持公司運作的企業，通常沒有商業競爭力和品牌忠誠度，是典型的顧客比價行業。例如航空運輸業就是典型的此種行業，買機票時只要目的地相同，幾乎是機票價格決定一切。

航空運輸業公司必須付高昂的貸款，購買先進的飛機或以高昂的價錢租飛機才能營運；飛機的維護修理、飛航規費、燃油費都是一筆龐大的固定資本支出，全世界到處都有人等著向航空公司收錢。然而，飛機製造商就不同了，這是少數的寡頭壟斷市場，製造商決定價格，而且每年都會上漲，看看波音（Boeing，美股代號：BA）在掉了 2 架 737 Max 出了一堆包後，卻還是不會破產，股價由 2019 年 3 月的 440 美元，一路跌至 2020 年 3 月的 95 美元；2020 年是連續第 2 年虧損，2 年來業績慘不忍睹，還被各國罰款和抵制，加上和歐盟在世界貿易組織（WTO）纏訟多年引起的的關稅報復，即使如此，它還是不會破產。

根本的原因就是全球的大型客機製造是由波音和空巴（Airbus，法股代號：AIR）2 家所寡占壟斷，進入門檻實在太高，美國國會多次出手挹注資金，不可能容許它倒閉。航空公司的另一大特徵——它是一種需要大量人力才能維持營運的古老服務業，例如機師、空服員、地勤人員等，員工眾多、薪酬又高。重點是這個行業的工會力量強大，有全球性串聯的能力，動不動就罷工癱瘓公司營運。

台灣航空業就分別在 2016 年、2019 年，分別發生華航空服員罷工、華航機師罷工、長榮空服員罷工事件，都嚴重衝擊 2 家公司當年度的盈餘。根據長榮航（2618）統計，2019 年 6 月～ 7 月長榮空服員罷工期間，停飛的航班累計損失 30 億 2,000 萬元，加計衍生支出則約 40 億元，市值蒸發 35 億 3,000 萬元；同年 2 月的華航機師罷工，則導致華航（2610）累計營收損失近 4 億元。2016 年華航空服員罷工則使華航損失 10 多億元，罷工 3 天，華航股價就一度跌破每股新台幣 10 元的票面價。

2003 年 SARS（嚴重急性呼吸道症候群）爆發那半年期間，為了避免飛沫傳染，世界衛生組織（WHO）建議少搭航空器，以避免感染和擴大流行，全球航空運輸業的航線幾近停擺，引發的連鎖效應擴及許多相關行業，導致許多航線停飛和航空公司倒閉，1 年後全球航空運輸業才慢慢恢復正常；沒想到相同情況在 2020 年又來一次，此次新冠肺炎（COVID-19）疫情蔓延範圍更廣、持續時間更長、傷害更深。

因為有了 2003 年 SARS 的經驗，各國紛紛關閉國門，所有的航空公司的業務都停擺，全世界所有航空運輸業股票也大幅下挫。要不是美國國會通過撥款 150 億美元挹注美國各家大型的航空運輸公司，恐怕早就全部倒閉了（美國的航空公司宣告破產是家常便飯，是常會演出的戲碼）。畢竟在沒有乘客的狀況下，還有飛機租金、折舊費、飛機保養費、辦公室和機場設施的租金、飛機停機棚的場地費、動輒以萬計的員工薪水需要支出，每天都在燒錢。聯合航空（United Airlines，美股代號：UAL）在 2020 年第 3 季就揭露每天要燒 2,100 萬美元。

寫到這裡為止，還有人覺得航空運輸業會是賺錢的行業嗎？不倒閉就已是萬幸了。以美國而言，經過幾十年的合併，目前全美國只剩下 4 家大型的航空運輸公司：美國航空（American Airlines Group，美股代號：AAL）、達美航空（Delta Air Lines，美股代號：DAL）、西南航空（Southwest Airlines，美股代號：LUV）和聯合航空。華倫・巴菲特（Warren Buffett）也曾在 1989 年和 2016

年 2 次大張旗鼓地買過航空股，最後都是鉅幅虧損出場。

產業 5》個人電腦的硬體製造商

各位可以去看一下 20 年前，3 大筆電生產廠商惠普（Hewlett-Packard Company，美股代號：HPQ）、聯想（Lenovo，港股代號：0992）和戴爾（Dell Technologies，美股代號：DELL）的本益比，再查一下這 3 家公司現在的本益比，就可以知道市場對這個行業的前景評價了。

20 年前，上述公司的本益比都有 20 倍以上，現在能維持 10 倍以上就已經算很不錯了，全球最大的個人電腦製造商惠普，其本益比自 2006 年～ 2016 年幾乎都在 10 倍以下（詳見圖 1），2020 年 3 月時本益比甚至跌破 6 倍。2012 年 7 月至 2013 年 7 月間，連續 5 季公司的淨利皆為負值，導致 2013 年 9 月惠普被移出道瓊工業平均指數（Dow Jones Industrial Average，DJIA）成分股。為什麼呢？筆電即使仍有巨大市場，且是現代人不可或缺的裝置，但是地位大概就像電視機一樣，有市場需求，但不可能讓投資人賺大錢。

戴爾還曾因股價破底，在 2013 年被逼得從美股下市；惠普則在 2015 年先和集團裡負責企業市場和伺服器的慧與科技（Hewlett Packard Enterprise，美股代號：HPE）分家，但業務依舊沒有起色，因為股價太低，在 2020 年差點被全錄（Xerox，美股代號：XRX）購併；至於聯想，則因股價屢創新低，竟創紀錄地分別在 2006 年和 2018 年，兩度被趕出香港恒生指數的成分股。

台灣的宏碁（2353）也沒好到哪裡去，它長期以來是全球第 4 大筆電生產商，2000 年 2 月時宏碁的股價是 60 元，21 年後的現在股價是 26 元，2016 年時還曾跌破新台幣 10 元的票面價。淪落到現在公司賣起空氣清淨機、轉行賣起飲料，甚至還賣起了膠原蛋白套餐。

個人電腦製造業確實經過一段很風光的時刻，不過如今已經是非常成熟的產業了，所有的上下游、產業鏈、生產流程、產品功能、軟硬體整合都已經非常成熟。20 年～ 30 年來，產品除了效能提升，基本上沒有多大的變化。

更殘酷的是，不只這 4 家公司，所有你喊得出名字的電腦製造商，生產出的個人電腦幾乎沒有太大差異，消費者唯一的抉擇就幾乎只剩「比價」。任何行業所販售的商品，對消費者來說一旦變成比價式的採購，就不可能有護城河和可觀利潤的存在。

順帶一提，和個人電腦產業息息相關的電子代工產業，當然也不是適合長期投資的產業，原因無它，電子代工業的利潤實在慘不忍睹（唇亡齒寒，主要客戶都很難存活了，自己能活得比客戶還好才怪），是典型的紅海型產業，投資

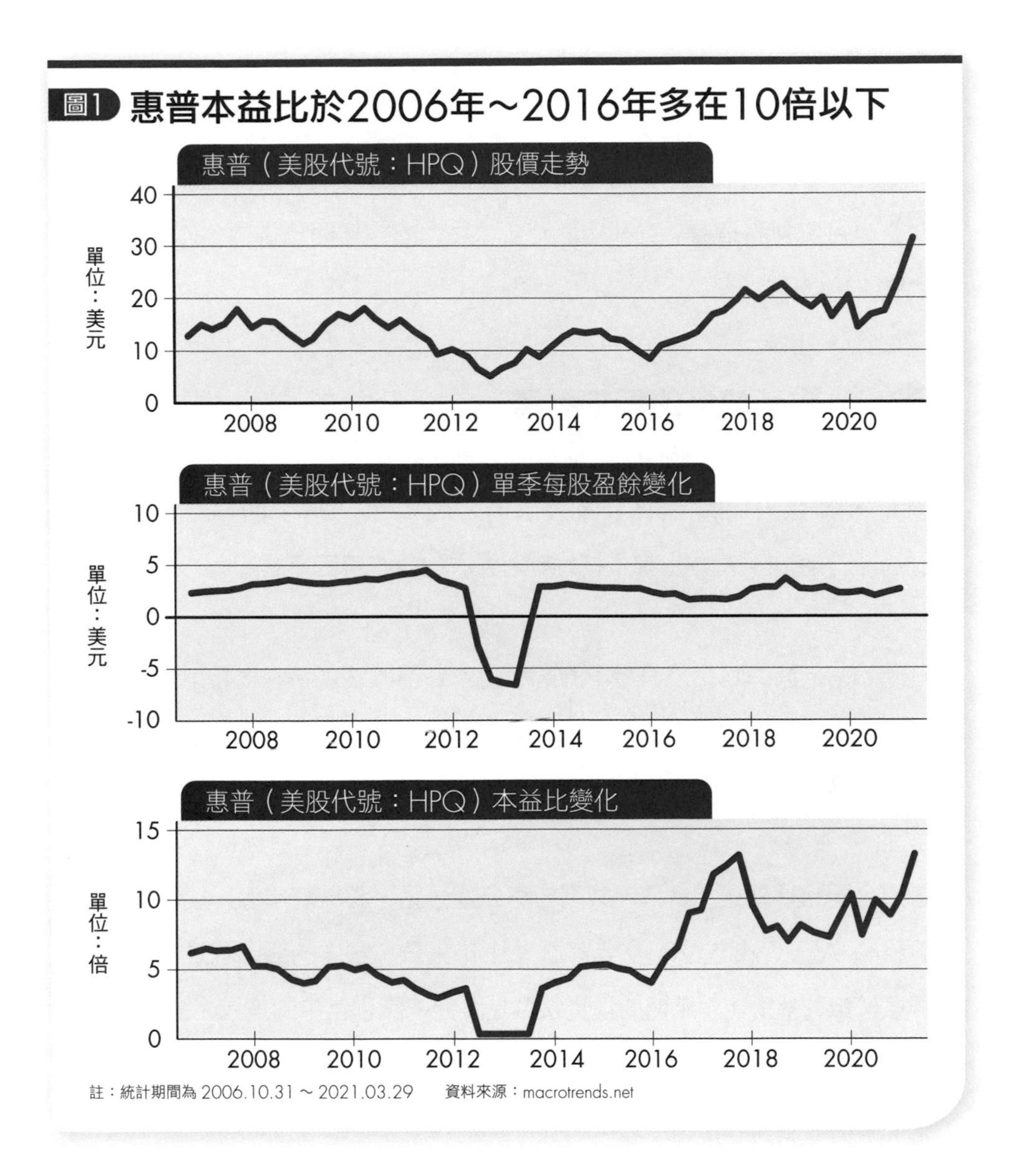
圖1 惠普本益比於2006年～2016年多在10倍以下
惠普（美股代號：HPQ）股價走勢
單位：美元
40
30
20
10
0
2008
2010
2012
2014
2016
2018
2020
惠普（美股代號：HPQ）單季每股盈餘變化
單位：美元
10
5
0
-5
-10
2008
2010
2012
2014
2016
2018
2020
惠普（美股代號：HPQ）本益比變化
單位：倍
15
10
5
0
2008
2010
2012
2014
2016
2018
2020
註：統計期間為 2006.10.31 ～ 2021.03.29　資料來源：macrotrends.net

人應該避而遠之。

如表 1 所示，美國上市的新加坡電子代工廠偉創力（Flextronics，美股代號：FLEX）的各項利潤指標，竟都遠低於全球最大的零售商沃爾瑪（Walmart，美股代號：WMT）。

產業 6》重新包裝的零工經濟

投資人應該要特別注意，睜大眼睛，認清重新包裝的零工經濟（Gig Economic）產業，基本上都是披著新創外衣的傳統艱困產業。

它們的共同特徵包括沒有根本的競爭力、各國的法規不利這類型產業、反科技化和反自動化的大量人力需求、工會爭議、比價市場、不可能有客戶忠誠度、利潤微薄。

這類公司包括外送、貨運、共乘、辦公室分租、雲端廚房等。提供辦公室分租服務的 WeWork 在 2019 年第 3 季上市失敗，根本的原因就是找不到投資人願意付錢，就證明了聰明的投資人還是終究能識別當中的差異。

這類型產業和零售業很相似，絕大部分都很難生存下來，最終只可能有 1 家

表1 偉創力3項利潤率都遠低於沃爾瑪與惠普
——3家公司2020年第4季利潤比率

公司（美股代號）	毛利率（%）	營業利潤率（%）	淨利率（%）
惠　普（HPQ）	18.88	6.72	5.61
沃爾瑪（WMT）	25.00	4.03	2.45
偉創力（FLEX）	6.95	2.11	1.80

資料來源：路透

或 2 家以規模或突破性的做法顛覆所處的整個產業，才有可能生存下來。例如美團（港股代號：3690）就是能以外賣為基礎，轉變成為現代人生活服務的平台提供商，提供包山包海、簡便且客戶黏著度高的服務，才成為現在的網路巨無霸。如果它還是只做外賣，絕對不可能有今天的市值。

賽福時（Salesforce.com，美股代號：CRM）的調查報告就指出，如果餐飲外送的方案不符合需求，有 50% 的消費者會毫不猶豫地立刻改換其他方案。亞馬遜投資 5 億美元的外送新創公司戶戶送（Deliveroo，英股代號：ROO）2021 年 3 月底的 IPO（首次公開發行），首日股價就暴跌 26%，是英國歷史上最糟糕的 IPO，顯示投資人對戶戶送的商業模式和法規風險存有疑慮。

3-2 瞄準科技領域 軟體業比硬體業更具成長威力

「軟體正在吞噬全世界。」

——馬克・安德森（Marc Andreessen）

過去 25 年我投資過太陽能、生化製藥、醫療器材、石油、服飾、工業、飲料、銀行、通訊裝置、半導體、科技諮詢顧問、軟體、電子商務（E-Commerce，以下簡稱電商）、支付、金融科技等 10 多個不同產業。但真正有賺到錢的就是科技領域中的半導體、科技諮詢顧問、軟體、電商、支付、金融科技等產業。

經過我自己深入的分析後，除了我自己工作生涯的專業背景能取得較有利的優勢外；最主要的原因，我認為是這些企業都是驅動人類進步和經濟成長的領頭先鋒，資本市場當然願意投入資金和較多的關注以分享成長的果實。股市反映的是未來的經濟前景，投資人若想取得超額報酬，找到超級成長股，答案當然就在這些我最熟悉的科技領域裡。

過去幾十年，已經證明科技業是持續驅動世界經濟成長，以及改變我們生活方式的根本力量。你能想像現在你的工作和日常生活沒有電腦、網路或手機嗎？在可預見的未來，科技這股力量對人類文明的發展和影響的重要性還會繼續，而且看不到終點。

其中，軟體業又比硬體業更具成長威力。美國矽谷著名風險投資公司 A16z（Andreessen-Horowitz）的創辦人馬克・安德森（Marc Andreessen，他是世界上第一個網路瀏覽器 Mosaic 的程式共同開發人），在其 2011 年發表於《華爾街日報》（The Wall Street Journal）的著名文章〈Why Software Is Eating The World〉中，預測了軟體吞噬世界的大趨勢。

軟體其實就是人類思考和創意最方便的展現和落實方式，重要性超出你我的想像。現代科技業的基礎就是無所不在的軟體，甚至於複雜的晶片設計過程中，都必須仰賴極為專業的軟體來設計和進行模擬。如今我們的日常生活幾乎脫離不了各種軟體，遠端遙控家中電子設備、網購、在線聽取音樂、觀看影集、預約掛號、訂餐、讀取醫療紀錄，甚至是加密貨幣、人工智慧、自動駕駛等，軟體可說是無孔不入地滲透你我的日常。

蘋果（Apple，美股代號：AAPL）創辦人史蒂夫・賈伯斯（Steve Jobs）在世時，就公開宣稱蘋果基本上是一家軟體公司。再舉一個更顛覆所有人看法的例子，全球最大的信用卡集團威士卡（Visa，美股代號：V），大家一定都認為它屬於金融產業，事實則不然。根據所有資本市場上和威士卡自己的說法，它是一家科技（Technology）公司；更精確地說，它是一家從事全球支付網路的軟體科技公司。因為公司所有底層的支付技術都是利用軟體建構完成的，公司內最大的一群員工是軟體工程師。

相較於軟體業，硬體業需要龐大和持續性的資金投入和供應鏈風險，比較難有爆炸性的成長或擴展。軟體則天生就有大規模部署、採用容易（尤其網際網路發達的今日）、幾乎沒有生產成本、只要開發一次就可供無限次使用、修改具有彈性等巨大的優勢。

硬體業》產品多帶來一次性收入，難以長久存續

進一步來看硬體業的特色。首先，硬體產品產生的是一次性收入，若消費者不喜歡明年該產品的升級款，就不會產生營收，所以無法穩定估算每年營收。

況且硬體產業的毛利很低，原因是廠商不僅需要持續投入龐大資金更新設備，全球代工廠人力薪資及管理的壓力、必須隨時跟上新技術的演進、硬體元件和晶片常常是 2 季、3 季後就會淘汰，必須認列財務損失；再者，硬體產品一定會有賣不掉的產品庫存，加上電子產品當年度若賣不出去，第 2 年通常注定會乏人問津，就必須認列財務損失。

回想一下，亞馬遜（Amazon.com，美股代號：AMZN）在 2014 年所推出的 Amazon Fire Phone 手機，這是亞馬遜少數完全失敗、令創辦人傑夫・貝佐斯（Jeff Bezos）不願再提起的往事。那些堆積如山賣不掉的 Amazon Fire Phone 手機，最後在 2014 年 10 月的財報中認列 1 億 7,000 萬美元的財務損失，此舉導致亞馬遜當年度轉為淨虧損 2 億 4,100 萬美元，對比亞馬遜前一個年度的淨利為 2 億 7,400 萬美元。

一個失敗的產品，竟讓一家公司從年賺 2 億多美元變成虧損 2 億多美元！若不是亞馬遜口袋夠深、承受得起，換成一般公司可能就破產倒閉了，若又是上市公司，恐怕會因此遭投資人集體訴訟告上法院。

因此在華爾街看來，硬體廠商（尤其是像筆電和手機等消費型終端電子產品的製造商或品牌商），先天上都不是一門討喜的好生意。科技業更新太快太頻繁，往往 1 年前最時髦領先的技術和產品，才過半年或 1 年就會被市場揚棄，使廠商血本無歸，無力回天。而且愈下游、技術或元件愈單一的供應商風險愈大，因為如果新一代的取代技術出現，立刻會遭到淘汰。

以台股為例，曾經是炙手可熱的蘋概股，股價飆破千元，觸控面板廠商宸鴻科技 TPK-KY（3673）曾和手機廠宏達電（2498）、鏡頭模組廠大立光（3008）齊名為台股「三千金」，而股價在 8 年內跌掉 95%，由 2011 年 5

月最高點956元，跌到50元以下（截至2021年2月22日）。原因很簡單，TPK-KY的觸控面板是早期蘋果iPhone強調的核心科技，但是隨著更新、更小巧、更靈敏的觸控技術演進，以及競爭者的加入，TPK-KY所擁有的技術，相對上已沒有競爭力，只能一直向下尋找利潤較微薄的非蘋陣營訂單，這一切的演變，直接反映在這幾年TPK-KY的股價走勢上面。

華爾街仍以硬體商角度對蘋果進行估值

再看3大筆電生產廠商惠普（Hewlett-Packard Company，美股代號：HPQ）、聯想（Lenovo，港股代號：0992）和戴爾（Dell Technologies，美股代號：DELL），它們的產品很難差異化，消費者不管買哪一家的筆電，功能基本上都一樣，顧客幾乎只會以售價決定買哪一家商品，不僅沒有競爭力，也沒有利潤可言。

不過，並不是所有硬體廠都是相同的命運。像高通（Qualcomm，美股代號：QCOM）、博通（Broadcom，美股代號：AVGO）和輝達（nVidia，美股代號：NVDA）等無晶圓廠的半導體巨頭、蘋果、英特爾（Intel，美股代號：ITNC）和思科（Cisco，美股代號：CSCO）的平均本益比，還是比上述3大筆電廠平均本益比10倍高出許多。主因是這些巨頭的產品都具有某種程度壟斷性護城河的保護，讓它們在估值時享有溢價加分的待遇。而且高通、博通和輝達等無晶圓廠的半導體巨頭，由於不需要投入龐大的資本支出來建廠、更新設備和生產，估值又遠高於蘋果、英特爾和思科。

長期以來，市場都是以硬體製造商來評估蘋果公司的價值，因為蘋果做的是消費型電子產品，而消費型產品的首要特徵，就是必須時時刻刻抓住消費端的流行趨勢，否則有可能前一版是暢銷品，半年或 1 年後的下一版就變成滯銷品。

但蘋果比較特殊，因為採取封閉型的生態系統，不會有人搶它的產品線，使用者對蘋果品牌的產品忠誠度也相當高；加上產品定位較高端，定價也較市場同功能的電子產品高出許多，所以彌補了它是硬體電子產品製造商估價時的弱勢局面。

據市調公司長期進行的多年調查，iPhone 的客戶留存率，2017 年是 85%，這還是近年最差的成績，2018 年則有 89%。而 iPhone 在 2019 年囊括整個智慧型手機行業利潤的 66%，2017 年是 83%，2016 年是 103.6%（超過 100% 是因為很多智慧型手機的生產商是虧損的），2015 年更是到達 91%。但歷年 iPhone 的全球市占率也才不過 13% ～ 18% 之間而已，事實勝於雄辯，會買 iPhone 的消費者，願意付較 iPhone 競爭對手高很多的價格來擁有它，甚至會買 1 年前或 2 年前的產品。根據手機二手交易網站 BankMyCell 在 2020 年公布的一份報告，比較各品牌手機的保值程度，結果不太讓人意外，iPhone

抗跌程度為各品牌之首，約 2 年後會跌掉 45.46% 的價格；相較下的安卓（Android）旗艦機，1 年就會跌價 45.18%，跌價速度約是 iPhone 的 2 倍。

另一個更誇張的例子，是蘋果的智慧型手錶 Apple Watch，2018 年出貨量 1,790 萬支，已經超越瑞士整個國家鐘錶業的出貨量總和 1,690 萬支，手錶出口額約占瑞士出口總額的 1/10。再度證明，蘋果就是一家具有商業競爭力和企業護城河的典型公司。

蘋果產品不僅擁有許多創新的科技、良好的使用者體驗，再加上消費者對其品質的高度評價，都為它再贏得優於一般電子產品製造商在股票估值的額外加分，不至於淪落到和惠普、戴爾、聯想相同的本益比水準。

即使如此，蘋果長期以來還是有志難伸，明明產品暢銷且獲全球消費者的喜愛，還賺進全美國企業最多的現金，華爾街還是以硬體廠商的水準來對它進行估值，充其量只視它為一家比較賺錢的硬體商罷了！ 2010 年以來，蘋果的本益比幾乎都在 10 倍～ 20 倍之間，與硬體商英特爾和思科的平均本益比，處在相同的等級。

比較一下蘋果與 Google 母公司字母（Alphabet，美股代號：GOOG、GOOGL）的本益比（長期皆在 20 倍以上）。2008 年～ 2017 年間，蘋果的平均本益比為 14 倍，字母在同一期間的本益比為 27 倍，且字母的本益比在任何一段時間點都比蘋果高出一大截（詳見圖 1，關於蘋果的本益比在 2020 年下半年後產生了變化，3-3 將有更進一步的分析）。

軟體業》沒有庫存壓力，先天體質優於硬體業

一般情況下，相較於硬體廠商，傳統的軟體廠商在先天上就占盡各種便宜，在市場的估值上也一定高出很多，原因如下：

1. 軟體廠商不需要每年持續性投入大筆高昂的資本支出來更新設備，以趕上最新科技。軟體廠商的主要設備，只有用於開發程式的個人電腦，以現在來說是很便宜的商品；而且是會計規則中 3 年～ 5 年就必須定期汰換的辦公用品，花不了公司多少錢。

2. 軟體不會有成品庫存，不會有滯銷而導致必須打消呆帳、認列財務損失的困擾。

3. 軟體不會有元件、模組、材料和晶片積壓庫存或過期報廢的財務損失。

4. 軟體廠商沒有遍布全球的代工廠和供應鏈需要管理，以及一堆不可預期的

麻煩事要頭痛。

至於新一代的雲端或行動程式的軟體商，基本上，它們還是具備前述那些傳統軟體開發商的特性，但情況稍有不同。

像是亞馬遜的 AWS（Amazon Web Service）、微軟（Microsoft，美股代號：MSFT）的 Azure、阿里巴巴（Alibaba，美股代號：BABA、港股代號：9988）的阿里雲，以及字母的 GCP（Google Cloud Platform）等雲端基礎設施服務供應商，它們的主要資本投入會是建立全球各地資料中心的花費，因為這是以規模取勝的軍火設備競賽，為此行業的必要性資本支出。但也由於此項資本支出金額「非常龐大」，必須在全球主要國家都花費鉅資建設，總數需達幾十座的資料中心，你可以預期，這種生意可不是一般口袋不夠深的公司玩得起的。

而新一代的行動軟體開發商和網路軟體商，則必須向前述少數幾家雲端基礎設施服務的提供商，租用網路上的雲端空間和連線流量，把自己的軟體放上雲端空間，供客戶連線使用；自己則可以省去龐大的資料中心建置花費，只需要把重心放在軟體的開發上就可以了。

同樣科技業，先天條件不同，未來前景迥異，市場給的估值更有顯著的差異。

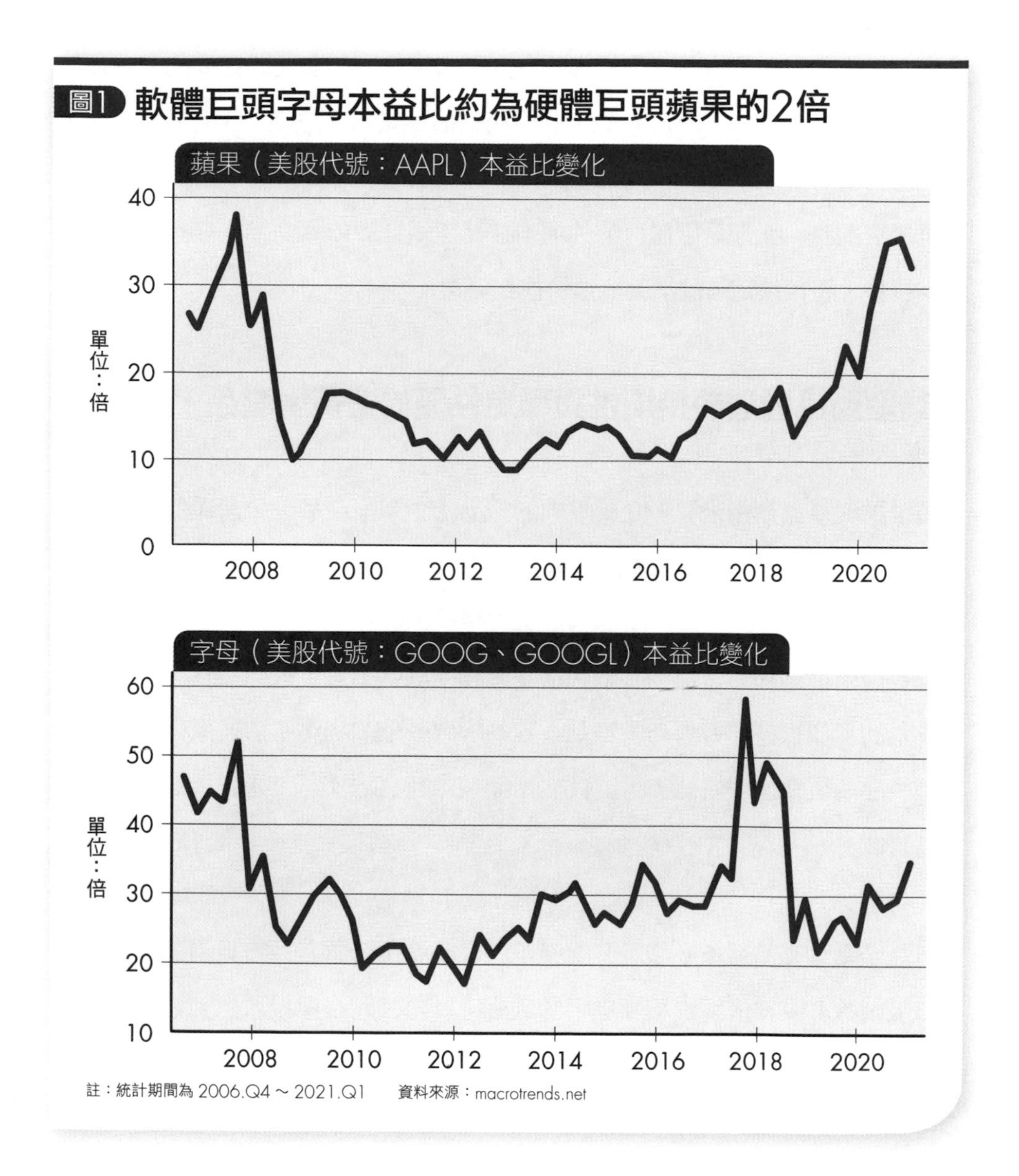

圖1 軟體巨頭字母本益比約為硬體巨頭蘋果的2倍

註：統計期間為 2006.Q4 ～ 2021.Q1　資料來源：macrotrends.net

投資人的天性是不喜歡任何不穩定的收入，這也是為什麼硬體廠商的市場估值會比軟體商低非常多。一般來說，硬體商的估值是以本益比 10 倍為基本值，軟體商的估值是以本益比 20 倍為基本值，再隨個別廠商的競爭力上下做調整，但再怎麼調整，大部分硬體商的估值本益比還是低於軟體商。要在科技業找超級成長股，直接鎖定軟體業就能很快找到答案。

企業型產品營運的持續性與穩定性優於消費型產品

最後再從產品類別來看，企業導向的產品（企業型產品），營運的穩定性與可持續性，往往優於消費者導向（消費型產品）的公司。

消費型產品市場大、市場上取代品多、轉換成本很低，很難鎖住客戶；也因為投入的廠商很多，競爭非常激烈，容易導致較低的利潤。這些原因都使得消費型產品的生命週期較低，可能會在 1 年或半年就退流行、乏人問津，影響公司的營收。

但是企業型產品就不一樣了。從使用者端來看，企業客戶一旦用了某家公司的產品，除非有無法解決極為重大的瑕疵，基於公司長期投入的訓練成本、部署成本，以及產品置換的軟硬體成本、時間延遲、流程混亂、一段時間的生產力降低和潛在的產品轉換風險考量，是不會輕易換掉使用中的產品的，而且企業規模愈大，這些風險會呈等比級數的快速上升。

我們再由產品開發公司的角度來看，雖然提供企業使用的產品，品質要求比較高，要打入企業市場較不容易，但從許多層面來看，開發企業導向的產品還是划算多了，因為產品的開發週期較長，時程壓力較小。

重點是同樣做出一件產品，供企業用戶使用的產品使用週期會比較長，通常不會每年更新；產品開發公司不必像消費者導向的產品一樣，必須每年投入人力和大量資金以推出更新過的全新產品，怎麼看都是投報率較高的選擇。

這就是為什麼不論以年營收或年淨利的角度來看，蘋果明明遙遙領先微軟（蘋果 2019 財年的年度營收為 2,601 億美元、年度淨利 552 億美元；微軟 2019 財年的年度營收為 1,258 億美元、年度淨利 392 億美元，蘋果年營收是微軟的 2 倍，淨利是 1.4 倍），但是兩者的市值卻相當接近，2019 年 2 月時市值都是 1 兆 4,000 億美元，可看到投資人給予企業導向的微軟的估值，明顯高於消費者導向的蘋果。不過，市場對蘋果的看法其實已漸漸出現轉變，後文將會進一步說明。

另一個更好的例子是，舊的惠普於 2015 年經過拆分後，經營企業市場的慧與（Hewlett Packard Enterprise，美股代號：HPE，中文亦譯為惠普企業）還承接了原本舊惠普的大部分負債，照理說股票會比較不值錢，看好度會較差才對；但分家後，為何主要做筆記型電腦的惠普（Hewlett-Packard Company，美股代號：HPQ）的股票比較不受歡迎？甚至有陣子本益比還跌至難以想像的6倍，引發許多美國股市禿鷹和私募股權業者的收購覬覦，全錄（Xerox，美股代號：XRX）還出價提出收購邀約，但遭到惠普拒絕。

另一方面，經營企業市場的慧與，在2020年新冠肺炎（COVID-19）疫情發生前的平均本益比約12倍，較惠普的平均本益比高出20%～30%，道理就在這裡。

從知名科技公司的業務發展掌握關鍵產業的脈動

「生於憂患，死於安樂。」

——孟子

投資科技股，最擔心的就是公司產品未來遭時代淘汰，無法繼續創造營收及獲利，投資人若無法判斷出企業並未具有持續競爭力，往往會成為一筆失敗的投資。如果能夠掌握科技業的趨勢，就有機會成功長抱超級成長股。我直接帶大家看看幾家著名的科技企業，從這些公司基本面、競爭力、長期展望，搭配過去幾年的股價表現，從中找出科技業發展趨勢的端倪。

三星電子》硬體製造領域危機四伏

截至 2021 年 3 月 5 日為止，三星電子（Samsung Electronics，韓股代號：005930）的市值為 4,982 億美元，可以排到亞洲第 4 位、全球第 12 位。在亞洲僅次於騰訊（Tencent，美股代號：TCEHY、港股代號：0700）的 8,463 億美元（全球市值排名第 6 位）、阿里巴巴（Alibaba，美股代號：BABA、港股代號：9988）的 6,328 億美元（全球市值排名第 7 位），以及台積電（2330、美股代號：TSM）的 5,609 億美元。過去 5 年，三星電子股價上漲 216%，落後騰訊的 347% 與台積電的 288%，正好與阿里巴巴的 216% 相同。

三星集團對韓國有著超乎想像的重要性，整個集團占韓國股市比重高達近 3 成（光是一家三星電子，市值就占韓國股市 22%），它對韓股的重要性正如台積電之於台股。另外，以 2019 年的統計資料來說，三星電子占韓國整體出口額的 20%、三星營收占韓國 GDP 比重達到 24%，其中三星電子一家公司就占了整個三星集團的 90% 營收。

2018 年 2 月時，三星集團的繼承人，也是目前的實際掌門人三星集團會長李在鎔，在獲釋出獄巡視完整個集團後表示：「三星集團若再不大力進行改革，幾年後這家公司是否能繼續存在都將會是個問題。」

李在鎔在 2020 年 2 月宣示，將推動在 2030 年超車台積電，成為非記憶體的邏輯半導體龍頭計畫。李在鎔的頭腦是清醒的，我們可以找出幾個原因：

1. 三星集團的核心是三星電子。電子業的競爭非常激烈，資本投資龐大，有景氣循環的週期，即使能活下來的，營收也時常大好大壞。

2. 三星電子的主要收入，來自記憶體和面板 2 大半導體界的大宗商品。但由於競爭者的加入和技術距離的拉近，已經不再處於絕對領先的地位了，造成三星電子利潤大幅度下降。

3. 三星電子的另一個金雞母智慧型手機（詳見圖 1），全球市占率第 1 的寶座近年坐得並不安穩，銷售數字一直下滑，領先第 2 名的幅度很少。最糟糕的是，完全失去中國這個全球最大的手機市場。根據市調機構 Strategy Analytics 的資料，三星電子智慧型手機在中國的市占率，從 2013 年全盛時期的 20%，在 2018 年第 2 季跌至不到 1%，已在中國手機市場無足輕重；現在主要賣歐美市場，但美國是著名的蘋果（Apple，美股代號：AAPL）iPhone 共和國，三星電子的手機市占很難討到大便宜。因為歐洲市場先前敗給了華為（Huawei），華為被美國禁運後，現在小米（港股代號：1810）在後面窮追不捨。2020 年第 4 季，甚至把全球手機銷售王位讓給蘋果。

4. 中國的全面崛起，才是對三星電子最大的威脅。因為中國廠商在這短短的幾年內，幾乎全面進入三星電子的所有產品領域，而且大獲全勝，不僅拿走所有中國的市場，還進逼三星電子剩下的較高階的市場，情勢不甚樂觀。

5. 數據會說話：① 2020 年三星電子營收 2,145 億美元，年增 2.78%，淨利 239 億 2,000 萬美元，年增 21.48%，主要受惠於疫情提振晶片及面板的需求；2019 年三星電子營收 1,956 億美元，年減 5.5%，淨利 185 億美元，年減 51%，最大的挑戰在於全球記憶體價格仍在低檔盤旋，面板需求疲弱，都是極待克服的困難；②韓國 2020 全年國內生產毛額 GDP 較 2019 年只萎縮 1%；2019 年韓國實質 GDP 增速為 2%，創下 10 年來最低的紀錄。2019 年韓國人均國內生產毛額時隔 4 年下滑，韓國人均 GDP 微降，但仍為 3 萬多美元；③三星電子占南韓 2019 上半年出口額 20%，北美市場的銷售額為 21 萬 2,000 億韓元，其次是中國市場的 17 萬 8,000 億韓元。

再從三星電子的 7 大產品線來看，正面臨立即性的威脅。若不能搶回競爭力，那麼三星電子恐將迎來更大的危機：

1. **智慧型手機**：華為步步進逼，兩者差距縮小。三星電子在全球最大的中國市場幾乎已經沒有能見度，只能退守歐美市場；華為在短短幾年間已占領了中國和歐洲市場，並放話要在 2020 年打敗三星電子登上全球出貨的王位。要不是美國助攻蘋果和三星電子，禁止華為手機，華為早就是全球智慧型手機出貨的第 1 名了。美國為它消除了華為，但現在小米又成為後起的追兵。

2. **電池**：自從三星電子發生 Note 7 手機電池爆炸事件後，形象重創，加上中國比亞迪（BYD，港股代號：1211、陸股代號：002594）和寧德時代（CATL，陸股代號：300750）的積極進攻，以及宿敵 LG（LG Electronics，韓股代號：

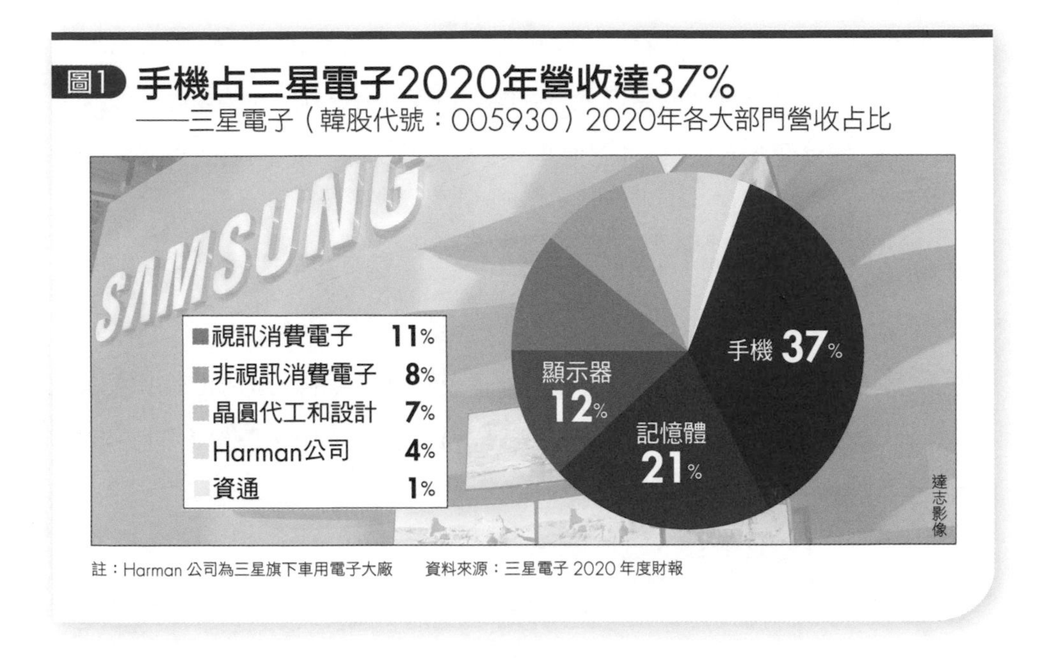

066570）、松下電器（Panasonic，日股代號：6752）的持續威脅，情勢不是很樂觀。

3.NAND 和 NOR 快閃儲存記憶體：除了兆易創新（陸股代號：603986）已經成為 NOR Flash、NAND Flash 這 2 種快閃記憶體及 MCU（微控制器）市場供貨商外，長江存儲科技公司（陸股代號：002049）也已在 2020 年開始量產 128 層 NAND 快閃記憶體晶片，正在開始進行價格的破壞。與三星電子旗艦 NAND Flash 快閃記憶體相比，長江存儲的技術約落後 3 年～ 4 年，但已經可以替代 PC（個人電腦）和某些入門級 IT 產品，對 NAND Flash 快閃記憶體的需求。一旦良率和技術再提升，3 年後將會顛覆整個產業，破壞整個 NAND 儲存記憶體市場將是早晚的事。

4.DRAM 動態記憶體：2020 年第 2 季，三星電子在全球的市占率 43%、海力士（SK Hynix，韓股代號：00660）30%，美光（Micron，美股代號：MU）21%。但這 3 家寡占市場的情況恐將發生改變，中國廠商正在進入這個重要的半導體產業，合肥長鑫（陸股代號：603986）、紫光股份（陸股代號：000938）都已加入 DRAM 的戰場。

5. 面板：由於面臨中國京東方（陸股代號：000725）的壓力，2020 年第 1 季，三星電子正式退出利潤不高的液晶顯示面板市場。不僅如此，京東方已經取得進入門檻很高的蘋果 iPhone OLED 面板訂單。

6. 晶圓代工：2015 年，三星電子和台積電分別為蘋果的智慧型手機 iPhone 6S Plus、iPhone 6S 代工，由於三星電子版本的晶片性能、功耗、電池續航力都明顯遜於台積電，使得蘋果決定 2016 年以後晶片都採台積電製程為主。

除了技不如人得靠降價吸引客戶外，三星電子的晶圓代工一再傳出良率太低，甚至導致整片晶圓報廢的新聞（2020 年 1 月影響高通的 Snapdragon

765 產品，損失 3,000 萬美元。2019 年自家記憶體工廠發生晶圓汙染事件，致使產線上 1x 奈米製程的所有 200 毫米晶圓全都報廢，損失達數百萬美元。Snapdragon SDM725，先前也驚傳因良率出問題，導致全數產品報廢），除了高額的損失外，重要的是會導致客戶產品上市時程的延遲，更使三星電子的公司形象大幅受損，以及客戶信心的流失。

除了才不到 5 年就大幅落後台積電，三星電子輸掉在晶圓代工產業的龍頭地位外；現在中國的中芯國際（港股代號：0981）已經開始量產 14 奈米製程的代工，並拿下華為的訂單，同時中芯國際的 12 奈米製程也有很大進展，2019 年 5 月已開始進行小批量的客戶導入試產。眾所矚目的 7 奈米製程，中芯國際的管理階層曾宣稱會在 2021 年 4 月開始進行風險試產；外界預估如果一切順利，最快將能在 2023 年量產。以中芯國際近年的大幅度進展，可能很快就會威脅到三星電子在晶圓代工的老二地位。根據 2020 年第 4 季的數據，台積電在全球晶圓代工的市占率為 55.6%，吃下半數市場，三星電子為 16.4%，與台積電差距不小，第 3 名～第 5 名則分別為聯電（2303）、格芯（GlobalFoundries）、中芯國際，分別占 6.6%、6.9%、4.3%。

7. 白色家電：中國的格力（陸股代號：000651）、TCL（陸股代號：000100）、海信（陸股代號：000921）、海爾（陸股代號：01169），早已經進軍全球，威脅到三星電子的高階白色家電領域，而且是現在進行式。

三星電子除了少數高階產品還能保有少許的優勢外，三星電子白色家電風光的日子早已隨風而逝。

蘋果》非硬體產品對營收貢獻度大增，讓市場另眼相看

本書 3-2 曾提到，市場一直都以消費型電子產品硬體製造商來對蘋果進行估價，造成 2010 年以來，蘋果的平均本益比只有約 14 倍，與硬體銷售商英特爾（Intel，美股代號：ITNC）和思科（Cisco，美股代號：CSCO）的平均本益比相近。

這種情況到 2016 年有了根本性的改變，蘋果的服務部門的營收出現 19% 的大幅成長（2019 年第 4 季都還有 17% 的高成長）；而在 2017 年的營收達 310 億美元，可以獨立列為財富前 500 大的公司之林。當時蘋果曾誓言在 2020 年的會計年度，達成服務部門年營收 500 億美元和 5 億個付費訂閱用戶的目標。

結果如何？根據蘋果公布的 2020 年會計年度成績單，其服務部門（App Store、Apple Music、Apple Pay、Apple Care、iCloud、Apple Card、Apple TV +、Apple News +、Apple Fitness +、Apple Arcade 等）營收超標，達到 537 億 6,800 萬美元，占公司總營收比重 19.59%，至於付費訂閱用戶

則在 2020 年底達到 6 億人的里程碑。

大家要知道，蘋果服務部門的營收大部分是軟體，而且是訂閱制（這表示會成為公司的經常性收入、風險較低、不會像賣硬體產品的一次性收入會有風險）、成本較低、毛利比硬體高多了（蘋果 2020 年會計年度服務部門毛利率為 66%，這是一個不錯的數字，因為 2 大軟體龍頭公司：微軟（Microsoft，美股代號：MSFT）的毛利率約為 66.5%、字母（Alphabet，美股代號：GOOG、GOOGL）的毛利率約為 55.83%，而蘋果整個公司的毛利率約為 38.2%），不像硬體製造公司毛利很低，做筆記型電腦的惠普（Hewlett-Packard Company，美股代號：HPQ）毛利率只有 18.9%。

2019 年蘋果迎來全面的勝利。蘋果一口氣推出信用卡、雲端遊戲 Arcade Service、新聞訂閱服務 Apple News +、視頻串流服務 Apple TV +等全新的非硬體服務產品，再加上新的穿戴裝置 Apple Watch 和 AirPods 熱賣，使股價在 2019 年 1 年之中大漲 86.58%（蘋果是美國市值最大的公司，這麼龐大的公司 1 年要漲 86.58% 不容易），一吐長久以來的怨氣！

重要的是，蘋果自己也很爭氣，憑自己的實力向世人展示，它有能力讓「iPhone 不是蘋果的唯一產品」的計畫成真，展示了蘋果強大的執行能力，用實質成果改變了市場對蘋果的看法，以及對公司估值的方式。

長期以來，華爾街對硬體製造商的估值就比一般公司低，甚至於僅及軟體公司的一半而已，而現在願意改用對蘋果有利的軟體服務型股票來進行估值，不再以單純的電子硬體產品製造商的估值來看待蘋果。理由很實際也很簡單，因為蘋果已不再是長期以來被別人稱為所謂的「那家製造 iPhone 的公司」而已，公司營收中，iPhone 銷售營收占整個公司的營收比，已經由高峰時的 70% 降為 2019 年第 2 季時的 48% 左右，不像以前動輒達 2/3，甚至於高達 7 成的比率，例如 2015 年時，iPhone 銷售營收占整個公司的營收比率為 66%，2016 年第 4 季時占比為 69.36%。

2020 年 2 月時，蘋果的本益比達到歷史新高的 26 倍，這個數字和典型的軟體巨擘微軟，以及字母的長期平均本益比相去不遠。但因為蘋果目前的營收中，硬體（蘋果的各項裝置）所占比重還是大於軟體（蘋果的服務部門），因此短期內，還不大可能讓華爾街用典型的軟體服務公司（例如微軟或字母）估價方式來看待蘋果。2020 年因為新冠肺炎疫情影響，國際各大城市實施封城、減少社交，促成居家工作的風潮，負起與外界聯繫重責大任的行動裝置產品需求隨之大增，蘋果產品 iPhone、iPad 和 Macbook 成為許多消費者的首選；此外，蘋果所推出的低價版本 iPhone SE 更吸引許多 Android 手機用戶跳槽至蘋果陣營。

2020 年問世、首次支援 5G（第 5 代行動通訊）的 iPhone 12 更是引爆全球的智慧型手機的換機潮，這些原因使得 2020 年第 4 季蘋果重新奪回全球智慧型手機出貨量龍頭的寶座。蘋果該季財報首次突破單季營收 1,000 億美元大關，達到 1,110 億美元，所有產品線營收都出現同比 2 位數百分比的成長，各產品線營收紛紛創造蘋果單季史上營收新高。這一切，使得蘋果股價在 2020 年 1 年之中再大漲 83.48%。

蘋果股價在 2019 年～ 2020 年就上漲了 242.35%！ 2021 年 3 月 5 日蘋果的本益比為 32.82 倍（詳見圖 2）、微軟為 34.49 倍、字母為 35.78 倍、臉書為 26.19 倍。蘋果的本益比和前 3 大軟體公司相比，毫不遜色，這證明了，投資人早已不把蘋果當成是純硬體製造商或消費裝置商來看待了，因為蘋果用長期持續的成績，消除從前投資人對它各項估值的疑慮：

◎疑慮 1》硬體製造商或消費裝置商的營收很難長期維持？

蘋果表現：2005 年～ 2020 年間，只有 2016 年的年營收衰退 7.7%，原因是前一年的 iPhone 6 銷售火熱、基期太高（2015 年營收成長 27.86%）。

◎疑慮 2》硬體製造商或消費裝置商是比價市場，不會有顧客忠誠度這回事？

蘋果表現：在 2019 年 BankMyCell 的報告中顯示，iPhone 的客戶留存率是 73%，三星電子和字母公司的 Google 手機分別只有 63.9% 和 51% 而已，蘋果用戶忠誠度大勝敵營！別忘了 iPhone 的平均零售價遠高於安卓（Android）

手機。

◎疑慮 3》硬體製造商或消費裝置商很難跨入較高利潤的軟體或服務領域？

蘋果表現：蘋果服務部門在 2017 年的營收，已經可以獨立列入財富前 500 大的公司之林，年營收持續成長。

◎疑慮 4》蘋果主要產品是硬體，利潤率應該很差？

蘋果表現：2020 年軟體界的龍頭字母淨利率才 22.06%，蘋果則是 21.73%。

◎疑慮 5》新進挑戰者很難搶奪媒體、支付、醫療裝置、健康管理等現有領導商的飯碗？

蘋果表現：蘋果公司的軟體服務 Apple Music、Apple Pay 和 Apple Card、Apple Watch、Apple Fitness ＋都取得空前的成功。

亞馬遜》電商巨擘躋身雲端行列，發展全面性的新業務

大約在 2015 年～ 2016 年，當華爾街還在爭論要如何對一家持續虧損，但也一再向市場證明營收可大幅度成長的亞馬遜（Amazon.com，美股代號：AMZN）進行估價時，當時一致的共識是，它其實是一家以其強大有效率的物

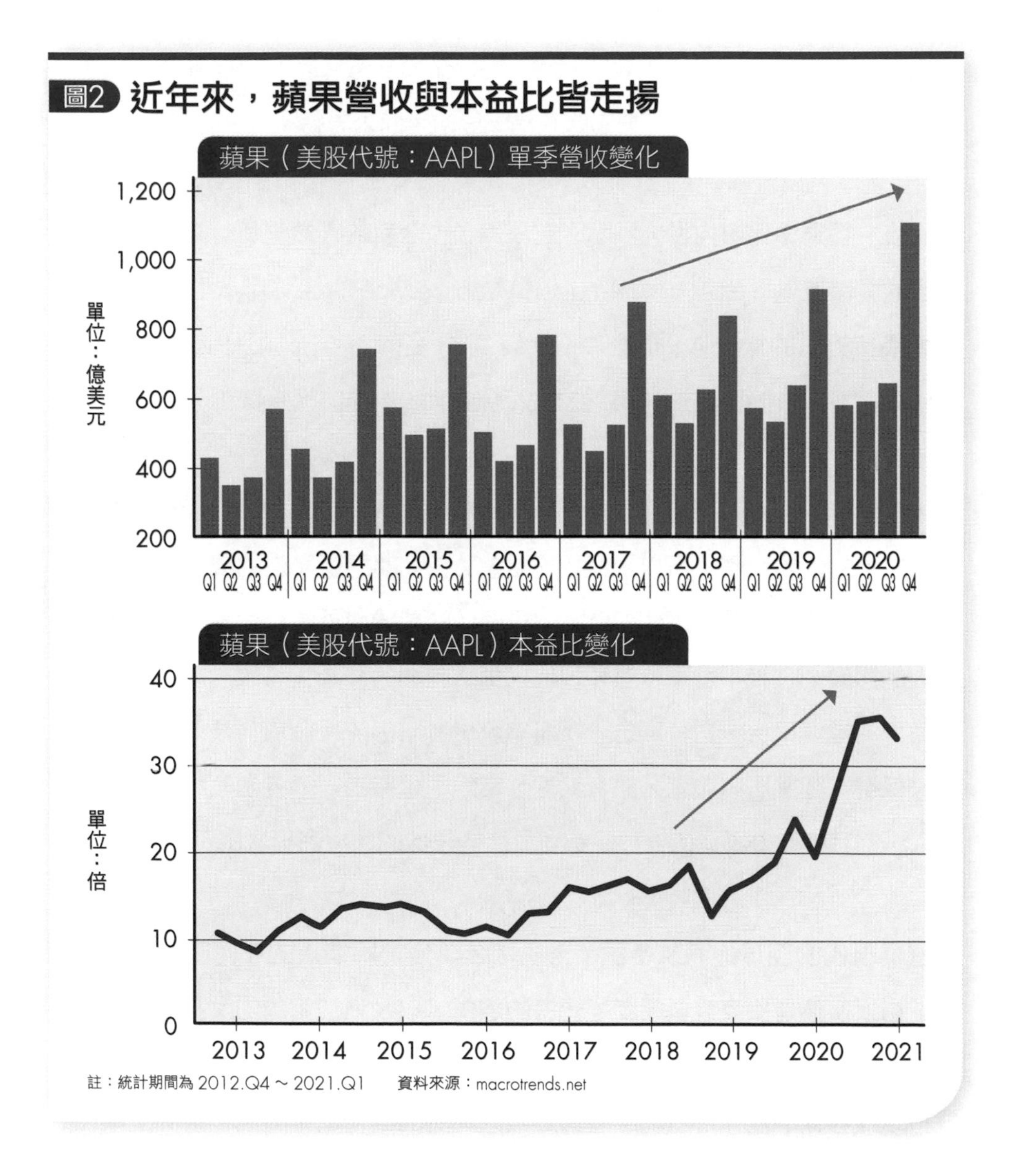
圖2 近年來，蘋果營收與本益比皆走揚
蘋果（美股代號：AAPL）單季營收變化
1,200
1,000
800
600
400
200
單位：億美元
2013 2014 2015 2016 2017 2018 2019 2020
Q1 Q2 Q3 Q4
蘋果（美股代號：AAPL）本益比變化
40
30
20
10
0
單位：倍
2013 2014 2015 2016 2017 2018 2019 2020 2021
註：統計期間為 2012.Q4 ~ 2021.Q1 資料來源：macrotrends.net

流能力為其護城河而致勝的電子商務（E-Commerce，以下簡稱電商）；它不是傳統的零售商，卻也不能把它歸類為一般的電商來看待。

而後，亞馬遜開始向世人展示了它所開創、全新的雲端運算行業。如今，亞馬遜的雲端運算平台 AWS（Amazon Web Services）全球市占率高達 32%，排名最接近它的微軟 Azure 則為 20%，第 3 名的 Google Cloud 和阿里巴巴都僅有 7%（取自 Canalys 市調公司 2020 年第 4 季的調查資料）。

2020 年，AWS 只產生了全公司 11.75% 的營收，但卻貢獻了全公司 67.82% 的營業利潤，可以説亞馬遜是拿 AWS 部門所產生的現金流，來挹注公司其他部門的成長。不僅如此，亞馬遜新業務的發展是全面性，而且超乎所有人的想像，它幾乎進軍所有和現代人生活有關的產業，將觸角成功地擴展到電商外的雲端平台、數位廣告、視訊串流、音樂串流、金融科技、無人商店、醫療保健、智慧居家裝置、語音助理、電競、遊戲……等各個領域，幾乎無孔不入，而且都取得不錯的進展，都對於這些領域的領導商形成威脅。

這個現代的亞馬遜商業帝國，正在持續顛覆它所進入的任何產業的遊戲規則，結果當然是引發許多產業經營者的恐懼，以及執法當局的反托拉斯調查。但事情的另一面是，亞馬遜正向世人證明其創辦人傑夫．貝佐斯（Jeff Bezos）堅持以顧客為導向，持續為顧客創造最大利益的公司創業職志，獲得了真正的實踐。

根據調查，光是在報告 2017 年第 2 季企業營運結果的 90 天內企業財報電話會議和法說會等企業活動中，亞馬遜被各上市公司提到過 635 次，遠高於他們提到美國總統川普（Donald Trump）的 162 次和勞工薪資的 111 次，從這點可以看出，各家公司對亞馬遜的進逼是多麼地恐懼，或是說對亞馬遜的成功是如何地崇敬，或是兩者兼有。

不可否認地，亞馬遜已經從零售業殺手變成橫跨更多領域的龐大企業帝國。2017 年～ 2020 年這 4 個年度，亞馬遜的年度營收成長率分別高達 30.80%、30.93%、20.45%、37.62%，這對一個美股市值第三大的企業而言，是一項很難達成的成就。這家公司如今不僅正與高階零售商和技術開發商等業者競爭，也努力進入所有可能的領域，並持續顛覆它所進入的每一個領域。這也是為何與其他科技巨獸相比，亞馬遜的實際淨利總額和淨利率都很低，可是本益比（2021 年 2 月時約 77 倍）卻可以比其他科技巨獸高非常多。

微軟》走出個人電腦領域，擁抱雲端運算成功轉型

猶記得在微軟（Microsoft，美股代號：MSFT）第 2 任執行長史迪夫．巴莫（Steve Ballmer）在位時，當時整個公司士氣低落找不到方向，股價長期低

迷；公司主要營收來源太過集中、成長停滯，業務極度仰賴個人電腦，被市場歸類為死氣沉沉的個人電腦相關供應鏈族群的一員，被列入比益比10倍以下、眾多舊時代科技公司的一員，一如現在的英特爾、惠普、戴爾（Dell Technologies，美股代號：DELL）和IBM（美股代號：IBM）等公司。

2014年，微軟把執行長換成現在的薩蒂亞．納德拉（Satya Nadella），並進行公司大幅度的改造；開始擁抱雲端運算、揚棄以個人電腦為中心的思想、放棄沒有出路、一直流血虧錢且根本沒什麼人在用的Windows手機，改向安卓陣營靠攏。結果納德拉成功了，股價從他上任7年多來上漲超過5倍，成為美國史上第2個達成市值1兆美元的公司（詳見圖3）。如果沒有做如此的大幅改革，現在市場對微軟的股價評比可能會和5年前相同，依然把它列為個人電腦製造產業的軟體供應商一員而已，股價也會一直在低檔徘徊。

奧多比》多媒體軟體霸主走向訂閱制，營收、股價大爆發

奧多比（Adobe，美股代號：ADBE）在數位媒體軟體上原本就處於壟斷的有利地位，它的Creative Cloud幾乎算是多媒體從業人員的必備軟體。2013年開始，公司更是開始揚棄一次性買斷的軟體授權方式，改採用戶訂閱模式，並把產品逐漸移往雲端。這2大革命性的變革，再加上公司致力開發和購併（包括市場調查和電商軟體等數位體驗的非多媒體工具），以擴展公司的產品線，

圖3 微軟股價隨獲利提升，本益比亦站上20倍

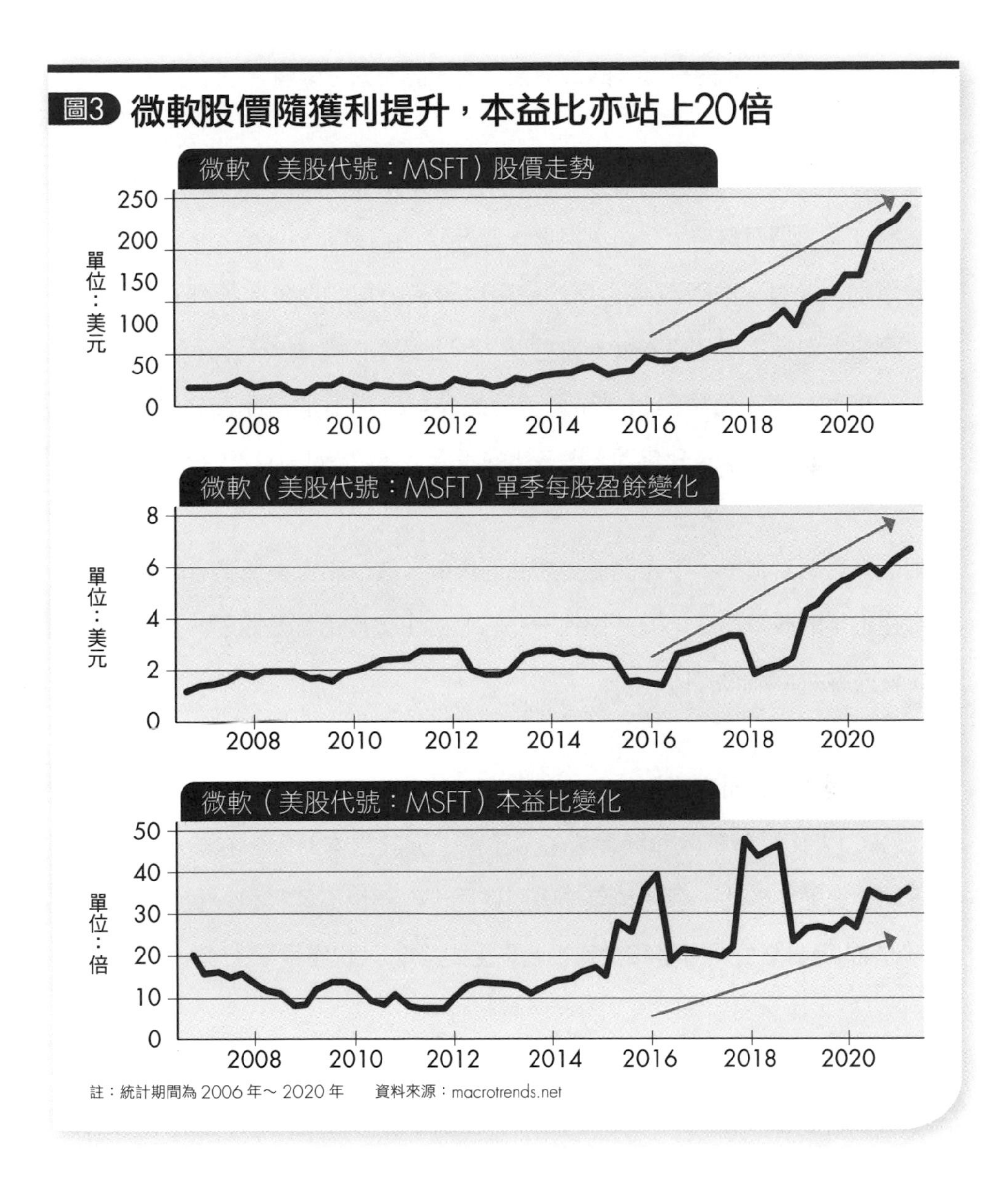

註：統計期間為 2006 年～ 2020 年　　資料來源：macrotrends.net

消除產品集中單一化的投資人的疑慮後，營收開始大幅爆發。

市場和投資人喜歡這樣的改變，因為訂閱制可以產生固定且容易預測的現金流，對公司的穩健財務上是一大利多。產品線的擴大，降低公司的不確定性，同時增加未來性，也可改善客戶的使用體驗和公司的形象。種種正確改革措施，再加上奧多比產品原本就非常強勢，因此每季的營收成長都可以輕易超過 20%，這對一家市值早已超過千億美元的公司來說不是一件容易的事。所以 2013 年～ 2020 年的 8 年間，奧多比的股價上漲超過 1,197%（詳見圖 4）。

相信大家看到這裡，不難發現上述的亞馬遜、微軟和奧多比這 3 檔超級成長股，在近年的改革都有一項共通性——它們的主要產品都是軟體，且都採用雲端運算而獲致巨幅的成功。

再以其他軟體公司來比較，全球第 2 大的軟體公司甲骨文（Oracle，美股代號：ORCL），近年營收和股價皆停滯不前，究其根本原因，在於甲骨文在產品雲端化上並不成功，產品也無法吸引客戶，自然也不能吸引投資人的青睞。20 年前的甲骨文公司可是和微軟平起平坐的第 2 大軟體巨擘。

更具說服力的是，2020 年 8 月被加入道瓊工業平均指數（Dow Jones Industrial Average Index，DJIA）的新軟體企業的成分股是雲端軟體業界的

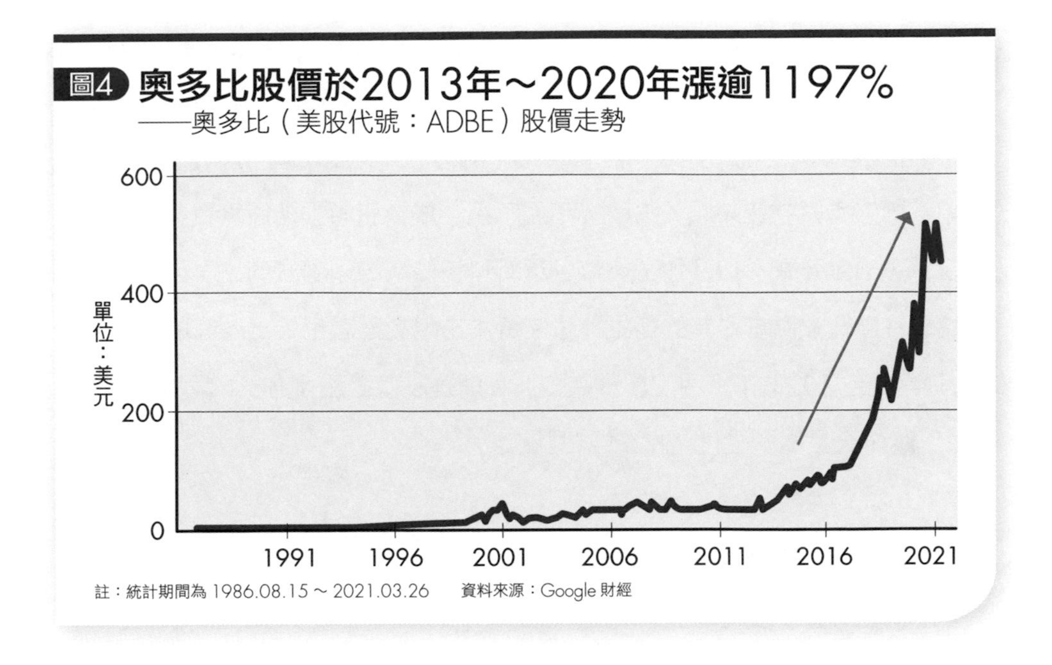

先驅——賽福時（Salesforce.com，美股代號：CRM），而不是甲骨文。到2021年3月5日為止，過去5年甲骨文股價只上漲79%、賽福時上漲了194%、微軟則上漲了336%。

相形對照下，始終固守一成不變相同硬體產品領域的英特爾和三星，則分別碰到重大的經營上的危機和挑戰；共同點都是多年經營的核心領域現在已經不再是領先的科技，導致利潤逐年降低。龐大僵化的企業官僚系統故步自封，阻礙了創新研發的腳步和新業務的開展，且缺乏自我反省的能力。兩者都錯失了企業轉型和近 10 年雲端化，以及以軟體為核心驅動的科技業的主要趨勢。

不願囿於硬體困境的好公司還有輝達（nVidia，美股代號：NVDA），過去幾年不斷演進，在手機領域失敗後不屈不撓，成為引領雲端運算資料中心、人工智慧、自動駕駛，以及加密貨幣各項新科技領域的領導廠商，早已經威脅到英特爾在硬體領域數十年的霸主地位。資本市場對三者也給出應有的回報，過去 5 年（至 2021 年 3 月 26 日為止），輝達股價上漲 1,389.47%、英特爾 94.54%、三星電子 216.69%（詳見圖 5）。

留意軟體業 2 大新趨勢

很明顯地，要在科技業覓得超級成長股，鎖定軟體產業是一大重點。另一方面，則是必須掌握軟體業的發展方向，軟體業正朝著「軟體即服務」（Software as a Service，SaaS）和「付費訂閱」這 2 大新趨勢演進。

趨勢1》軟體即服務

所謂的軟體即服務就是把軟體所提供的功能全部搬到由基礎雲端設施提供者的遠端伺服器上，讓用戶不必在用戶端安裝程式碼就可以隨時隨地連線使用。在伺服器端，基礎雲端設施提供者的市場幾乎被亞馬遜、微軟、阿里巴巴、字母等 4 大巨頭寡占壟斷。

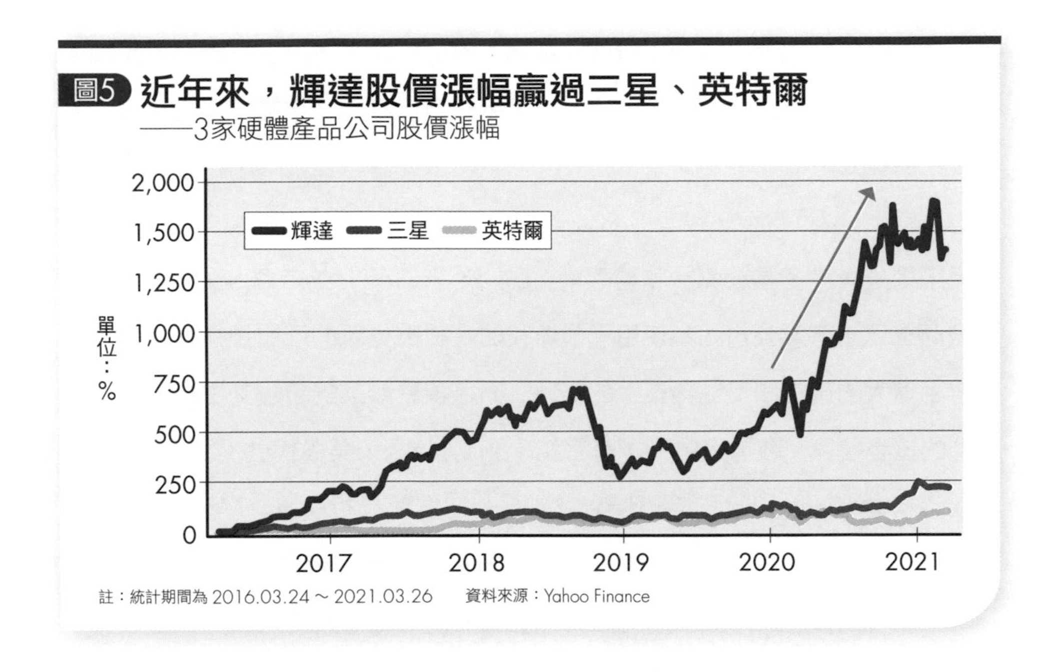

圖5 近年來，輝達股價漲幅贏過三星、英特爾
——3家硬體產品公司股價漲幅

註：統計期間為 2016.03.24～2021.03.26　資料來源：Yahoo Finance

目前幾乎所有的軟體開發業者都已經全面採用軟體即服務的新架構，紛紛把產品移植成這種架構。這種架構的好處在軟體的版本更新上，可省去客戶端的部署成本、軟體開發廠商只需在伺服器端進行統一的更新就完成了。如此可以節省軟體部署和更新的成本、縮短產品推出的週期，是一種對客戶和廠商雙方都是有利的軟體架構演進。

最普遍的例子是幾乎每個人都有使用的 Gmail。Gmail 是字母（Google 母公司）所推出的 SaaS 軟體，它所提供的「服務」就是電子郵件的功能，而

Gmail 所有的程式碼都放在字母的雲端伺服器上，使用者只要有網路連線就能在移動裝置或電腦上使用這項服務，不需要在自己本地的電腦或移動裝置上先安裝任何程式。

近來則是有許多基於開放軟體架構（Open Source）並結合 SaaS 架構的新創廠商出現。這類公司因為使用了最新和隨時都被更新的底層技術，幾乎都能取得相當大的市占和受到專業上的好評。而這項軟體業的新趨勢主要發生在基礎型的核心運算，較著名的例子有雪花（Snowflake，美股代號：SNOW）的雲端資料倉儲、Elastic（美股代號：ESTC）的搜尋分析引擎、MongoDB（美股代號：MDB）和 DataStax 的 NoSQL 資料庫、Databricks 的大數據系統、Cloudera（美股代號：CLDR）和 Confluent 的大數據和資料處理平台等。

截至 2021 年 3 月的統計，SaaS 企業占美股軟體市場比重 22.5%，股價表現尤為突出，市值超過 100 億美元的 SaaS 企業已有 50 家。2020 年美國 SaaS 已是所有上市公司最為賺錢的行業，每年的獲利超過 3,600 億美元；同時近幾年進行 IPO（首次公開發行）的軟體公司的 SaaS，占比也高達 82%。

趨勢2》付費訂閱制

幾乎所有的雲端和行動軟體的使用授權，都是採用訂閱模式的付費制度，使用者不再需要一次付出高昂資金買斷軟體，只要在使用期間按使用期間長短付費，就能享用目前的最新服務。對軟體開發商來說，付費訂閱模式可以確保它們有固定的現金流收入，也可以擴大市場，吸引短期使用者。

雲端軟體業的先驅是提供企業服務軟體的賽福時，在公司於 1999 年一成立時就率風氣之先採用軟體即服務的架構。而傳統的軟體廠商也紛紛把自己的程式都移植改寫成 SaaS 的架構，並把使用授權改為付費訂閱模式。最好的例子就是上述的奧多比，獲得了巨大的成功。不僅讓使用者可以隨時使用最新版的產品，省去麻煩的本地安裝和版本更新的問題，更讓公司股價扶搖直上。

對華爾街來說，更是歡迎這項改變，投資人不喜歡任何不穩定的收入，而付費訂閱模式是廠商經常性且可重複的收入，軟體用戶通常會長期訂閱，風險較低，投資人較容易掌握企業的收入。不像是傳統軟體開發商的一次性買斷軟體授權，或是賣硬體產品的公司需承擔一次性收入的風險，也不必擔心下一代產品發生被淘汰的危機。

另一個有名的例子，就是字母的純雲端辦公室 Office 套裝軟體 Google Workspace。在過去 20 年～ 30 年，全世界的軟體界，很難有廠商可以撼動微軟金雞母「Microsoft Office」套裝軟體。

其間的挑戰者包括字母的 Google Workspace、甲骨文的 StarOffice、科立爾（Corel）的 WordPerfect Office、金山辦公軟件（陸股代號：688111）的 WPS OpenOffice 及 LibreOffice 等；其中最重要的 Google Workspace 套裝軟體艱苦地努力了 13 年，終於靠著字母在網路技術上的領先優勢，以及字母家族軟體（12 項產品各自都有 10 億人以上的全球使用人數）的整合助攻下，成功突破微軟 Office 一家獨大的壟斷地位，在「純雲端」的 Office 套裝軟體市場上，Google Workspace 已經連續 2 年市占擊敗微軟的 Office 365 軟體。而且個人用戶使用 Google Workspace 家族裡的產品還是免費的！這些產品包括 Gmail、日曆、環聊（Hangouts）、雲端硬碟、文件、電子試算表、幻燈片、協同運作平台（Google Workspace）等。

2020 年 10 月，根據研調機構 Statista 發布的調查結果：字母 Google Workspace 市占 59.41%、微軟 Office 365 市占 40.39%；2020 年 2 月，根據 Datanyze 發布的調查結果：字母 Google Workspace 市占 55.37%、微軟 Office 365 市占 44.44%。這是一項很難得的成就，也算是軟體界的里程碑。字母 Google Workspace 已在 2020 年 3 月達成全球使用人數破 20 億人的成就（2021 年第 1 季時，微軟 Office 擁有 12 億人的全球使用人數；2020 年第 1 季時 Office 365 則有 2 億 5,800 萬的企業付費使用人數，3,960 萬的個人付費使用人數）。

字母 Google Workspace 之所以能成功的原因有很多。除了字母自己的努力之外，最大的原因就是這 10 多年來世界上的軟體使用方式的改變，幾乎所有的軟體開發都轉向軟體即服務的架構（這點正好是字母的強項）；再加上微軟傳統的 Office 一次性付清的授權賣價實在驚人，字母 Google Workspace 讓企業採用訂閱模式進行分期付費，大幅減輕許多企業的負擔，也為字母創造出了一項足以載入軟體業史冊的重要成就。為了反擊字母 Google Workspace，微軟也開始轉向，近年來改以提供雲端版本的辦公室軟體 Office 365 為主。而且更進一步提出 Microsoft 365，把其他微軟的產品雲端化，一次性打包捆綁微軟家族的軟體讓客戶訂閱採用。

現在手機人手一支，任何只要是採用 SaaS 方式的軟體，不論你身在何處，都可以立即上網使用，享受行動運算所帶來的便利和好處；用戶訂閱模式可以讓使用者分期付款，並吸引資金能力較差的個人用戶、中小企業和新創公司等客戶。這也是為何近年所有主流的軟體廠商推出產品時都走向雲端化，而且只要有好產品的新公司，都能獲得市場較高的估值的主要原因。

3-4 新創成長產業1》軟體 關注3類新興行業

「創新將領導者與追隨者區分開來。」

——史蒂夫．賈伯斯（Steve Jobs）

逝者已矣，來者可追，我們可以從人類過去進步的發展中得到一些世代產業更迭的脈絡和特徵。只要找到當代或是未來的明星產業，就能夠輕鬆從中挖掘到超級成長股。而初步過濾的標準有以下 3 項：

1. 產業或公司的市場要夠大。我們要找的是被所有人需要的產業，請注意「所有人」這 3 個字。

2. 擁有顛覆性的方案能解決現有的問題，擁有夠寬的護城河，而且是業界的領導廠商。

3. 產業或公司具有未來性，市場尚未飽和。未來 5 年、10 年、20 年前景明朗，能夠有豐厚的獲利；若能有較高利潤率那就更完美了。

就以 2021 年的當下，可歸納出科技業當中的軟體、金融科技（FinTech）、電子商務（E-Commerce，以下簡稱電商），這 3 個產業是目前和在可見的未來，較適合作為長期投資的領域（詳見圖 1）。本書 3-4 ～ 3-6 將依序介紹我所看好的這 3 大產業。

首先是軟體業。軟體雲端化的浪潮，促成了軟體訂閱制的興起，使用者不需要買斷軟體，就可以使用所需要的軟體服務、智慧型手機和平板電腦等移動設備的行動軟體，若想使用更專業的功能，也只需要加價購買升級功能。

這些轉變不僅顛覆了舊有的軟體授權方式，也從根本上改變了所有人使用軟體的習慣（詳見 3-2、3-3）。在這樣的趨勢之下，我們可以進一步找到以下 3 種相當具備成長力的軟體業類型：

類型 1》數位媒體：兵家必爭之地，帶動數位廣告業強勢崛起

市場研究機構 eMarketer 曾做過一項調查，2019 年上半年，美國成年人每天使用手機和平板電腦的時間平均達到 3 小時 43 分鐘，用行動裝置的時間首次比看電視的時間多出了 8 分鐘——這段話的重點在於，行動式裝置超越了電視使用時間，這可以視為一個劃時代的分水嶺，標誌著數位媒體和廣告新時代的來臨。

圖1 軟體、金融科技、電商為適合長期投資的領域
——超級成長股3大潛力產業和近年上市相關企業

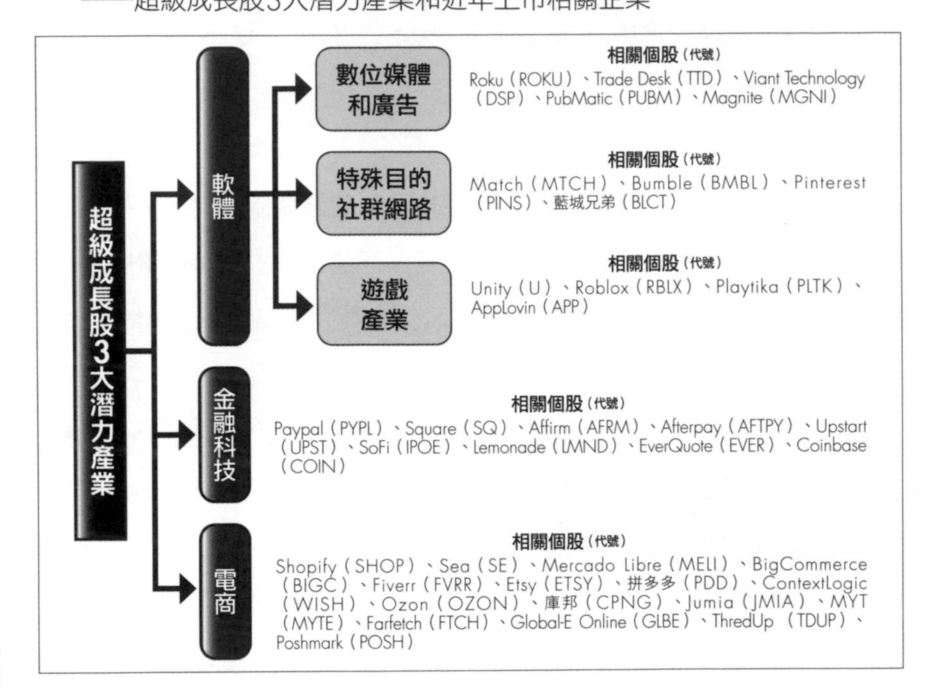

從行動裝置延伸出的連網電視（Connected TV）就逐漸形成一股不可擋的閱聽趨勢，閱聽人習慣把視訊由手機導向到螢幕更大的電視上觀看，更推升提供線上串流平台整合播放功能的數位機上盒製造商 Roku（美股代號：ROKU）股價在蘋果（Apple，美股代號：AAPL）、亞馬遜（Amazon.com，美股代號：

AMZN）、字母（Alphabet，美股代號：GOOG、GOOGL）3 大科技巨擘夾殺下異軍突起。Roku 從 2017 年 9 月上市至 2021 年 3 月底的短短 3 年半期間，股價就大漲 1,075%，跌破許多華爾街專家的眼鏡（詳見圖 2）。

所有的有線電視系統巨擘包括華特迪士尼（The Walt Disney Company，美股代號：DIS，以下簡稱迪士尼）、HBO（美股代號：T）、康卡斯特（Comcast，美股代號：CMCSA）、派拉蒙（Paramount，美股代號：PRGE）、ViacomCBS（美股代號：VIAC）、美國連鎖電影院 AMC（美股代號：

AMC），再加上蘋果和臉書（Facebook，美股代號：FB），也大約在同一期間推出自家的線上串流媒體播放平台。使得原本就已經由網飛（Netflix，美股代號：NFLX）、亞馬遜、字母旗下 YouTube 所寡占的擁擠市場競爭更加激烈。

而 2020 年新冠肺炎（COVID-19）疫情的擴散，人們不得不待在家，更為數位媒體的發展推了一把。例如電影院破天荒的歇業，大成本製作電影紛紛延後上映時程，也有部分電影乾脆改為透過線上串流媒體發布首映，打破了以往電影必須在實體電影院首映的傳統。

而迪士尼線上串流平台 Disney＋，2019 年 11 月底正式上線，截至 2020 年 12 月初全球訂閱人數已高達 8,680 萬人，再加上迪士尼旗下另外 2 個串流平台 ESPN＋及 Hulu 的用戶，三者總計已突破 1 億人，比起花了 10 年才擁有上億用戶的網飛，成長速度可說是相當驚人。而迪士尼、網飛都將繼續投入資源在內容的製作，數位媒體的重要性可望持續上升。

媒體數位化和線上串流媒體改變人們觀看影音的方式，也徹底顛覆傳統的廣告業，迫使廣告主全面向數位廣告商轉移。除了既有的網路巨頭挾其平台繼續壟斷大部分的數位廣告市場外，也造就如 The Trade Desk（美股代號：TTD）、AppNexus（2018 年被美國電信龍頭（AT&T，美股代號：T）收購）、Viant Technology（美股代號：DSP）、PubMatic（美股代號：PUBM）、

圖3 The Trade Desk股價在2年內大漲604%
——The Trade Desk（美股代號：TTD）股價走勢

單位：美元

註：統計期間為 2018.09.02 ~ 2021.02.24　　資料來源：嘉實資訊

Magnite（美股代號：MGNI）等新崛起的 DSP（Demand-Side Platform，廣告需求方平台）和 SSP（Supply-Side Platform，廣告供應方平台）數位廣告業者。以 The Trade Desk 為例，在 2019 年、2020 年 2 年中，股價共累積大漲 604%（詳見圖 3）。

這些數位廣告業者不僅搶走傳統電視等媒體的廣告，更大舉入侵原本由字母、臉書、亞馬遜 3 家寡占的線上廣告市場。它們不僅提供平台，讓線上各類產業的公司直接或間接投放廣告，更進攻之前連字母和臉書勢力都難跨足成功的語音和數位電視等新媒體。

類型 2》新型社群網路：付費訂閱制為獲利來源

社群平台臉書、推特（Twitter，美股代號：TWTR）、騰訊（Tencent，港股代號：0700、美股代號：TCEHY）公司的微信、微博（美股代號：WB），近 10 年已證明社群網路強大的群聚連接效應、輿論導引的作用、意見領袖、網紅的強大影響力，以及對我們生活無孔不入的影響。如果你是網際網路重度使用者，應該也不難發現，現在的社群網路發展方向，已從過去這些成熟的通用型社群網路，逐漸轉向特殊目的受眾型態的小眾社群網路或垂直型的社群網路。

例如近 2 年崛起，已席捲全世界並引領青少年流行風潮的短影片霸主抖音、以圖像為導向蒐集特定興趣分享的 Pinterest（美股代號：PINS）、配對付費約會社群網路平台 Match Group（美股代號：MTCH）、大黃蜂（Bumble，美股代號：BMBL）、Soul、全球最大的同志社交軟體平台藍城兄弟（美股代號：BLCT）、主打語音聊天的 Clubhouse、著重社區網路動態的 Nextdoor 等，全球最大擁有超過 6,500 萬會員的婚外情網站 Ashley Madison、成人和健身產業付費訂閱內容服務的 OnlyFans，都是典型的例子。

這類新型社群網路都具有以下的特點：

①由於免費一網打盡的社群網路在臉書和微信等先占性壟斷竭澤而漁後，以後很難再有新的競爭者出線。為了生存下去的新進者，都必須被迫先想好獲利的方案再推出，無法如臉書和微信等可以先搶占市場再來想如何利用龐大的用戶數目來賺錢。

②基本上這類新型社群網路一定是付費的服務，或至少是付費和免費方案並行，因此生存下來不成問題。

③經營目標明確，都有特定死忠的粉絲（Fans），可以藉此產生使用者黏著度，易於推出符合成員的產品和服務。例如大黃蜂公司的女性主義特性，創辦人兼執行長惠特尼・赫德（Whitney Herd）也是 Match 的共同創辦人，成為有史以來美股最年輕的上市公司女執行長。我猜測它除了女性主導的約會平台這項現有的護城河外，以後一定會發展成為一個一切以女性為主體的全新營業模式（營業的項目細節，大黃蜂公司自己可能都還沒有完全想明白。試想一下，口紅廠商會在 Match 或大黃蜂公司上下廣告，如果只能選一個？），這才是它未來的價值所在。

類型 3》數位遊戲：3 特性帶來強大優勢

所有著名的數位遊戲，都已經線上、雲端和手機化了。電競也已被廣泛地接受，不僅已形成遊戲產業中不可忽視的新勢力，也影響到線上廣告和線上直播行業的發展走向。2017 年國際奧林匹克委員會更已經同意，電競可被視為是一種體育運動。

手機遊戲則早已形成一個龐大的產業，手機遊戲程式下載更持續多年長期占據蘋果和安卓（Android）全球所有手機程式下載量的 70% 左右。這也是為何目前上市的遊戲公司，大部分都是擁有大量手機遊戲的公司，例如 Playtika（美股代號：PLTK）；或是協助手機遊戲商貨幣化的公司，例如 AppLovin（美股代號：APP）。

此外，遊戲產業也正朝著分眾化（例如 Roblox（美股代號：RBLX）和微軟（Microsoft，美股代號：MSFT）旗下品牌 Minecraft 就鎖定兒童遊戲市場）、個人化，以及降低遊戲開發難度（例如 Roblox、Epic Games、Unity Technologies（美股代號：U）等公司的業務重點，就是提供更易於開發的遊戲開發平台）的方向演變。

這樣的發展，可以擴展更大的市場和吸引更多人投入開發，進而藉由遊戲付費的方式，讓更多人開發出有創意和精彩的 3A 遊戲（註 1）。

遊戲產業在過去 10 年產生翻天覆地的變化，以往由藝電（Electronic Arts，美股代號：EA）和動視暴雪（Activision Blizzard，美股代號：ATVI）兩強所寡占的個人電腦遊戲時代已經結束。因為網路和手機等移動裝置的普及、更好的開發工具和平台使得遊戲開發更容易入門，沒沒無聞的小遊戲工作室（Studio）也有可能開發出大受歡迎且賺錢的暴紅遊戲。

其中，藉由社群網路的推廣或行銷已經是必須的手法，而蘋果 App Store 及 Google Play 的出現，更決定了現代一個遊戲是否能上架讓使用者下載的關鍵；因此投資人可以多關注社群網路上遊戲玩家的口碑，以及由 App Annie、Newzoo、和 Sensor Tower 等著名機構，所定期發布的遊戲下載排行榜和市場動態。從這 2 個途徑能獲知遊戲產業的趨勢和發展方向，最重要的是得知錢都流向哪些遊戲商的口袋了。

投資人必須先知道遊戲產業有 3 大特性：1. 典型的消費端產品，流量和用戶量決定一切；2. 遊戲產業是贏者全拿的產業，全世界的絕大部分的遊戲玩家只會去玩極少數的幾個成功遊戲，不好玩的遊戲，即使投資再多錢都會乏人問津；3. 暴紅的遊戲除了是吸金巨獸外，通常可以持續躺著賺錢許多年，例如 Epic

註 1：3A 通常是指「A lot of money」（大量的金錢）、「A lot of resources」（大量的資源），以及「A lot of time」（大量的時間）。簡單解釋，就是以高昂的開發成本、長時間的開發週期、加上許多資源所堆砌出來的高品質遊戲產品。

表1 騰訊多年來持續投資著名遊戲公司

——騰訊（美股代號：TCEHY）所投資著名遊戲公司及所占股份

遊戲公司名稱（股號）	所占股份（%）	投資年份	公司所在地	該公司所開發的著名遊戲
動視暴雪（Activision Blizzard，美股代號：ATVI）	6.00	2013	美國	魔獸世界、決勝時刻、托尼．霍克、暗黑破壞神
拳頭遊戲（Riot Games）	100.00	2015	美國	英雄聯盟
P社（Paradox Interactive，瑞典股市代號：PDX）	5.00	2016	瑞典	征服四海、鋼鐵雄心、十字軍之王、歐陸風雲
Epic Games	40.00	2016	美國	大逃殺（Fortnite Battle Royale）
魁匠團（Krafton）旗下的藍洞（Bluehole）	11.50	2018	韓國	絕地求生
Kakao Game，母公司Kakao（韓股代號：35720）	13.50	2018	韓國	黑色沙漠（Black Desert Online）
網石遊戲（NetMarble，韓股代號：251270）	17.66	2018	韓國	天堂2、MARVEL未來之戰、星際大戰
育碧（Ubisoft，泛歐交易所代號UBI）	5.00	2018	法國	舞力全開（Just Dance）、刺客教條（Assassin's Creed）
Roblox（美股代號：RBLX）	未公布	2020	美國	收養我吧、Piggy、Tower of Hell、Royale High
世紀華通（Century Huatong，陸股代號：2602）	10.00	2021	中國	熱血傳奇、傳奇世界、泡泡堂、龍之谷、最終幻想14

資料來源：騰訊公司新聞發布

Games 的大逃殺（Fortnite Battle Royale）自 2017 年推出以來，至今還是大殺四方，2021 年 1 月時有 3 億 5,000 萬的全球玩家，到現在還是稱霸遊戲界。

遊戲業務不僅挽救了在 2001 年～ 2002 年間因為股價太低而面臨下市壓力，公司也幾乎面臨倒閉的網易（美股代號：NTES、港股代號：9999）得以起死回生；也讓騰訊攀上全球市值排行的第 6 名（2020 年 3 月 5 日，騰訊股價每股港幣 679 元，市值折合 8,463 億美元）。

驅動騰訊成長的核心就是遊戲這個金雞母（根據 2020 年第 3 季財報，遊戲營收占了當季總營收 33%，是公司最大的營收來源），而不是靠無人不知的微信在賺錢。更重要的是騰訊更是全世界所有叫得出名號的遊戲商的主要股東，這一切使得騰訊早已成為全球最大的遊戲界的巨無霸。

數據顯示，騰訊在 2020 年投資了 33 家遊戲公司，而在 2019 年則投資了 9 家遊戲公司。2021 年截至 3 月底為止，就已經投資了 20 多家遊戲公司。表 1 就是我所統計騰訊所投資較為著名的遊戲公司及所占的股份。

3-5 新創成長產業2》金融科技打破舊有金融服務模式

「融資是必須的，但銀行的存在卻非必要。」

——比爾・蓋茲（Bill Gates）

金融業是個歷史悠久、無所不在，而且市場和獲利皆很豐厚的產業，也為所有產業提供必要的後勤支援；遺憾的是，金融產業也大概是最保守的產業，流程固定僵化毫無彈性、規定多如牛毛、服務沒有效率、手續繁複、轉帳和清算需要耗費多日，幾百年來的商業模式變革屈指可數，令人大失所望。

幾乎所有人都認為擁有特許經營權的銀行的存在是必要之惡，銀行也長期被人們貼上「晴天送傘，雨天收傘」的負面標籤，大家痛恨銀行，卻逃離不了它。

但這一切正在發生變化，尤其是足以顛覆傳統金融市場樣貌的金融科技（FinTech）公司正在改變這一切。例如以第三方支付業者 PayPal（美股代號：PYPL）、行動支付業者 Square（美股代號：SQ）、螞蟻集團、Adyen（荷股代號：ADYEY、美股代號：ADYYF）、Stripe 等為代表的新一代金融科技企業，顛覆了以下的金融領域，蠶食傳統金融業極為可觀的市場（特別是消費金融的部分），已經形成不可忽視的金融革新新勢力：

1. **線上支付**：代表公司有 PayPal、Square、Adyen、Stripe、螞蟻集團的支付寶、騰訊的財付通等。

2. **行動支付**：代表公司有 PayPal、Square、螞蟻集團的支付寶、騰訊（Tencent，美股代號：TCEHY、港股代號：0700）的財付通等。

3. **跨境電子支付**：代表公司有 PayPal 旗下的 Xoom、Wise 等。

4. **先享受後付款和線上分期付款**：代表公司有 Affirm（美股代號：AFRM）、Afterpay（澳股代號：APT、美股代號：AFTPY）、Klarna、PayPal、Square 等。

5. **網路放貸**：Upstart（美股代號：UPST）、PayPal、Square、Avant、螞蟻集團等。

6. **線上保險**：Lemonade（美股代號：LMND）、EverQuote（美股代號：EVER）、螞蟻集團等。

7. **股票零佣金手機下單**：代表公司有 SoFi（美股代號：IPOE）、Robinhood、Webull 等。

8. **手機零錢存款和零股投資**：代表公司有 Acorns 、Square、螞蟻集團等。

這些企業裡面地位最重要，而且最值得提出來討論的就是被譽為「當代威士卡」的 PayPal。PayPal 的前執行副總裁和領英（LinkedIn，已被微軟（Microsoft，美股代號：MSFT）購併）的創辦人里德．霍夫曼（Reid Hoffman）就表示過，「PayPal 具有破壞性，展現真正的民主化，並且具有普及力。它賦予數以百萬計的人們無比的權利，減少了國家，銀行和其他大型公司的壟斷控制。」

持續創新變革以提供嶄新體驗——以 PayPal 為例

PayPal 是彼得．提爾（Peter Thiel）、伊隆．馬斯克（Elon Musk）和馬克斯．列夫琴（Max Levchin）等幾位被稱為「矽谷黑手黨」的科技界名人在 1998 年共同創立的，2002 年 2 月第 1 次上市，而後在同年 10 月被電子灣（eBay，美股代號：EBAY）收購而下市。

但是 eBay 並沒有好好發揮 PayPal 的潛力和應有的價值，只拿來作為拍賣的支付，公司也不重視 PayPal 的未來發展，簡直是暴殄天物。後來在眾多激進

圖1 PayPal重新上市後不到6年，股價大漲621%
——PayPal（美股代號：PYPL）股價走勢

註：統計期間為 2015.07～2021.03　資料來源：嘉信理財

大股東的壓力下，向 eBay 施壓，一再逼迫 eBay 要重視 PayPal，並設法實現 PayPal 的價值最大化（2014 年 PayPal 支付業務占 eBay 總營收的 45%）。eBay 最後只好分割 PayPal，讓它在 2015 年 7 月重新上市，PayPal 在 2015 年 7 月上市至 2021 年 3 月，不到 6 年就大漲 621%（詳見圖 1）。

2021 年 3 月 26 日時，PayPal 的市值為 2,822 億 9,000 萬美元，在美國金融界，市值僅次於摩根大通（JPMorgan Chase，美股代號：JPM）、威士卡（Visa，美股代號：V）、萬事達卡（Mastercard，美股代號：MA）、美國銀行（Bank of America，美股代號：BAC）而已。

根據Statista在2020年的調查，80%的美國零售商提供PayPal的支付方式，70%的線上交易也支援PayPal。2019年Crone Consulting並宣稱PayPal、Square、Adyen、Stripe這4家支付巨頭就壟斷了80%的第三方支付市場。著名的投資人丹尼爾．勒布（Daniel Loeb）在2018年根據調查後發表，PayPal在中國之外的全球支付市場占掉了20%～30%的所有電商交易額。

再根據PayPal公司的財報，到2020年底為止，PayPal有3億7,500萬個使用者帳戶；當年共處理了153億6,000萬筆交易，9,370億美元的年交易額，共有2,600萬個商家接受PayPal的支付方式。ComScore更曾在2018年公布過，採用PayPal的轉化率高達88.7%，其他家的數位錢包只有55.3%，其他的支付方式更低至48.7%，這使得商家更樂於接受客戶採用PayPal來支付。

PayPal透過無數的購併案，將多種相關服務的公司納入麾下，如今已經發展成一個龐大且網路上無所不在的金融科技巨擘。提供包括支付、行動錢包、貸款、先消費後付款、國際匯款、POS零售系統、網購省錢解決方案、行動電商、防詐騙方案等服務。我將PayPal歷年所購併的公司整理如表1，各位可以更清楚地看到，PayPal所提供的各種金融方案，幾乎是個無所不包的現代消費金

表1 PayPal進行多方購併，成為全方位金融科技巨擘

——PayPal提供的各種金融支付方案

名稱	業務領域	收購年度
Braintree	支付閘道	2014
Paydiant	行動錢包	2015
Xoom	國際匯款	2015
TIO Network	帳單支付管理	2017
Swift Financial	線上借貸	2017
iZettle	POS讀卡器	2018
HyperWallet	電商平台支付	2018
Simility	防詐騙方案	2018
Modest	行動電商	2015
Jetlore	AI零售系統	2018
Honey Science	網購省錢解決方案	2020

註：支付閘道（Payment Gateway）為商家網站與銀行端之間提供加密的閘道，付款者線上付款時，支付資訊會通過該閘道傳送給銀行，並將銀行付款的授權提供給收款行，使用該服務的商家即可免去親自處理金流的困擾

融界巨獸。2021 年，PayPal 更宣布開放加密貨幣的買賣，並打算開始讓接受 PayPal 支付的商家，也可以開放加密貨幣的支付。

不只如此，PayPal 還擁有 Venmo 這個大受美國年輕人歡迎的社群支付王牌程式，他們會用這個程式來分攤聚會時的帳單支付。根據 PayPal 公司的財報，到 2020 年底為止，Venmo 有 2,290 萬個使用者帳戶；當年共處理了 1,590 億美元的年交易額。

那麼還有什麼類型的企業，也將準備加入顛覆傳統金融市場的一員？根據我的觀察，可留意的有「可程式化金融提供商」（API Providers，註 1）、令傳統銀行坐立難安的新一代「挑戰者銀行」（Challenger Bank，註 2）、開始造成傳統銀行競相關閉實體分行的「數位銀行」（Neo Bank，註 3）、加密貨幣、數位資產交易和管理等相關的新創公司等。這些領域的代表新創公司如下：

1. **可程式化金融提供商：**代表公司有 Plaid、Stripe、Codat、Xignite 等。

2. **挑戰者銀行：**代表公司有 N26、Revolut、Monzo 等。

3. **數位銀行：**代表公司有 Chime、Varo、Dave、NuBank、SoFi 等。

註 1：可程式化金融提供商是指廠商只需提供一小段程式碼，就可以提供某項複雜的功能；如此可節省企業的系統開發時間，而且可以立即為其客戶提供更好的功能。例如 Stripe 和 Plaid 就是最典型的可程式化金融提供商；Stripe 只需一行程式碼就能為企業網站提供線上支付功能；Plaid 可以讓程式只需簡單的程式碼就可連上並登入銀行的帳戶。

註 2：挑戰者銀行一詞主要起源於英國，過去英國銀行主要由 4 家傳統銀行瓜分市場。2013 年英國放寬新銀行成立法規，使得數家小規模的銀行陸續進入市場，它們的共同特點是利用金融科技，提供大型傳統銀行難以提供的高效率金融服務。

註 3：從字義上看，數位銀行指的是沒有實體通路，直接在線上運營的銀行，在台灣則稱為「純網銀」。

4. 加密貨幣：代表公司有 Coinbase（美股代號：COIN）、Binance、Circle、Kraken、Square、PayPal、Robinhood、BitPay 等。

5. 數位資產交易和管理：Ripple、Avant、螞蟻集團等。

這些新創先鋒公司，所從事的都是過去被眾人認為不可能達成，或是被視為毫無未來性或價值，但近期已開始被時間證明或開始受到人們接納的開創性金融領域，有興趣的投資人可以持續保持關注。

3-6 新創成長產業3》電商逐漸取代傳統零售業

「你不能只是打開一個網站並期望人們湧入。如果你真的想成功，就必須創造流量。」

——沃爾瑪公司前執行長喬爾·安德森（Joel Anderson）

提供商家和消費者透過網際網路進行交易的電子商務（E-Commerce，以下簡稱電商）平台，改變了人類取得日常必需品的方式。以前，要購買滿足日常生活所需的用品，必須前往實體商店購物，現在只需要點點滑鼠、滑滑手機，待在家裡就能等到貨品送上門。眾多商家不需要實體店面等客人上門，透過網路就能找到買家。電商蠶食的正是所有產業中最基本的傳統零售業，零售業也往往是在各國市場排名前 3 名、而且不可或缺的古老產業，由此可知電商的潛在市場有多大。

電商是一個典型可以靠規模、網絡平台集客效應，以及成本優勢形成領先優勢而寡占的產業；而且這個產業有個特性，通常是贏者全拿，大者恆大，市場排名前幾名幾乎囊括所有的市場份額，非領先群的業者幾乎沒有生存的空間。

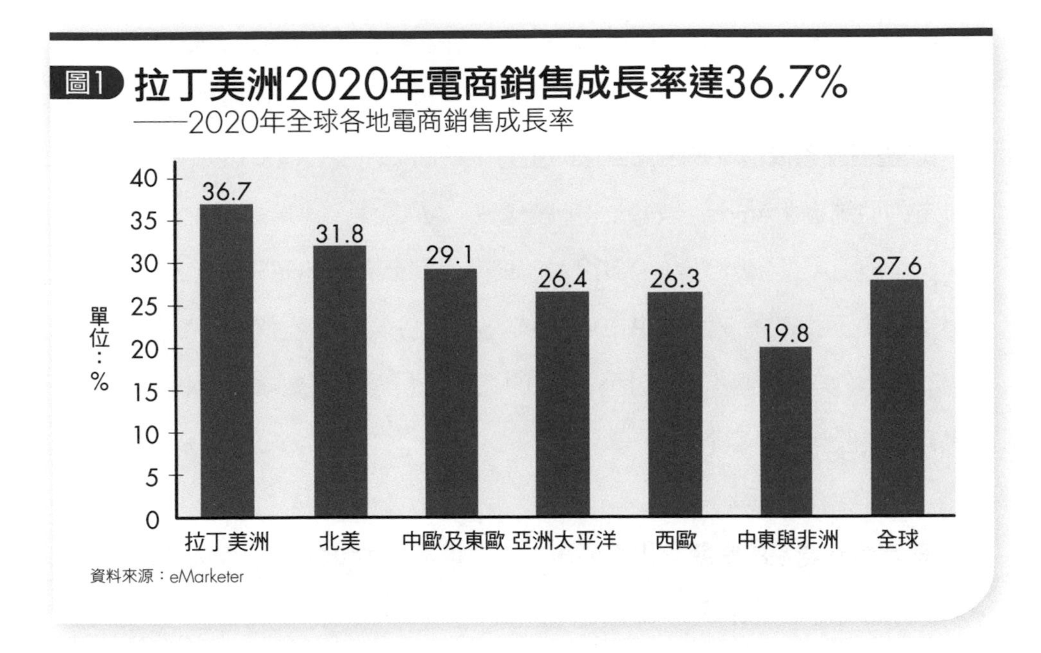

圖1 拉丁美洲2020年電商銷售成長率達36.7%
——2020年全球各地電商銷售成長率

資料來源：eMarketer

不要懷疑，目前除了中國、北美、西歐、日本、亞洲四小龍（韓國、新加坡、台灣及香港）外，全球大部分市場的電商滲透率（線上零售交易額除以全國零售交易額）都還在 5% 以下。市場研究機構 eMarketer 表示，2020 年全球電商零售總額達 4 兆美元，年成長率高達 28%。圖 1 是由 eMarketer 所發布的 2020 年全球不同地區電商銷售成長率，全球各大洲除中東外（也達 19.8%），電商市場的年成長率都在 26% 以上，北美和拉丁美洲更分別達 31.8% 和 36.7%。即使是目前線上電商滲透率較高的市場中的主導電商業者，也仍前仆後繼地推出社群電商、直播帶貨、食物和雜貨外送、代購等新型態的電商經營方式。電商經過 20 多年的發展，目前可以分為以下幾大類：

1. **以整個國家或區域為經營目標的全方位電商：**代表公司有以北美和西歐市場為主的亞馬遜（Amazon.com，美股代號：AMZN）、中國的阿里巴巴（美股代號：BABA、港股代號：9988）、東南亞和台灣的冬海集團（Sea，美股代號：SE）、拉丁美洲的自由市場（Mercado Libre，美股代號：MELI）、非洲的 Jumia（美股代號：JMIA）、俄國的 Ozon（美股代號：OZON）、南韓的庫邦（美股代號：CPNG）等。

2. **鎖定企業賣家的電商：**代表公司有鎖定賣家客戶和希望有獨立網域的企業用戶的 Shopify（美股代號：SHOP，加股代號：SHOP）和 BigCommerce（美股代號：BIGC）、主要為 B2C 電商交易的京東（美股代號：JD、港股代號：9618）。

3. **鎖定非大城市對價格敏感族群買家的電商平台：**拼多多（美股代號：PDD）和 ContextLogic（美股代號：WISH）等。

4. **特殊物品交易平台：**代表公司有交易自製工藝品的 Etsy（美股代號：ETSY）、自由工作者和外包平台的 Fiverr（美股代號：FVRR）和 Upwork（美股代號：UPWK）等。

5. **奢侈品和服飾交易平台**：代表公司有奢侈品電商 MYT（美股代號：MYTE）、Farfetch（美股代號：FTCH）、Global-E Online（美股代號：GLBE）等。

6. **二手品交易平台**：代表公司有二手品交易的 Poshmark（美股代號：POSH）、閒置衣物交易平台 ThredUp （美股代號：TDUP）等。

新冠肺炎疫情讓電商的發展超前 10 年

2020 年全球新冠肺炎（COVID-19）疫情大流行，更證明、催化並凸顯電商的必要性和不可逆的重要性。亞馬遜創辦人傑夫．貝佐斯（Jeff Bezos）承認的最大電商敵手 Shopify，其執行長兼創辦人托比．盧克（Tobi Lutke）在 2021 年 2 月時就表示：「新冠肺炎疫情讓電商業的未來發展提前了 10 年。」這也解釋在疫情肆虐的 2020 年，全球所有電商相關個股股價為何漲幅驚人。

此外，經營成功的電商除了線上零售本業外，幾乎都會緊接著發展出線上廣告、線上支付、外送、線上數位媒體、線上遊戲等附屬服務，這些附屬服務往往比線上零售還賺錢，利潤也更高。阿里巴巴正是因此超越百度（Baidu，港股代號：9888、美股代號：BIDU），成為中國最大的線上廣告公司；亞馬遜則因此成為僅次於字母（Alphabet，美股代號：GOOG、GOOGL）和臉書（Facebook，美股代號：FB）的北美第 3 大線上廣告商。亞馬遜和阿里巴巴更據此建立全球第 1 和第 3 大的雲端基礎設施提供服務和智慧音箱業務。

而 2019 年～ 2020 年的 2 年間股價累積上漲 1,685%、旗下擁有知名蝦皮電商平台的東南亞及台灣電商霸主冬海集團，則挾其在東南亞和港台都已經很成功的線上遊戲事業 Garena，野心勃勃地開始向南美洲等區域擴張業務。

不只線上遊戲事業 Garena 近幾年來在拉丁美洲已經取得相當的成果，冬海集團下的蝦皮在 2018 年和 2020 年則分別進入巴西和墨西哥這 2 個拉丁美洲最大的市場建立起灘頭堡。冬海集團還在 2020 年獨力取得新加坡 2 張全功能數位銀行（Digital Full Bank）中的其中 1 張門票，為其正在起步的金融事業版圖 SeaMoney 鋪平發展的道路。

冬海集團採用的是和亞馬遜類似的經營發展手法，由旗下能產生正現金流的遊戲事業 Garena 來挹助需要龐大現金流投資的蝦皮電商（電商的市場比遊戲市場大太多了）。這樣的策略大獲成功，2020 年第 2 季開始，電商部門的營收開始超越遊戲事業部門，而且幅度相當驚人，成功扮演起公司未來營收主要成長來源的角色。

相同的故事也發生在號稱「拉丁美洲亞馬遜」的自由市場身上。阿根廷的自由市場是 1999 年創立的電商平台，在其核心的電商事業橫掃拉丁美洲後，

圖2 自由市場股價在5年內飆漲1458%

——自由市場（美股代號：MELI）股價走勢

註：統計期間為 2016.01.01 ～ 2020.12.31　資料來源：嘉信理財

2020 年下半年一次又一次地，創造令華爾街驚嘆的接近 3 位數百分比的年營收成長率，以及新崛起的 Mercado Pago 支付服務在 2020 年各季度一再締造超過 3 位數百分比的交易額年成長率。

它也藉此向所有人證明，2020 年一整年股價上漲 193% 並非僥倖（2020 年度股價從 571.94 美元漲至 1,675.22 美元，2021 年 1 月盤中更一度突破 2,000 美元）；若回顧 2016 年～ 2020 年的這 5 年期間，其股價漲幅是相當驚人的 1,458%（詳見圖 2）。

表1 Shopify虧損多年但營收大躍進，2020年終轉盈
——Shopify（美股代號：SHOP）年度營收及獲利表現

年度	營收（百萬美元）	年營收成長率（%）	淨利（百萬美元）
2012	24	未提供	-1
2013	50	108.33	-5
2014	105	110.00	-22
2015	205	95.24	-19
2016	389	89.76	-35
2017	673	73.01	-40
2018	1,073	59.44	-65
2019	1,578	47.06	-125
2020	**2,929**	**85.61**	**320**

資料來源：macrotrends.net

投資獨角獸公司須留意 7 重點

新創事業當中，經常是所謂的「獨角獸」（Unicorn，未上市但估值達 10 億美元以上的科技公司），或是剛 IPO（首次公開發行）的公司，可能尚未繳出實質獲利，股價卻出現大爆發。

例如我所持有的 Shopify，公司連續虧損多年，直到 2019 年都還在虧損，2020 年才開始轉虧為盈（詳見表 1），但股價在這 2 年卻已出現 745% 的驚

圖3 Shopify股價在2019年～2020年大漲745%
——Shopify（美股代號：SHOP）股價走勢

註：統計期間為 2019.01.01 ～ 2020.12.31　資料來源：嘉信理財

人漲幅（詳見圖 3）。

對這些獨角獸的投資態度，因為投資的風險極大，IPO 時就有淨利的企業很罕見。建議投資人最好只選擇已經上市一段時間的獨角獸公司，至少它們有向美國證券交易委員會（SEC）提交的上市招股書（S-1）和每季的季報（10-Q）及每年的年報（10-K）這些有法律效力的官方文件可供參考。

鎖定目標後，可以密切注意公司業務的發展，並在業務有明顯開始改善時買入。例如開始有盈利、現金流轉正、稅前息前折舊前攤銷前利潤（EBITDA）轉正、或是營收開始明顯大爆發時開始進場，會是比較安全的投資方式。在此以我當初是如何觀察和考慮投資冬海集團為例：

冬海集團在 2017 年上市之後，很少人注意它，股價也幾乎沒有大幅度的變化。但我觀察了很久（為什麼？因為它有可能會變成我投資的阿里巴巴收購的東南亞電商平台 Lazada 的最大敵手），在 2018 年和 2019 年間，蝦皮業務有許多項重大發展：

◎ 2018 年 3 月蝦皮台灣（占全公司 20% 營收）透露，每個月處理 2,000 萬筆超商取貨包裹，超越經營 PChome、商店街購物平台的網家（8044）的 1,100 萬筆。

◎ 2018 年 5 月蝦皮台灣透露已有 1,500 萬人下載蝦皮電商拍賣手機行動程式（Mobile App），公司並宣布已經成為全台最大的電商平台。

◎ 2018 年 5 月，在台股上市的商店街因為不敵蝦皮的競爭導致虧損，網家宣布擬以每股 44 元收回私有化下市。

◎ 2018 年 8 月蝦皮台灣開始向賣家收費。

◎ 2018 年第 4 季時報紙報導蝦皮台灣分公司宣布台灣分公司 EBITDA 轉為正值。

◎ 2018 年底蝦皮台灣調漲賣家手續費由 0.5% 上漲到 1.49%。

◎ 2019 年第 1 季和第 2 季蝦皮台灣 EBITDA 都是正值。

◎ 2019 全年 App Annie 報告稱蝦皮在台灣和東南亞各國皆是電商類手機行動程式下載的第 1 名。

◎ 2019 年第 2 季 iPrice 報告稱，由手機行動程式下載數、每月活躍使用人數、訪客瀏覽數 3 個面向統計，蝦皮首次超越 Lazada 成為東南亞的電商霸主。

以上這些消息，我都是在台灣的報紙上看到的，不需要看東南亞或美國的財經新聞。這些一路上的營運成績和好消息説明，冬海集團的成長可持續，值得密切注意。

2019 年開始，冬海集團的股價開始小幅上漲但不明顯，因為還是很少人注意到它。2020 年 3 月後股價開始明顯波動，5 月起更開始大幅上漲。經過幾個月密切的觀察和研究，比較了冬海集團和阿里巴巴的法説會和財報資料，再加上冬海集團的發展讓我想起，它和我幾年前因稍微遲疑而錯過的自由市場有著太多驚人的相似之處。在 2020 年 6 月份的飆漲後，我知道股價不可能有大幅度拉回的可能，因此下定決心進場買進，截至 2021 年 3 月，冬海集團的股價又翻倍上漲。計算 2019 年～ 2020 年的股價漲幅更是驚人，高達 1,600% 以上（詳見圖 4）。

我個人因為核心持股占了相當大的部分，因此前幾年開始會將新增的資金（如股利、尚未離職前的部分薪資等）投入這樣的新創公司。我並不是很建議投資人貿然買 IPO 的股票，但是如果你還是非常看好某家獨角獸公司，堅持要在它一上市 IPO 時進行投資，那我還是有些心得與技巧可以分享：

重點1》不要抱著「賭一把」的投資心態

不要抱著賭一把的心態，期望賭對找到下一家蘋果（Apple，美股代號：AAPL）或微軟（Microsoft，美股代號：MSFT）。如果抱著這種心態買 IPO 的股票，建議去改買樂透，賺錢的機率還會高些。

投資人務必銘記在心：所有 IPO 的公司，一定只會挑對其單方面極其有利的時間點上市，例如 2020 年第 3 季和第 4 季就有一堆電商公司搶著 IPO，為什麼？因為疫情使所有電商公司的營收，和 2019 年相比都呈現大爆發，財報都很漂亮。

圖4 冬海集團股價在2019年～2020年大漲1600%
——冬海集團（美股代號：SE）股價走勢

註：統計期間為 2018.09.02～2021.02.24　　資料來源：嘉實資訊

重點2》避免投資你不懂的公司

不要投資你不懂的公司，IPO 公司投資的風險已經夠大了，如果硬是投資你自己完全無法掌握，不能判斷其商業模式、經營績效、和營運指標的企業，那就和賭博沒兩樣。

重點3》盡量不要投資在美股上市的中國企業

不要投資中國在美國上市的企業，因為以後只要任何時候中美地緣政治因素一摻和進來，股價一定大跌（看阿里巴巴的遭遇就知道了）。而且美國公眾公司會計監督委員會（PCAOB）至今無法實地進行在美股上市的中國企業的財報審計，相對而言，比較會有財務數字被操弄的可能性。

重點4》要選創辦人還在經營掌控的公司

如果創辦人兼執行長，或是其他創辦人都還在公司內，會有加分作用。如果創辦人還曾經讓它上市成功，那就更好了。

重點5》選擇著名投資方所投資的公司

選擇著名的早期投資人或創投公司投資的公司，例如紅杉資本（Sequoia Capital）、A16Z、基準資本公司（Benchmark Capital）、Accel、Bessemer Venture Partners、紀源資本（GGV）、創始人基金（Funders Fund）、或是指數風險投資公司（Index Ventures）等背書的公司。

最好是高盛、摩根士丹利或摩根大通，這 3 大投資銀行其中的一家擔任主要承銷商的上市案。因為沒有人想投資沒前景或不會賺錢的生意。

重點6》上市180天後為可考慮的買進時機

不要在 IPO 前幾天或前 1 週、2 週就急著買進，因為這期間通常是股價最高而且震盪最劇烈的時候，原因很多，投資人可以在後續幾週後或幾個月後再買入。而我個人是建議，至少要等第 1 份上市後的季報出來，觀察法人和市場對它的正式評價再決定，因為在此之前的上漲或下跌和判斷，都只能說是沒有根據的猜測。留意財報表現，開始有盈利、現金流轉正、EBITDA 轉正，再加上營收開始明顯大爆發的案例很罕見，尤其是已經有淨利的公司都會很搶手。

美股有所謂 180 天的閉鎖期規定（這只是個通例，但有太多的例外），上市後 6 個月內大股東和內部人士不能賣股。這很重要，因為上市之前，只有大股東和內部人士了解公司內部的詳細營運細節，這規定是為了保護投資人，避免這些早期投資人（例如大股東）占大眾便宜。一般而言，180 天後，股價就比較不會有太劇烈的震盪了，因為大家該知道的應該都已經知道了，此時買入會相對安全許多。

重點7》切勿一次投入過多資金

投資較新的獨角獸公司，尤其是尚未有獲利的上市企業時，切記不要一次投入太多資金，因為這些企業有可能因為財報不符合投資人的期望，1 天之內就超過 10% 或 20% 以上的大幅回檔。

投資人可以先用少量資金試水溫，如果符合你的期望且股價確實上漲不少，再隨著公司的業績成長一路加碼，這樣一方面可以保護自己，減低損失太多的資金的可能性，也較適合一般資金不是太雄厚的投資人，在有新資金時再進行加碼，同時藉此參與它未來可能成為超級成長股的機會。

3-7 搞懂科技業供應鏈 嗅出報酬翻倍的投資機會

「順藤摸瓜。」

——中國成語

在進行產業分析時，我們會發現大部分行業裡頭的公司都會有高度關聯性。例如寡占市場的少數公司，當其中一家公司出了問題，市場恐被其他競爭者瓜分，競爭者的股價也會因此受益上漲。再例如台灣有許多電子公司是海外品牌大廠的供應商，營收與獲利也就會隨著大客戶的營運表現而起伏。以下我們以台灣投資人較為熟悉的資訊科技產業為例來說明。

硬體業》供應鏈盤根錯節，經常牽一髮動全身

先看硬體產業。首先，一部個人電腦中的必需電子元件，包括以下這些主要部分：

◎主機板：主要生產商是華碩（2357）、技嘉（2376）、微星（2377）。

◎中央處理器：主要生產商是英特爾（Intel，美股代號：INTC）、超微（Advanced Micro Devices，美股代號：AMD）。

◎顯示處理器：主要生產商是輝達（nVidia，美股代號：NVDA）、超微、英特爾。

◎音訊處理器：主要生產商是德州儀器（Texas Instruments，美股代號：TXN，以下簡稱德儀）、瑞昱（2379）。

◎記憶體：主要生產商有韓商三星電子（Samsung Electronics，韓股代號：005930，以下簡稱三星）、海力士（SK Hynix，韓股代號：00660），以及美光（Micron，美股代號：MU）。

◎晶片組：主要生產商是英特爾、超微、輝達、威盛（2388）。

◎電源控制器：主要的生產商是德儀、聯發科（2454）旗下的立錡、日商羅姆（Rohm Semiconductor，日股代號：6963）和德商戴樂格（Dialog Semiconductor，德股代號：DLG）。

◎通訊晶片：主要生產商有蘋果（Apple，美股代號：AAPL）、英特爾、高通（Qualcomm，美股代號：QCOM）、聯發科、三星、華為（Huawei）旗下的海思、紫光股份（陸股代號：000938）旗下的展銳、博通（Broadcom，美股代號：AVGO）。

◎儲存元件：主要生產商有傳統硬碟的威騰（Western Digital，美股代號：WDC）和希捷（Seagate Technology，美股代號：STX），以及生產固態硬碟的英特爾、日商鎧俠（Kioxia）和美光。

之所以舉個人電腦產品為例，是因為大家幾乎每天都會使用到，比較容易了解，現在也已經是非常標準化的商品，這些生產個人電腦所需元件的廠商，列出來就是所謂「個人電腦業的產業供應鏈」。而智慧型手機、平板電腦，甚至是大部分電子產品供應鏈及組成元件，與上述的個人電腦供應鏈大同小異，較大的重要差異是智慧型手機及平板電腦製造業，多了以下 2 類極為重要的元件供應商：

1. 射頻（Radio Frequent，RF）模組：射頻模組負責發射接收訊號和無線基地台建立連線的工作，全世界主要的供應商有 3 家：博通、科沃（Qorvo，美股代號：QRVO）、思佳訊（Skyworks，美股代號：SWKS）。

2. 數據機（modem）晶片：數據機晶片負責聲音的傳送和數據的上傳和下

載，主要的供應商是高通、華為旗下的海思半導體、蘋果、聯發科、三星和紫光股份旗下的展銳。

一部電腦或一支手機，光有一顆英特爾或蘋果的中央處理器，根本就成不了事，還需要成千上百個由供應鏈廠商生產的電子元件和晶片組合在一起才行；而且通常需要搭配使用適當的電子零件，才能發揮產品當初設計時的預期功能。常常只要其中一個關鍵元件有瑕疵，整個產品線就會受創，沒辦法出貨。

生產個人電腦的惠普（Hewlett-Packard Company，美股代號：HPQ）、戴爾（Dell Technologies，美股代號：DELL）和聯想（Lenovo，港股代號：0992），它們的供應鏈基本上大同小異，但因為成本的考量、合作的代工廠不同、或是特別的產品設計需求，還是會有些許的小差異。同樣的道理，生產智慧型手機的蘋果、華為和小米（港股代號：1810），三者供應鏈基本上大同小異，當然還是會有差異，至於差異有多大，端視各個的產品設計功能、整合效果、成本、上市時程、合作代工廠等，甚至是季節因素的考量等而會有所不同。

我們花了些篇幅介紹個人電腦和手機的供應鏈，據此可以明白為何惠普、戴爾或聯想發布財報時，會一併公布當期出貨的電腦數量，並直接影響在其各自供應鏈裡的所有廠商。投資人可以根據電腦出貨數量，推估尚未公布財報的供應鏈廠商的當期出貨量和業績；反之，也可以由供應鏈上下游回推。但在進行推測時，必須考量上下游供應鏈廠商彼此間的依存程度，而且供應鏈中的廠商通常會同時供貨給多家公司。

半導體大廠動向牽動整體產業及供應鏈表現

以個別的產業來說，美股有所謂的費城半導體指數（PHLX Semiconductor Sector Index），成分股皆為重要的大型半導體公司；包括大家熟知的超微、英特爾、美光、德儀、高通、台積電（2330、美股代號：TSM）……等，它們的財報和公司的任何動向，在半導體產業界都具有相當的指標意義，並對使用它們產品的上下游廠商有著巨大的影響和衝擊。

舉例來說，德儀這家公司成立時間比英特爾還早，產業界人士都知道它是數位訊號處理的專家，產品線眾多，應用範圍非常廣泛，使用德儀產品的上下游廠商數量龐大。只要德儀的財報公布、財測變更，以及銷售數字動向改變，對於整個半導體界都有很大的指標意義，對於使用德儀產品的許多產業（例如電子業和汽車製造業）的公司股價也會造成極大影響。

同理，當電腦半導體大廠英特爾的財報公布、財測變更和銷售數字，則會影響整體個人電腦及筆電產業，包括相關的品牌廠及代工廠，例如個人電腦和筆電 5 大品牌商惠普、戴爾、聯想、宏碁（2353）和華碩，以及台灣的 6 大電子產品代工廠仁寶（2324）、鴻海（2317）、英業達（2356）、和碩（4938）、廣達（2382），以及緯創（3231），影響著台海兩岸數百萬人的生活。

電子資訊產業市值占台股市值在 67.36% 以上，其中，半導體族群占台股比重衝至 37.46%；遙遙領先第 2 名金融類股所占的 4.876%。而台灣 GDP 中，65% 為出口，其中約 30% 為電子零組件。2019 年 10 月上市半導體市值突破新台幣 10 兆元，其中台積電市值就占了 8 兆元。

台灣的 6 大電子產品代工廠（仁寶、鴻海、英業達、和碩、廣達及緯創）2017 年營收合計為 2,960 億美元，加上台積電的 311 億美元，總共 3,271 億美元，幾乎占了台灣 2017 全年 GDP 中 5,749 億美元的 57%！喜歡投資台灣電子股的投資人，自然不能忽視這些美國科技大廠的財報表現，以及相關動向。

英特爾缺貨事件，競爭者超微及供應商台積電受惠

我們再來看看，產業競爭者之間的勢力消長，是如何對它們的股價造成影響。

同樣以英特爾為例，英特爾在個人電腦中央處理器的市占約 80% 以上，和超微長期形成雙頭寡占。然而就在 2018 年起，因為英特爾的產能不足，且

圖1 超微股價2019年～2021年2月累積漲幅達437%

——超微（美股代號：AMD）股價走勢

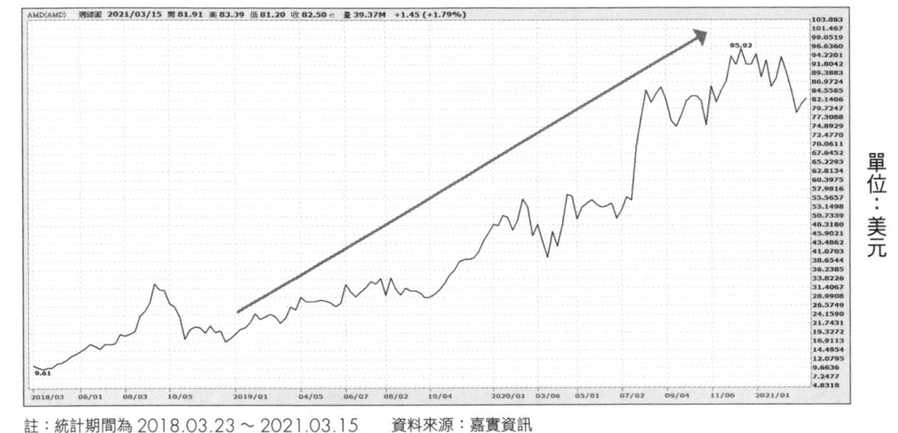

註：統計期間為 2018.03.23 ～ 2021.03.15　　資料來源：嘉實資訊

10 奈米製程時程一再跳票，造成市場上的中央處理器大缺貨，使得個人電腦和筆電廠商的產品推出時程和現有的產線大受影響，迫使英特爾史無前例地數度在 2019 年向客戶發出公開道歉函。

英特爾的中央處理器缺貨，使超微順手撿了個大便宜，造成超微股價狂飆，光是 2019 年就上漲近 150%，成為當年度標準普爾 500 指數（S&P 500）成分股漲幅第 1 名。若從 2019 年計算至 2021 年 2 月最高點，2 年左右的時間漲幅更高達驚人的 437%（詳見圖 1）。

圖2 英特爾股價於2020年繳出負報酬，跌幅逾19%

——英特爾（美股代號：INTC）股價走勢

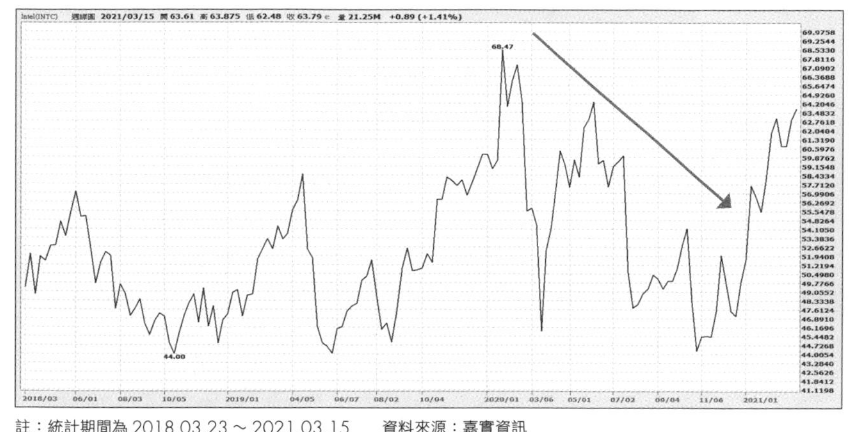

註：統計期間為 2018.03.23～2021.03.15　　資料來源：嘉實資訊

受益的不只超微，連帶也使得台積電股價表現受益不少。因為超微自從分割自己的晶片生產事業成立另一家晶片代工廠格芯（GlobalFoundries），不再自己生產晶片後，近幾年來超微也逐漸把晶片生產的訂單都下給了台積電。2020年起，超微甚至會是台積電7奈米製程的最大客戶（蘋果雖為最大客戶，但會改用新的5奈米製程）。

至於英特爾的股價自然好看不到哪裡去，從2018年缺貨事件爆發以來，股價就陷入盤整，2020年更繳出年度負報酬，全年跌掉19.84%（詳見圖2）。

硬體不相容，超微仍難以撼動英特爾龍頭地位

然而，英特爾的龍頭地位暫時還是難以動搖，怎麼說呢？英特爾和超微兩者的中央處理器，不是皆為 x86 指令集完全相容的嗎？超微多生產些中央處理器，不就把英特爾的市場全拿下來了嗎？事情沒有表面上這麼簡單，兩者 x86 指令集完全相容，是指軟體上完全相容，例如都可執行微軟視窗作業系統，如此而已。在硬體設計上，2 家公司的設計完全不相容。

打個比方，英特爾的個人電腦主機板不能直接插上超微的中央處理器使用，超微的中央處理器必須使用超微自家的主機板才行。個人電腦和筆電的 5 大品牌商 30 年～ 40 年來的設計做法、工程師的訓練、產品規畫，以及供應鏈（主機板不同，上面的電子元件和所需晶片也有不小差異）的投資，主要都是在英特爾這條線上。歷史包袱的盤根錯節，不可能在 1、2 年內就迫使個人電腦和筆電的 5 大品牌商短期間內改弦易轍，放棄 30 多年來的主要投資。因此儘管超微看似勝券在握，至少在幾年內，英特爾應能繼續維持市場霸主的地位。

歷史上完全相同的事也曾經發生過，超微在 2003 年率先推出 x86 架構的 64 位處理器 Athlon，2005 年推出性能領先英特爾的 x86 雙核處理器等，2004 年～ 2006 年間曾經是超微和英特爾分庭抗禮、市場份額最接近的時期，2004 年時在桌機市場占有 50% 以上的份額，這是超微歷史上首次在市占上超越英特爾。因此 2006 年 2 月時，超微股價也曾突破 40 美元的高點。

後來隨著 2005 年英特爾的戈登·摩爾（Gordon Moore）提出著名的「鐘擺計畫」（Tick&Tock），即每次處理器微架構的更新，以及每次晶圓製程的更新都遵循「Tick-Tock」規律，其中的「Tick」代表架構更新，「Tock」代表製程更新。這讓英特爾在 2005 年後逐漸進入逆轉局面，而超微則進入衰退週期，超微的全球份額從 2006 年能與英特爾「五五開」下滑到 2016 年時不足 10%。尤其是在更強調性能的伺服器市場，英特爾巔峰時全球市場占有率高達 99%，超微則不足 1%。

半導體是高度資本和資源投入的行業，英特爾手上掌握了太多 x86 平台的專利、人才和資源，這些都不是超微這種中型公司可以玩得起的遊戲。說穿了，最近幾年超微的崛起，不過是趁英特爾在製造上跌跤而占到的便宜，雙方的實力還是有很大的差距，而且超微不過是在桌機的處理器上有所斬獲而已（在這個行業中，筆電和伺服器處理器才是營收和利潤的主要來源，在這 2 個領域，超微和英特爾的差距還非常遙遠），大家要知道現在桌機處理器的重要性和占營收的比重，都早已不如 2006 年了。

更何況，英特爾不會坐以待斃。2021 年 2 月，英特爾找回其首任技術長帕特·基爾辛格（Pat Gelsinger）回來當執行長，並誓言在所有英特爾有介入的市場都要取得領先、最快 2024 年恢復「Tick-Tock」處理器產品更新模式、2021 年資本支出 200 億美元，蓋 2 座新代工廠以設立獨立的晶圓代工事業、與 IBM（美股代號：IBM）合作打造下一代邏輯與封裝技術、取得美國防部 10 奈米製程打造 ASIC 軍用晶片的合約等；加上美國總統拜登（Joe Biden）積極制定新的半導體國家政策，參眾議院超黨派兩院統一法案提出，2021 財政年度給半導體公共支援 250 億美元預算，希望促成產業鏈回國，其中，砸向研發的 50 億美元要幫助先進製程落後的英特爾等美國企業追上台積電。

高通對智慧型手機的影響力恐日漸式微

相同的道理，高通對智慧型手機的影響力，可以比擬成英特爾在個人電腦和筆電的地位。不過狀況又有些不同，因為全世界前 5 大智慧型手機生產廠商，都已經擁有或正在開始自行生產手機的應用程式中央處理器，這個趨勢將使高通在智慧型手機的「長期」影響力日漸式微。

在智慧型手機占關鍵地位的數據機晶片領域，尤其是高階市場，高通目前還是居於沒有競爭對手的壟斷地位。華為旗下的海思、聯發科、三星和紫光股份旗下的展鋭，只能和高通競爭利潤較差的中低階數據機晶片領域。

但這個情況或許會在 2023 年後會開始改變，因為蘋果已經購併了 iPhone 先前使用的英特爾數據機晶片部門，根據一份 2021 年 2 月由美國國際貿易委員會（ITC）公布的文件揭示蘋果和高通和解的內容，推估蘋果最快極可能會在 2023 年開始部分導入自己生產的數據機晶片。另外，海思和三星都在急起直追，並開始供貨給非華為和非三星的手機廠商，可見的未來應會形成不同於今日的市場態勢。

軟體業》合作供應商數量較少，股價關聯性相對低

看完了硬體產業，我們再來看軟體產業。軟體產業的生產商雖然不像硬體業有如此多的供應商，但仍會有合作的廠商，例如在軟體開發流程中的供應商，會負責不同的模組開發、提供現成的軟體或功能模組、負責進行產品上線測試，甚至只負責上線前單元測試、功能測試、使用者接受度測試等。

這些軟體開發商的合作供應商可以縮短產品的開發時程，減低成員壓力，但它們相依的緊密程度和供應商數目，不會像典型的硬體商供應鏈，廠商數量那麼龐大，複雜度也低了許多。典型的硬體商供應鏈，通常橫跨多國和數十家公司，蘋果曾在 2019 年第 1 季公布過它的供應鏈，名單中有約 200 家供應商的名字，以及約 800 座供應商的生產據點。

也正因為如此，我們比較少看到某個賣軟體的公司發布財報時，造成一系列其供應鏈中的一大串公司股票連動上漲或下跌。即使有，也只可能發生在承包軟體專案的 IT 顧問公司身上，因為它們有時候在自己公司人手不足時，常需要找外包廠商協助。

當然，如果軟體公司發布財報，公布利空或利多時，同類軟體商的股票是否會同步反映，那就得看是什麼因素所造成的。比如說政府宣布要對社群平台進行調查或強化監管，那麼包括臉書（Facebook，美股代號：FB）、字母（Alphabet，美股代號：GOOG、GOOGL）、推特（Twitter，美股代號：TWTR）、Snap（美股代號：SNAP）和 Pinterest（美股代號：PINS）等社群平台的股票都會一起下挫。

然而，如果是臉書的廣告市占率突然大幅度成長提高，那大概只有臉書的股價會大漲，其他社群平台股票則會下挫，因為廣告是社群平台的主要收入，而廣告主能下給社群平台的預算就這麼多，整體市場突然被臉書大口吃掉一大塊，其他人只好一起分食變小之後的剩餘部分了。

軟體商可能面臨到的4個問題

儘管我偏好投資軟體業，但是相較於硬體業，現代的軟體業仍須面對幾件硬體業不會碰到的特有棘手問題：

問題 1》軟體容易中毒或受駭

雖然 Windows 現在內建了掃毒的功能，使中毒的機率降低許多，當然也使一堆防毒軟體商活不下去。但是現在是網路時代，一旦中毒，後果比以往嚴重許多；加上駭客在侵入系統後，都會用個資來威脅企業或個人。

2018 年的勒索軟體 WannaCry 病毒就造成全球近百國逾 14 萬部電腦癱瘓；2017 年一名立陶宛籍的歹徒先假冒廣達員工及負責人向臉書、Google 發出請款郵件，騙得超過 1 億美元匯款；2020 年和 2021 年，仁寶和宏碁分別遭駭客攻擊並遭勒索。2021 年 3 月駭客利用微軟的電子郵件伺服器軟體 Exchange Server 的產品漏洞發起勒索軟體攻擊，光美國就有 2 萬多家企業遭駭，此事還驚動美國國務院成立專案小組處理。

問題 2》個資外洩引發法律問題

為何臉書近年來股價估值不振？以 2021 年 3 月 5 日為例，蘋果的本益比 32.82 倍、微軟為 34.49 倍、字母為 35.78 倍、臉書為 26.19 倍。這 4 大公司只有臉書的本益比在 20 多倍！明明業務營收還是繼續成長啊？

主要是因為 2018 年被揭發的劍橋分析公司弊案，不當取得 5,000 萬個臉書用戶數據個資洩漏的世紀大案子，衍生導致一連串因臉書個資保護不力，商業經營模式有問題使大量個資外洩，引發全世界各國政府對臉書用戶數據個資洩漏和不當商業使用的調查和起訴。2019 年臉書已經先被美國開罰，臉書將支付創紀錄的 50 億美元與美國聯邦貿易委員會（FTC）和解隱私案。

無獨有偶，2017 年全美 3 大消費者信用評等機構之一的 Equifax（美股代號：EFX）遭駭，1 億 4,300 萬名美國消費者的個人紀錄因此外洩，Equifax 最後與監管機構以和解金 6 億 5,000 萬美元擺平這項世紀大型數據洩漏案。

問題 3》雲端平台停擺的風險

由於現在軟體幾乎都已經雲端化，所有軟體商都必須選擇一個雲端基礎平台上傳它們的產品，顧客才有辦法從世界各地下載使用。但只要雲端平台出了差錯，就會全部停擺。

問題是全球基礎雲端平台被合計市占率達 65% 的 4 家公司寡占把持著（Canalys 在 2020 年的調查顯示，亞馬遜（Amazon.com，美股代號：AMZN）、微軟（Microsoft，美股代號：MSFT）、阿里巴巴（Alibaba，港股代號：9988、美股代號：BABA）、字母，市占分別為 31%、20%、7%、7%）。軟體開發商除了必須按月付錢租用，也必須承受萬一雲端平台當機導致自家程式無法使用的風險。各位只要回想，過去 1 年共有幾次你沒辦法滑臉書、Instagram、YouTube 或線上追劇就知道我的意思了。

問題 4》行動程式上架需被抽佣

行動程式只能在蘋果和字母的平台上架，否則無法被下載使用，但問題是這些軟體商賺的辛苦錢被蘋果和字母一律先抽走 30% 的收入。

Epic Games 和蘋果的法律大戰勢必持續下去，因為沒有人喜歡被掐住喉嚨，因此相繼有 Netflix（美股代號：NFLX）、Spotify（美股代號：SPOT）、Epic Games 率先發難，數家軟體商一起出面，誓言打破蘋果和字母這 2 家公司這種不合理的抽佣政策。

但蘋果則回擊，有些公司只想占便宜，不想付出。當初還不是靠蘋果 iOS 辛苦為它們建立用戶，利用蘋果的裝置為它們吸引龐大的客戶群（蘋果在 2020 年第 4 季法說會上宣布全世界共有 16 億 5,000 萬台啟用中的蘋果裝置，以及 10 億部使用中的 iPhone），蘋果每年在這上面的投資花了很多成本啊！現在賺大錢了就想過河拆橋。而且實際上它們上架第 2 年起就只需被抽 15% 而已，甚至有 8 種類別還不用付佣金。

為了避免反彈和回應反托拉斯的調查，蘋果和字母都已先後宣布在軟體商營收達到 100 萬美元之前，佣金都由 30% 減半至 15%。但根據 Sensor Tower 的統計，此舉只會使蘋果和字母在總佣金上分別短收 2.7% 和 5% 而已。

產業的研究與觀察是相當有趣的過程，尤其是日新月異的科技業，20 多年前還高不可攀的科技產品，如今竟已成為人人手中必備的生活用品。遠在太平洋彼端的海外公司，竟可以推動台灣科技股的大漲⋯⋯。投資人想要在這個充滿未知，卻蘊藏無窮潛力的市場賺得高報酬，只盯著每天的股價變化是不夠的，用心了解並追蹤趨勢的變化，才有機會抓到報酬翻倍再翻倍的投資機會。

分析企業經營狀況

「追求願景，而不是金錢；錢最終將跟隨你。」

—— Zappos 前執行長謝家華（Tony Hsieh）

大部分的成功投資人買進和賣出股票都不是隨意而行的，他們都會有一份自己的股票候選清單，對清單內的公司進行長期的觀察，在機會來臨時（例如市場崩盤或個股突然大幅下跌，使買入股價較為合理時），就可以大舉買入，獲取可觀的報酬。

從 5 方法著手，準備股票候選清單

要怎麼準備股票候選清單？可以從 5 方法著手：

方法1》從原本股票組合找出讓你長期獲利的股票

如果你已經有投資經驗，持股組合中有自己當初認真篩選過、長期績效亮麗的股票，請務必先列入候選清單當中。

方法2》從原本持股組合中的資優生，找出表現更好的競爭者

檢查你的持股組合，找出當中長期表現極佳的好公司，如果有同業競爭者比它更優秀，那就把競爭者納入候選清單；要是沒有比它表現更好的競爭者，代表你早就找到該產業當中最理想的公司了。巴菲特就曾說：「對於大多的散戶投資者而言，投資組合中最好的持股就是拿來衡量其他公司的標準。」「我們已經占據著只有少數人才擁有的最優秀的股票，既然如此我們為什麼要改變戰術呢？」

方法3》模仿著名投資人的重要持股

假如你對自己的持股表現並不滿意，在尋找新的投資標的時，也可以模仿你所欣賞的著名投資人，選擇他們所擁有的重要持股，或是從他們近期的買賣清單裡挑選。前提是這些公司也要符合你的投資原則和策略才行，如果不在你的能力圈之內，對於自己未來研究與追蹤有困難，也不要貿然投資它。

方法4》篩選符合自己投資原則的好企業

無論是你所使用的證券商網站或著名的財經網站，都提供了功能強大且不須付費的股票過濾器（Stock Screener）功能。針對你自己所建立的投資原則和策略，輸入要篩選的條件，都可以過濾出符合你投資原則和策略的名單。

方法5》自行收集資料，掌握市場最新動態

身為長期股市的投資人，不需要每天盯盤，但絕對需要每天關注世界各地的重大新聞、市場動態、財經頭條。你可以參考 4-5 我所列的網路資源，確保自己跟上市場的脈動和科技發展，並從中獲取投資靈感。

無論是學習著名投資人的持股名單或自行過濾篩選，所選出的股票都須經過時間考驗，股價才會隨著時間展現它應有的價值。當巴菲特（Warren Buffett）決定投資一家公司的股票，會站在與企業經營者同樣的高度去思考，好的企業家會思考如何賺到更多現金，而投資人就要去找能持續賺進現金的好公司。

巴菲特對好企業的定義是：「擁有強勢的品牌，股東報酬權益率高於平均值、資本投資需求較小、現金創造力高。」他出手前一定會先分析公司的價值，研讀財報是最基本的，充分了解該公司的競爭力、前景，乃至於競爭對手的狀況，沒有十足把握就不會輕易出手。一開始就盡量避免錯誤造成的阻礙，通往成功的道路自然通暢。

巴菲特多次向媒體表示，也在多次的波克夏（Berkshire Hathaway，美股代號：BRK.A、BRK.B）股東會（例如 2009 年）上強調過，如果他是商學院教授，他只會教授 2 門課：如何評估一家企業，以及如何思考市場。此外，巴菲特還建議投資人一定得要讀凱因斯（John Maynard Keynes）的名著《就業、利息和貨幣通論》第 12 章〈長期預期狀態〉，他認為此章的重要性和分量堪比班傑明·葛拉漢（Benjamin Graham）《智慧型股票投資人》一書的第 8 章〈投資人和市場波動〉和第 20 章〈安全邊際〉。

分析公司沒有想像中困難，我們可以遵從彼得·林區（Peter Lynch）的建議──專注在事實，而非預測上。有了「事實」作為一切的基礎，我們再根據所有事實所組成的資料，加上自己的研判，最後就能根據自己的投資原則，找出自己中意的標的。這裡有個重點，就是你要有基於事實、敢於提出和眾人不同想法的勇氣。所有人都一致的見解，不可能為你找到出眾的標的。

巴菲特曾在 1991 年致波克夏股東信中提到：「你不會因為他人同意你就表示你是對或錯。你是對的，這是因為你的數據資料還有你的推論是對的；如果你的事實和推理是正確的，那麼你不必擔心其他任何人的看法。」巴菲特的老師葛拉漢也曾明白指出：「你必須對自己的經驗和知識充滿信心，如果你從『事實』中得出結論，並且知道自己的推理是合理的，那麼即使其他人有不同的選擇或猶豫，你也應該要立即採取行動。」

分析公司基本面時必須按部就班，我個人是這麼做的：

◎步驟 1：盡可能地收集欲投資企業的真實資料。

◎步驟 2：根據我們所得到的真實數據進行分析整理。

◎步驟 3：進一步依照我們的知識進行合理的推理，得出這些企業是否具備投資價值的結論。

◎步驟 4：最後按我們每個人所設定的投資原則和策略，過濾出中意的股票名單。

建議投資人對於所研究的每一家企業，都要將分析資料存放在各自專屬的資料夾中，每家企業的分析內容可分為 2 大部分：公司經營面、財務面，以確保你能認識這家公司的基本面貌。幸好這並不困難，從企業的年度財報中就能得到大部分答案，只是需要時間和下一些苦工夫。這些資訊收集得愈多、愈詳盡，愈能協助投資人判斷，增加投資成功的機率。

經營面》分析 14 項重點

重點1》企業的護城河

列出這家企業所具備的所有護城河，如果連 1 項都沒有，千萬不要再花工夫研究它（可參考本書 Part 2 探討的企業護城河和競爭力）。例如提供辦公室分租服務的 WeWork 在 2019 年第 3 季上市失敗，根本的原因就是找不到投資人願意付錢，因為華爾街精明的投資人認為它根本就毫無護城河可言，是披著新創外衣的傳統辦公室租賃業。另外就是因為 2020 年新冠肺炎（COVID-19）疫情使營收突然間暴增，短期財報非常亮麗，必須爭取時間在 2020 年第 3

季～ 2021 年第 1 季間爭相上市的外送業；如果公司未來還是只單純地從事物品和食物外送，就不會有任何護城河可言，終會淪為客戶比價的傳統貨運業。

重點2》成立目的

了解企業的任務使命和成立的目的為何？合理嗎？和你所了解的差距多大？公司目前進度如何？大部分公司成立的目的是為了解決某個市場上的問題，解決這個問題可以帶來多大市場？仔細查核是否真的存在這個問題？有可能被解決嗎？需要多久才能被解決？

紐約大學中途輟學的推特（Twitter，美股代號：TWTR）共同創辦人傑克．多西（Jack Dorsey）在 2009 年成立 Square（美股代號：SQ），最原始的任務就是希望能為非營業商家（例如兼職者、攤販、表演藝人、個體戶等）提供一個能隨時隨地能使用，而且人人都付得起的線上立即刷卡支付裝置。後來這家公司就靠著這一個可以插在手機上的方形（公司名稱就是這樣來的）刷卡支付小裝置，一路發展成一個市值 1,101 億美元（截至 2021 年 3 月 12 日）的龐大金融帝國，甚至在 2021 年還開起了銀行。2015 年 11 月上市至 2021 年 3 月才短短 5 年多，股價就飆漲 1,784%（詳見圖 1），一路不斷推出貼進現代人的創新金融服務，可說是顛覆金融業的科技新創代表。

重點3》經營內容

企業主要的產品和服務有哪些？你都了解嗎？使用過嗎？市場上的風評如何？如果你實際使用後並不喜歡，風評也不佳，這家企業恐怕不是好的投資選擇。投資人可以參考該行業的代表市調公司（例如 Nielsen、Statista 和 eMarketer）的市占率調查、客戶滿意度評分 NPS（Net Promoter Score）、以及在美國有至高無上的影響力，代表客戶心聲的 CIRP（Consumer Intelligence Research Partners）報告，就可以做出是否要投資的判斷。

舉例來說，J.D. Power 車輛品質報告就是汽車業的頂級市調報告，它的定期報告強大到會影響大多數美國人購車的意向，並影響汽車的排名和評價，每家汽車生產商都會認真看待它。

重點4》企業目標

企業的中期（3 年～ 5 年）和長期（10 年）目標為何？公司所定義的潛在市場（TAM：Total Addressable Market）有多大？合理嗎？可以達成的機率有多高？目前公司的年營業收入（以下簡稱營收）和公司定義的市場差距有多遠？如果公司制定過於遠大的目標，且現況及成長趨勢都很難達成目標，就要對這家公司的發展存疑。

通常被設定在 5 年後的企業目標，投資人都要很嚴肅的看待，因為競爭激烈的商場上，2 年～ 3 年的正確預測都已經很困難了，更何況是 5 年。而且上市

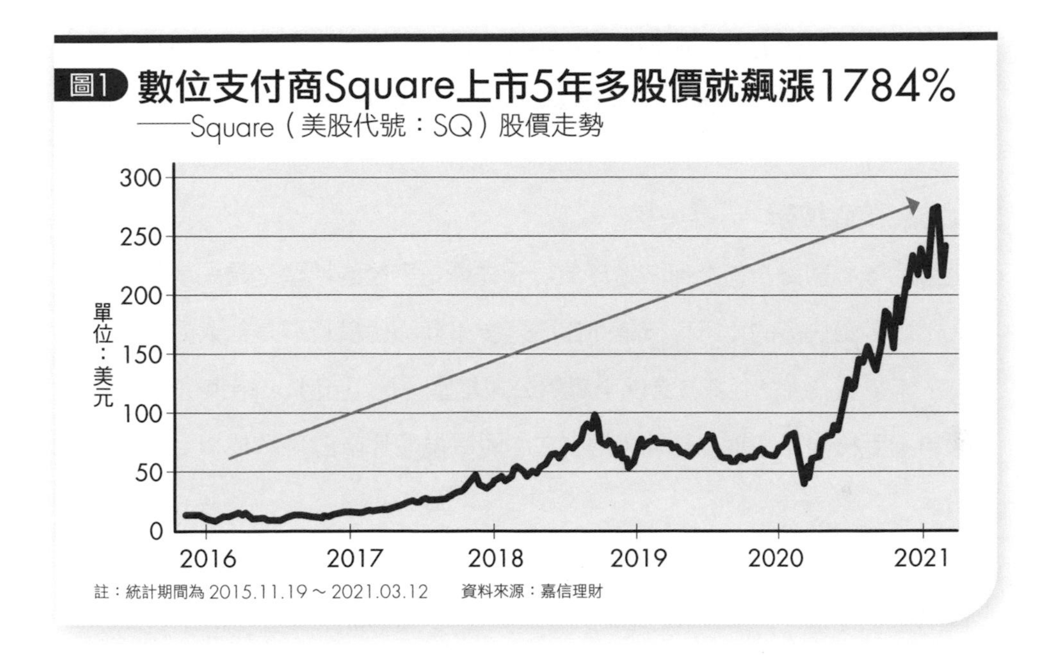

圖1 數位支付商Square上市5年多股價就飆漲1784%
——Square（美股代號：SQ）股價走勢

註：統計期間為 2015.11.19～2021.03.12　資料來源：嘉信理財

公司的執行長除非自己是共同創辦人或持有大量股份，就連名列標準普爾 500 指數（S&P 500，以下簡稱標普 500 指數）成分股的執行長平均而言都不可能做滿 5 年。Strategy& 的年度調查顯示，世界 2,500 大企業的執行長的平均任期大約是 6.5 年，但中位數只有 4.8 年。

重點5》經營團隊

包括執行長、董事會主席、財務長、營運長等。他們各自經歷為何？前一份工作是什麼？至今的表現如何？重要的是有無危害公司或股東的醜聞或不良的紀錄？曾經被起訴過嗎？如果有素行不良的紀錄，投資人應遠離曾經有過（是的，只要有 1 次紀錄就應該拒絕）這類重大瑕疵的企業。

重點6》核心技術

企業的核心關鍵技術為何？處於業界領先還是落後的地位？領先或落後業界多久？以變動快速的資訊科技業而言，落後 1 年以上就已經是很大的差距了。2012 年聯發科（2454）購併半導體公司晨星（已下市），結束 2 家公司在中國市場手機通訊和電視晶片（兩者在中國電視晶片市占達 7 成以上）的自相殘殺。

因為 2011 年，聯發科已經拿下中國 3G 手機晶片市場約 3 成市占率，但比起尚未量產 3G 手機晶片的晨星可說至少有 1 年以上的差距。不合併的話，晨星的生存機率很低。

重點7》競爭狀況

公司主要的競爭者有哪些？公司是領先者嗎？市占多大？如果落後，差距多大？要幾年才能趕得上？一如本書 Part 2 在討論護城河和企業競爭力時所分析的，基本上如果不是市場上的領先族群，就沒有投資的價值，因為大部分的產業裡面只能容下領先族群，其他落後者連生存下來都會有困難。如果是領先族群裡面的第 1 名最好，如果是差距不大的第 2 名也容易形成市場寡占。

重點8》客戶狀況

公司主要的客戶有哪些？各占多大的年度營收百分比？有任何單一客戶占公司的營收比超過 20% 嗎？通常只要有任何客戶占年營收超過 10% 都應該提高警覺。光纖網路產品供應商祥茂光電（Applied Optoelectronics，美股代號：AAOI）2017 年 1 月到 7 月 28 日間股價飆漲 312%，公司前 10 大客戶占總營收 95.5%（亞馬遜（Amazon.com，美股代號：AMZN）占 47%，微軟（Microsoft，美股代號：MSFT）占 27%），當時除了字母（Alphabet，美股代號：GOOG、GOOGL）外的全球雲端設施提供商都是它的客戶。

但成也蕭何，敗也蕭何；在 2017 年 8 月 4 日公布第 2 季結果，揭露最大客戶亞馬遜的 40G 收發器（Transceiver）可能轉向競爭廠商 Fabrinet（美股代號：FN）出貨，股價當天就崩跌 29.38%，該月份公司股價去掉 40%。股價自此持續走跌至今，一去不回，由最高點的 2017 年 7 月～ 2021 年 3 月底的 3 年多，整整跌掉 90.74%（詳見圖 2）！

再舉一個更近點的例子，中國廠商歐菲光（OFilm，陸股代號：002456）是蘋果（Apple，美股代號：AAPL）手機鏡頭的供應商，2017 年蘋果執行長庫克（Tim Cook）還視察過歐菲光的工廠產線。2019 年歐菲光前 3 大客戶為華為（Huawei）、蘋果和小米（港股代號：1810），分別占營收的 32%、20%、19%，3 家客戶共占營收的 71%。2020 年 7 月，歐菲光被美國列入

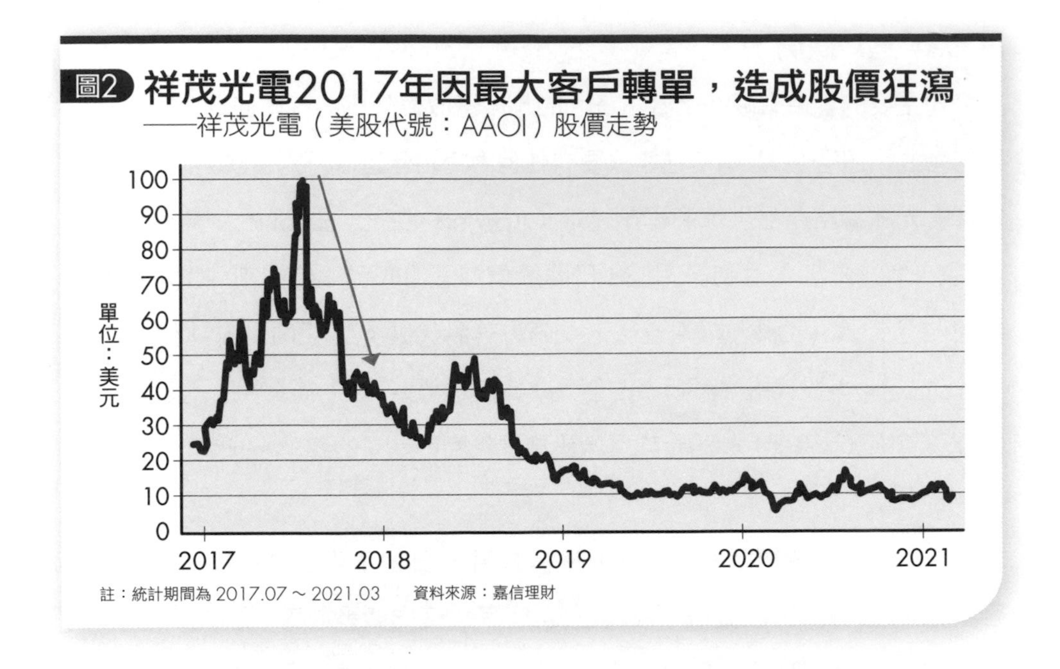

圖2 祥茂光電2017年因最大客戶轉單，造成股價狂瀉

——祥茂光電（美股代號：AAOI）股價走勢

註：統計期間為 2017.07 ~ 2021.03　資料來源：嘉信理財

制裁名單後開始影響蘋果訂單和營運，同年 11 月財報被認為不實，一直傳出因財務危機未解決，遭到深圳證券交易所公開譴責。2021 年 3 月 16 日歐菲光正式公告被踢出蘋果供應鏈，歐菲光次日開盤股價一字跌停 10%，股價由 2020 年 7 月 14 的高點至 2021 年 3 月 19 日跌掉 62.88%（詳見圖 3）。

蘋果供應鏈中的公司都有一些對財務不利的共通性：高應收帳款和高存貨。這些公司在 2019 年時，蘋果的營收分別占立訊（Luxshare Precision，陸股代號：002475）、歌爾股份（GoerTek，陸股代號：002241）、藍思

圖3 歐菲光2020年遭美國制裁、丟蘋果訂單，股價暴跌
——歐菲光（陸股代號：002456）股價走勢

註：統計期間為 2020.04～2021.03　資料來源：嘉信理財

（Lens Technology，陸股代號：300433）年營收的 55.43%、40.65%、43.07%；鴻海（2317）占 50.58%、大立光（3008）占 20%、就連台積電（2330、美股代號：TSM）都占了 23%。總之，當單一客戶占營收比重超過 10%，就容易成為公司的隱憂，分析公司基本面時務必將這一點列入考量。

重點9》合作夥伴

公司主要的合作夥伴有哪些？各在哪些領域進行合作？如何進行？經營事業的人都明白，成功的事業能夠快速擴張的技巧之一就是建立更多的合作夥伴，成功的商業市場上的合作夥伴，透過結盟或戰略夥伴的關係，甚至是交叉持股投資，都可以創造共贏的關係。2020 年 6 月 15 日，提供商家網上開店工具的 Shopify（美股代號：SHOP），宣布和積極發展電子商務（E-Commerce，以下簡稱電商）的全球最大實體零售商沃爾瑪（Walmart，美股代號：WMT）合作協助商家在網上開店，誓言年底前就要上架 1,200 家。雙方各取所需，宣布當天，Shopify 股價大漲 4%。

重點10》供應商

公司的主要上下游供應商有哪些？各占多大的分量？尤其是有實際可見產品的企業，例如資訊裝置和汽車產業。一如本書 Part 3 對資訊產業的介紹，現在是全球化的時代，供應鏈是決定產品產銷供需和品質優劣的決定性因素之一。舉例而言，美國居家健身器材公司兼提供用戶線上訂閱健身課程服務的派樂騰（Peloton，美股代號：PTON），於 2021 年 2 月 4 日公布 2020 年第 4 季財報，財務數字搶眼，但盤後股價卻為何大跌 8%？原因就是產品生產趕不上強勁的客戶需求，而商品到貨又因運輸問題時程拖太久，即使你的產品再好，客戶當然有可能不耐久候，轉買競爭商的產品。派樂騰股價也因此由 2021 年 2 月 4 日的高點至 3 月 12 日，整整跌掉 29.19%（詳見圖 4）！

重點11》國外市場

公司的全球擴張計畫為何？在國內有哪些據點？在國外有哪些據點？國外營

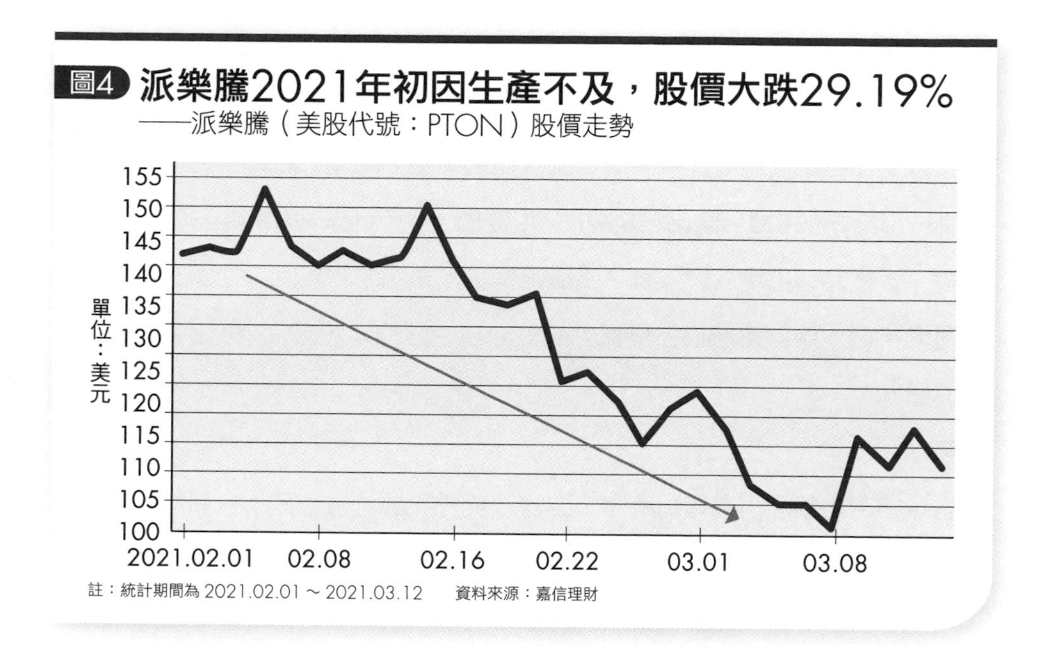

收占多大比率？除本國外，最大的營收貢獻國家是哪一國？標普 500 指數的成分股只有約一半企業的營收來自美國本土，規模愈大的企業，來自非美國市場的營收比率通常愈高，而全球化和網路的發達，使得這個比率更是逐年上升。

2020 年第 4 季蘋果只有 41.56% 的營收來自南美洲和北美洲；而且每季的大中華市場營收（2020 年第 4 季雖只占蘋果營收的 19.13%，但中國是全球最大的手機市場，潛力巨大）表現幾乎決定了季報發表次日的股價走勢。可口可樂（Coca-Cola，美股代號：KO）2020 年只有 34.7% 的淨營收來自北美洲。

川普（Donald Trump）時代更證明了，地緣政治會大幅影響全球的股市。

請特別注意中國市場。中國很快就會超過美國，成為一般日常用品世界最大的單一市場，而中國目前已經是網民、半導體、傳統汽車、電動車、電商、手機、遊戲、奢侈品、出境旅遊人數、出國留學生人數、原物料及其他多種金屬原料的最大市場。中國政府自己最保守的估計，中國的總體 GDP 會在 2030 年超越美國。

各位回想一下，川普當總統時，白宮以美國獨尊的國家政策、新的關稅政策和對中國禁運措施，不僅增加企業的經營成本和美國百姓的負擔，也使企業的營收大幅減少，最後招致失敗，未來也不可能成功，根本原因就是違反經濟學的基本供需原理。任何人為干預和管制，結果必定失敗，歷史上的希特勒和蘇聯的前車之鑑班班可考。

2021 年 2 月華南美國商會發布調查報告顯示，94% 受訪企業對中國市場持樂觀態度，且沒有任何受訪企業表示要完全撤離中國——最大的原因是沒有企業想撤出中國這個決定企業未來生存的最大市場。20 年前叱吒全球汽車產業的日本車廠，為何在近年連年敗給德國同業？原因就是日本車廠當初太低估中國的市場潛力，認為即使再過 20 年，中國人也買不起車，對在中國設廠和經營市場都不如德國同業積極。

簡言之，要特別注意這家公司除了美國本土外，它在中國市場能賺到多少錢？市占如何？

重點12》購併與投資案

公司的歷年大型購併案有哪些？投資案有哪些？現在公司有多大的營收來自這些購併案和投資案？通常宣布購併案時，出資的購併方股價會立即下跌；反之，被購併方的股價會立即漲至接近收購價。一般而言，購併是為取得技術和市場，但是根據調查，商業史上無數的例子證明，只有不到 1/4 的企業購併案是成功的，這也是為什麼宣布購併案時，購併方股價會立即下跌的原因。

重點13》挑戰與風險

企業目前面對的主要挑戰有哪些？公司的優勢和弱點為何？長期持有這家公司股票的危險性為何？中短期的挑戰有那些？還有對營收的催化劑又有哪些？這些都是投資人平時都應該注意的資訊；對這些資訊掌握得愈詳細和愈多，自然對所持有的該企業股票會愈有信心。當危機真的發生，你也可以迅速處理手中的股票。

重點14》法規監管

政府對產業的態度、立法方向，以及補貼，都可能創造出一個全新的產業，當然也可能摧毀整個產業；這一點可以說是企業自己最無法掌控，但卻是最有可能決定企業經營或命運的關鍵因素。這也是為什麼上市公司每年都會編列鉅額的公關預算，對立法和政府機構進行遊說和關說，除了企圖打探最新的消息外，也希望能影響立法和政府機構的態度。

中國工信部在 2021 年 3 月 22 日傳出將對電子菸等新型菸草製品比照傳統捲菸監管，此消息一出，在美國上市的霧芯科技（RLX Technology，美股代號：RLX）在當天的交易日下跌超過 47%（詳見圖 5），電子菸產業由印鈔機瞬間變成燙手山芋。

財務面》剖析 5 項要點

要點1》歷年關鍵財務數據

最好有 10 年的數據，不然至少也要有 5 年的數據。由年度財報裡找出關鍵財務數據（營收、盈餘、營業利潤率、股東權益報酬率等），從歷年數字變化和趨勢即可簡單判讀這家公司是否穩定成長，且是否維持著成長的趨勢。

要點2》負債

公司如果有負債，須了解「長期負債比」與「總負債比」、「利息覆蓋率」（稅前息前折舊前攤銷前利潤（EBITDA）／利息支出）是多少？並與所屬行業的平均值相比較。

要點3》現金

公司有多少現金？每年可產生多少自由現金流？每年需要多少資本支出？

要點4》股東回饋機制

了解公司的股東回饋方案是投資美股很重要的一環，包括：目前有配發股利嗎？殖利率和同業的平均值相比如何呢？配發股利的歷史有多久？股利曾經中斷或減少過嗎？公司曾執行過股票回購嗎？規模如何？成效如何？我們在 5-6 會更有清楚的介紹。

要點5》績效關鍵指標

公司的主要績效關鍵指標有哪些？詳細數字為何？和去年相比是增加還是減少？幅度多大？重要績效關鍵指標通常包括 2 大部分：1. 財務指標，這一部分比較容易，可以從企業申報的財報中取得；2. 營運指標，企業申報的財報會提供較重要的營運指標，但也有企業刻意或無意提供，這時候投資人就必須自己用其他方式取得。舉例來說：

①**「社群網路」重要營運指標：**每月活躍用戶數（MAU）、每日活躍用戶數（DAU）、每位用戶的平均收入（ARPU）。

②**「電商企業」重要營運指標：**年活躍用戶數（AAU）、網站成交金額（GMV）、遞送包裹數目（Parcels Delivered）、總採購訂單（Gross Purchase Order）。

③**「金融科技業」重要營運指標：**總交易金額（TPV）、交易筆數（Transactions）、放貸損失率（Loss rate）、累積放款金額（Cumulative Loan）等，都是該產業核心的營運指標。

④**「SaaS 軟體和訂閱模式企業」重要營運指標：**客戶淨收入留存率（Net Dollar Retention Rate）、客戶流失率（Churn Rate）、年度經常性收入（Annual

Recurring Revenue，ARR）、每月經常性收入（Monthly Recurring Revenue，MRR）。

⑤**「軟體業和遊戲業」重要營運指標：**訂單價值（Billing）、預定收入（Booking）。

投資人必須像緊盯營收和盈餘一樣，對這些營運指標付出同等的關注。將以上資料收集齊全，是進行公司基本分析的基礎。4-2 將分別介紹各項關鍵財務數據，以及評估的要點。

4-2 深入解讀公司財報 評估獲利能力與財務體質

「好企業的定義是擁有強勢的品牌，股東權益報酬率高於平均值、資本投資需求較小、現金創造力高。」

——華倫・巴菲特（Warren Buffett）

值得我們長期持有的成長型股票，不僅有帶來獲利、創造現金的能力，也必須具備強健的體質，這些都可以從財報數據瞧出端倪。

分析企業的財務數據時，主要可從 2 大面向觀察：一是獲利能力，另外則是財務安全。會賺錢的公司若財務安全度不佳，對投資造成的傷害不可小覷，因此兩者都不可偏廢。

獲利能力》判斷公司是否賺錢

賺錢的公司會帶動股價的增長，最重要的指標莫過於營收（Revenue）與盈餘（Earning，又稱淨利）這 2 個數據；而要進一步評估公司的賺錢能力及賺錢效率，則要查看其利潤率與股東權益報酬率（Return On Equity，ROE）。

指標1》營收：持續上升即業績蒸蒸日上

所有財務報表中的數字最基本源頭都是營收。除非公司蓄意犯法造假，故意登載不實的營收數字，否則在所有的企業財務數字中，只有營收不可能被操弄。只要營收成長減緩，或是營收持續不振，公司的股價必定持續走跌。基本上，營收成長率和公司股價的漲跌是高度正相關的，尤其是短期的暴漲或暴跌，大部分都是在反映營收的漲跌。

最近幾年，不少的美國上市公司為了美化財報（但它們異口同聲聲稱是為了讓投資人獲知更進一步的資訊，是出於好意），在財報公布時會出現所謂調整後營收（Adjusted non-GAAP Revenue）的數據。

2019 年 11 月美國證券交易委員會（SEC）為了避免這種亂象，已禁止再出現這種數據，藉以保護投資大眾，而且大張旗鼓地發函給曾經在財報上列出這項數據的各個公司，要求不得再犯。出乎意料之外地，這些公司大部分都算是上市公司中的藍籌股和優等生：包括了博通（Broadcom，美股代號：AVGO）、賽門鐵克（Symantec，美股代號：NLOCK）、黑莓（BlackBerry，美股代號：BB）、賽福時（Salesforce.com，美股代號：CRM）、Square（美股代號：SQ）、Black Knight（美股代號：BKI）。

表1 微軟營收與獲利於2013年～2020年逐年成長

——微軟（美股代號：MSFT）營收、稅前與稅後淨利表現

年度	營業收入（億美元）	稅前淨利（億美元）	稅後淨利（億美元）
2013	778	271	219
2014	868	278	221
2015	936	185	122
2016	912	256	205
2017	966	299	255
2018	1,104	365	166
2019	1,258	437	392
2020	1,430	530	443

資料來源：嘉實資訊

營收數字所呈現的是企業最原始的營運健康與否的最重要指標，營收上升，表示公司業績蒸蒸日上；反之，則表示公司的前景堪虞。畢竟，沒有營收，哪來的盈餘？沒有盈餘，公司員工的薪水要從何而來？薪水都發不出來的公司要如何替股東賺錢？因此在觀察財報時，一家營收和盈餘連年上升的企業，就是身為超級成長股的基本要件。舉凡微軟（Microsoft，美股代號：MSFT）、蘋果（Apple，美股代號：AAPL）、亞馬遜（Amazon.com，美股代號：AMZN）等公司，都具備營收與盈餘長期成長的條件（詳見表 1、圖 1）。

指標2》盈餘：獲利成長為股價上漲根本動力

企業持續創造盈餘，才能證明其商業模式的成功並取得持續性的收入，也才

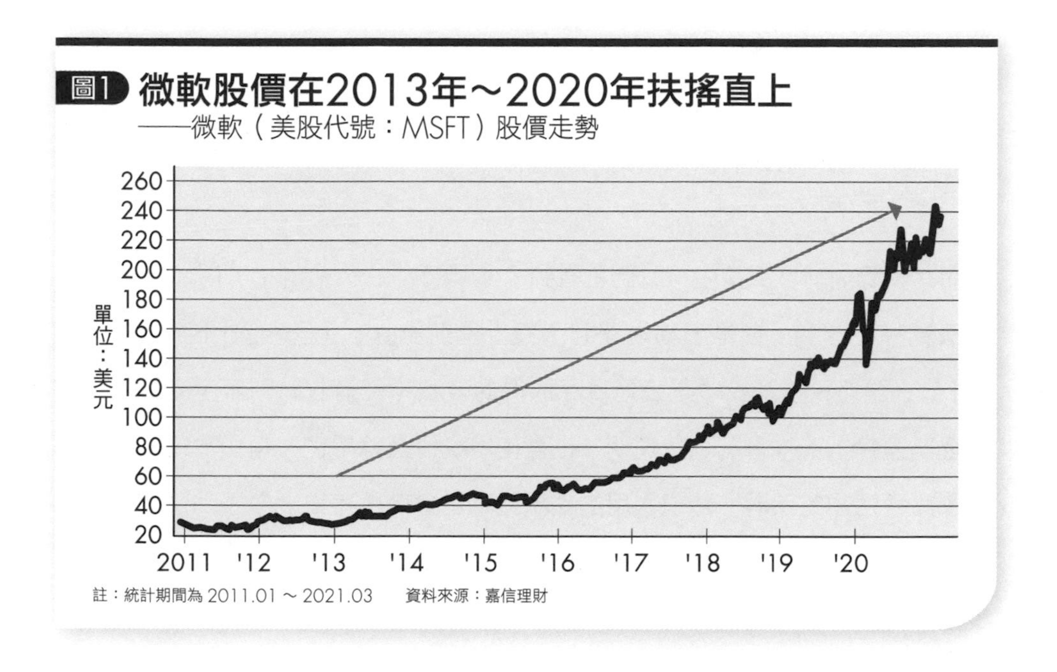

能確保企業能在不依靠向外借貸的方式繼續經營下去。盈餘是推動企業股價上漲的根本動力，長期股價也是隨著盈餘的成長趨勢上漲或下跌。

基本上，企業只有以下幾種增加盈餘的方式：

①降低產品成本。

②提高產品售價。

③增加既有產品銷售量。

④開發產品新市場。

⑤擴充公司產品事業範圍。

⑥關閉或出售公司的虧損事業。

而在實際財報數據當中，我們會看到 2 種數字「稅後盈餘」（Net Income，也稱為稅後淨利，或是簡稱為淨利）與「稅前盈餘」（Earning Before Tax，EBT）。雖然稅後盈餘才是公司實際取得的獲利（稅前盈餘則表示未納稅之前的企業盈餘），本書為利於說明，也會使用稅後盈餘舉例，但由於不同產業和各國家稅法規定不同，造成適用的納稅比率也會有所差異，為了消除因納稅所產生的基準比較差異，在深入進行財務績效衡量與比較時，一般都會偏好使用稅前盈餘而非使用稅後盈餘。企業在公布財報時，也都會一併提供公司實際所繳的稅率。

2017 年 12 月美國通過稅改法案，把原先 4 個級距（最高 35%）的企業稅調整為單一稅率 21%，並將於 2018 年生效。造成 2017 年底至 2018 年首季，美股全面性的大漲，因為所有的美國公司什麼事都不必做，所繳的稅瞬間被大幅減少，理論上最多能少掉 4 成（＝（35% － 21%）/35%），許多公司甚至因此每位員工直接發 1,000 美元的立即紅利。2021 年拜登（Joe Biden）政府上台後，為支應政府龐大的基建支出，又計畫將公司稅的稅率從 21% 提高至 28%，並訂定最低公司稅率為 15%，以防止企業避稅。

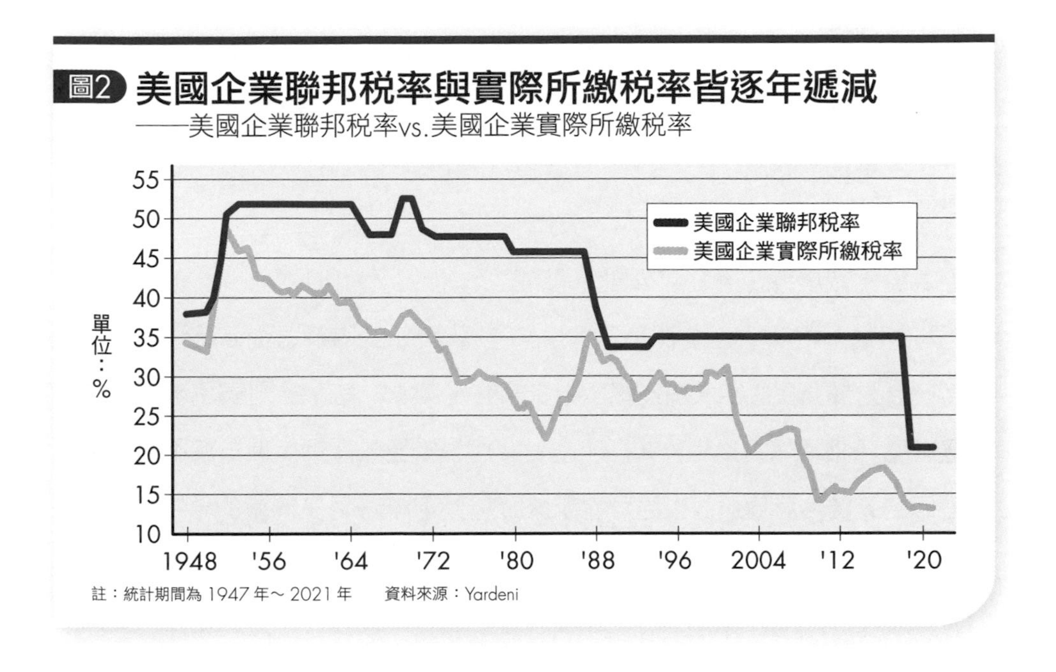

圖2 美國企業聯邦稅率與實際所繳稅率皆逐年遞減
——美國企業聯邦稅率vs.美國企業實際所繳稅率

註：統計期間為 1947 年～ 2021 年　資料來源：Yardeni

我們來看看美國企業稅率趨勢。圖 2 藍線是美國企業的聯邦稅率、灰線則是美國企業實際所繳稅率，由此可知，從長期趨勢來看，兩者都是逐年遞減的。

根據調查機構 Yardeni 的調查發現，多數美國企業的實際稅率早已低於 20%，平均實繳稅率為 13%，而且你我熟知的美國大公司大部分的實際稅率都遠低於 13%。2008 年～ 2015 年間，名列財富 500 大的企業有 258 家為獲利企業，付了平均 21.2% 的稅金；其中，有 18 家獲利公司在 8 年期間未付稅、48 家在 8 年內的稅額為 0% ～ 10%。例如公用事業 3.1%、電信業 11.5%、出版業 18%、金融業 19.9%、資訊軟體業 20.3%、電子商務（E-Commerce，以下簡稱電商）15.6%、金融資訊服務業 26.9%、製藥業 27.7%、食品飲料業 28.2%、零售 31%、醫療保健業 32.7%。

亞馬遜就被爆料 2018 年公司淨利高達 100 億 7,300 萬美元，但根本沒繳半毛聯邦稅，相反地，還收到 1 億 2,900 萬美元的聯邦退稅。難怪在美國，亞馬遜時常成為民主黨人的箭靶，指其創辦人傑夫．貝佐斯（Jeff Bezos）這位世界首富（根據《富比世》（Forbes）2021 年全球富豪榜）為富不仁，是貧富差距的元凶。亞馬遜並拒絕貝佐斯參加 2021 年 3 月美國會的「收入不公平聽證會」。

不只如此，亞馬遜在許多國家也有類似的情形。例如 2020 年在英國的營收為 265 億美元，但只繳了 0.37% 的稅；2019 年 12 月 Fair Tax Mark 組織發表報告刻意點名亞馬遜並指出，過去 8 年的營收多達 9,605 億美元，淨利亦達 268 億美元，但亞馬遜所繳的稅款僅為 34 億美元，實際稅率僅為 12.7%，遠低於美國此前的企業稅稅率的 35%。

如前所述，增加淨利的方式有太多的方式，正因為如此，上市企業莫不千方百計地增加淨利數字，發布公司自行調整計算所產生的非公認會計原則淨利（Non-GAAP Net Income），美化財報數字。要提醒投資人的是，任何非公認會計原則的數字都不是美國證券交易委員會認可的正式財報數字，只能作為參考。而且藉由刻意調整會計數字產生漂亮的淨利數字，常會使企業的真正營運狀況失真！

2018 年第 3 季，由於中國政府整頓網路遊戲，暫停核發所有的遊戲版號，造成騰訊（Tencent，港股代號：0700、美股代號：TCEHY）營運的重大挑戰（根據 2020 年第 3 季財報，遊戲營收占當季 33% 的總營收，是公司最大的營收來源）。

為免季報財務數字無法達標造成股價重挫（騰訊是當時港股權重第一的股王），騰訊只好大幅增加當季的投資收益（這很容易，只要出售所投資的公司股權就行了），以彌補因公司遊戲衝擊所造成短少的收入，最後發布的財報淨利潤竟然遠遠超出分析師的預估值（註 1）。但這種出售資產屬於業外損益，業外損益屬於財務報表上的非固定項目，也就是不是每季都能產生的收益。雖然合法，但通常不會被投資人列為正式的會計數字，因為明年此時這筆收入可能就沒了。

註 1：騰訊 2020 年透過其所持大約 100 家上市公司的少數股權，總計獲得約 1,200 億美元的收益，大約是公司 2020 年本業利潤的 4.9 倍（當年度的全年淨利為 244 億 8,710 萬美元）。

指標3》利潤率：觀察公司產品競爭力與獲利率高低

利潤率是公司獲利占營收的比率，當中一定要觀察的是毛利率（Gross Profit Margin）、營業利益率（Operating Profit Margin）、淨利率（Net Profit Margin）這 3 項數字，基本用途是觀察公司是否為高獲利率的公司：

①毛利率＝（營業收入－營業成本）／銷售收入 ×100%

毛利是營業收入減去營業成本，毛利率高低代表的是公司產品本身的競爭力。企業所在產業是決定公司毛利率多寡的最大因素。

②營業利益率＝營業利益／總營收 ×100%

營業利益＝營業收入－銷售成本－銷售費用。營業利益是將營業收入減去成本和費用，營業利益率是衡量公司本業獲利能力的最佳利器。

③淨利率＝稅後淨利／營收 ×100%

稅後淨利是公司扣掉所有成本、費用，計入業外損益並減去所得稅等各式支出後，最終能到賺取的利潤。淨利率代表著公司每 100 元的營業收入當中，可以淨賺的比重有多少。

這 3 項財務數字基本上當然是愈高愈好，但是除了必須考慮不同的產業差異之外，要特別留意 2 重點：

1. 毛利率主要是用來評估公司產品或服務是否具競爭力，毛利率愈高，代表這家企業有能力為產品賦予高附加價值，好的企業通常能維持毛利率的穩定或上升。例如蘋果近 8 年（2013 年～ 2020 年）毛利率都在 38% ～ 40%，這對 85% 以上營收來自硬體裝置「終端」產品的企業而言，是很難達成的數字，因為裝置裡的元件都是向其他企業買來組裝，不是自己生產的，成本欲低不易。蘋果 2020 年第 4 季毛利率為 39.80%，筆電廠惠普（Hewlett-Packard Company，美股代號：HPQ）同期間則為 21.25%，幾乎只有蘋果的一半！

而淨利率通常不會列入公司競爭力的判斷指標，因為稅後淨利還包括了業外損益（可參考前文「指標 2》盈餘」末段所討論到的騰訊例子）；業外損益屬於財務報表上的非固定項目，包括處分資產或投資所產生的收入或損失、匯兌損益、利息收入或支出等，由於無法預測，所以淨利率一般只是用來觀察這家公司淨利占營收比率的高低。

一般來說，若公司的淨利率太低且長期沒有改善，很難被歸類為好公司，因為一旦營業成本或費用提高，或是投資失利產生損失，都很可能讓公司面臨虧損，股價自然不會好看到哪裡去。

2. 若是控股型公司，其獲利結構的特色是「本業收入不多，業外收入占比較高」，這時候觀察毛利率和營業利益率會比較不準確，可以直接觀察公司的淨利率變化。

指標4》股東權益報酬率：確認企業賺錢效率最重要的標準

股東權益報酬率是巴菲特最提倡的一項財務數字，他對 ROE 的重視勝於每股盈餘（EPS）的成長。ROE 算法是「稅後淨利／股東權益 ×100%」，也是少數可以拿來衡量企業領導團隊營運績效的財務數字。它代表的是企業替股東獲利的效率，也可以説是衡量企業的整體資金運用效率，因此數值愈高愈好。

巴菲特公開説過：「我們判斷一家公司經營的好壞，取決於其 ROE（排除不當的財務槓桿或會計作帳），而非每股收益的成長與否；除非是特殊的情況（比如説負債比率特別高或是帳上持有重大資產未被重估），否則我們認為股東權益報酬率應該是衡量管理團隊表現比較合理的指標。」巴菲特曾經提過，他喜歡投資過去 10 年平均 ROE 在 20% 以上，而且不能有任何 1 年低於 15% 的企業；數值過低表示經營團隊並未善用股東的資金來產生收益，説明白點就是公司的賺錢效率不高。

ROE 通常不會單獨使用，一定會搭配其他的指標一起看（例如代表槓桿比率的各項負債比、盈餘、股東權益變化等），而且要看公司長期（例如 10年以上）的平均值，才不至於因為短期變化而失真。還有，當發現 ROE 突然產生明顯的變化，須留意是否有以下的陷阱：

◎陷阱 1：公司是否使用財務槓桿，提高借貸，以營造較高的 ROE ？如果是的話，更需仔細觀察公司的財務安全指標。

◎陷阱 2：稅後淨利增加也會使 ROE 變高，須留意增加的稅後淨利是否只是一次性獲利？如果是的話，那沒什麼好高興的，因為 ROE 變高只是一時的。

◎陷阱 3：股東權益下降（ROE 的分母會變小）也會造成 ROE 提高，須留意當期是否有長期投資虧損被認列在股東權益中。如果是的話，反而要提高警覺以免造成誤判。

◎陷阱 4：ROE 下降若是來自公司保留盈餘增加，是最典型的資金運用效率降低的代表；雖然保留盈餘增加對公司來說是好事，但對於一家成長型的公司來說，還是會希望公司能有好的資金運用效率。

財務安全》檢視公司是否具備強健體質

成長股在擴張事業規模的過程中，若有適度的負債，將能加快成長的速度；一旦債務負擔過高，且若遇到營運不如預期，反而會影響企業財務安全。此時，我們就必須從幾種財務指標來觀察公司的財務安全度。在此要先提醒投資人 3 點：1. 企業融資的管道逐漸多元化（甚至於上市已不再是企業籌資的最大管道），許多傳統上評估企業財務安全的標準必須隨之調整，才能趕上時代的潮流；2. 另外，分析時務必考量不同產業間的差異性；3. 最後，評估時切莫以單一指標來論斷，必須同時參考多個指標，加以確認，否則極易失真。

指標1》槓桿比率：衡量企業負債比率

槓桿比率（Leverage）是公司外來的資金占資產總額的比率，用以判斷企業債務狀況的一個指標，數值愈低愈好。一般在看台股財報時，習慣觀察負債占總資產的比重，而我個人在研究美股時，主要觀察的數值有 2 項：

①長期負債權益比（Long Term Debt Equity Ratio）＝長期負債／股東權益
②總負債權益比（Total Debt Equity Ratio）＝總負債／股東權益

同一家企業這 2 項指標的數值一般而言都很接近，0.5 以下都算很安全，像是軟體業通常都在 0.5 或以下。觀察時要特別考慮該企業所處產業的類別，例如製造業因為必須有持續性的資本支出，或是處於高度擴張時期的新創公司，這 2 項指標普遍都會很高。

以長期負債權益比來看，處於大肆擴張階段的東南亞市值最大的新創電商冬海集團（Sea，美股代號：SE）就高達 2.6，微軟則只有 0.56；蘋果因為是硬體終端裝置業，需要大筆資金周轉於供應鏈間，所以是 1.52；字母（Alphabet，美股代號：GOOG、GOOGL）是 0.07；臉書（Facebook，美股代號：FB）甚至於是誇張的 0，公司根本沒任何長期負債。

「長期負債」指 1 年以上到期的債務，通常是公司向銀行的借款；「總負債」則包含長期、短期債務、需付給供應商貨款……等所有債務。投資人都不喜歡有大量負債的公司，因為來自借貸的負債會產生大量的利息。在景氣好的時候，固定週期性的利息支付不會有問題；但是在景氣不佳或公司碰到營運困難的期間，利息支付就常會成為壓垮駱駝的最後一根稻草。此外，太高的利息支付會排擠企業的資金運用，對企業所需的資本支出會形成極大的壓力。

值得注意的是，有高負債比率的企業並不一定表示經營不善，只要財務槓桿（即借貸）運用合理，可以有效增加公司的整體資金運用效率。如果一家公司有能力創造盈餘，只要投入資金的報酬率高過貸款利率，那麼，公司動用借款反而有助於 ROE 增高，獲取較高的資金運用效率，蘋果就是這類公司典型的代表。近幾年趁利率走低，發行大量的公司債，導致它的長期負債權益比為 1.5、總負債權益比 1.69、流動比率 1.16、速動比率 1.13（以上 4 個數據真的不怎麼樣，不像是市值第 1、非常優良的公司）。但蘋果的 ROE 高達 82.09%，創造盈餘的能力是美股第 1 名，而且公司持續買進庫藏股，提升每股淨利，手上更握有高達 768 億 2,600 萬美元的龐大現金（皆為 2020 年第 4 季資料）。

但也因為較高的負債比率，標準普爾（Standard & Poor's，母公司 S&P Global 美股代號：SPGI）、穆迪（Moody's，美股代號：MCO）2 家國際信用評等公司只給予蘋果 AA +的公司評等，比最高的評等 AAA 級次了一級。主要是因為蘋果的財務槓桿較大（就是借了比較多的錢的意思），增加被倒債的機率，這才是信用評等公司們最在意的（這也是信用評等存在的主要目的）。

指標2》利息覆蓋率：評斷公司利潤是否足以負擔銀行利息

利息覆蓋率（Interest Coverage Ratio）是用來評估一家公司的稅前息前折舊前攤銷前利潤（EBITDA），是否足夠支付當期利息的指標，計算公式為利息覆蓋率＝（EBITDA／利息支出）。

利息覆蓋率是一項很有用的財務風險提示指標，若該比率低於 1 倍，代表該公司產生的利潤不足以支付銀行利息，公司的流動性就會產生問題。意思就是公司隨時可能面臨倒閉。這也是為何景氣不好的時候會有一堆公司破產倒閉的原因，景氣好的時候到處借得到錢，不愁無處籌錢，景氣一差還不出錢，就得面對遭銀行討債的絕境。

指標3》流動比率、速動比率：數值愈高代表資產流動性佳

流動比率（Current Ratio）和速動比率（Quick Ratio）主要是用來衡量公司資產的流動性和變現性。

①流動比率＝流動資產／流動負債 ×100%

在財報上非屬固定資產的部分就是流動資產，包括現金、應收帳款、存貨等。

②速動比率＝速動資產／流動負債 ×100%

速動資產＝「流動資產－存貨」＝「現金＋短期投資＋應收帳款」。速動資產指更具變現性的部分，一般是將流動資產減去存貨的金額。

流動比率一般要求是要有 150%，200% 以上就更好了，愈高愈安全，資產的流動性愈大，代表短期在還債上愈沒有壓力。但過高的流動比率，也意味著企業有流動資產資金運用效率不佳的情形，存在大量應收帳款或擁有過分充裕的現金等，造成資金周轉減慢，影響企業獲利的能力。

速動比率也是愈高愈安全，用以衡量企業流動資產中，可以立即變現用於償還流動負債的能力。速動資產包括貨幣資金、短期投資、應收票據、應收帳款、其他應收款項等，可以在較短時間內變現。速動比率大於 100% 為佳，若小於 100%，表示目前公司缺乏償還流動負債的能力。

指標4》現金和約當現金：變現性愈高愈好

現金（Cash）包括現鈔、銀行存款、支票等；約當現金（Cash and Cash Equivalent）則指隨時能夠轉換成定額現金，且價值變動風險小的短期高流動性投資，由於變現性高，可視為現金，數字當然是愈高愈好。巴菲特曾經說過：「現金之於企業，就像氧氣之於個人，雖然平時你從來沒有想過它是否存在，但只有當它不存在的時候，你才會意識到它的重要性。」

指標5》自由現金流：檢驗公司財務是否健康的極重要指標

自由現金流（Free Cash Flow，FCF）是企業營業現金流減去必要資本投資金額後剩下的現金，也是相當重要的數字。自由現金流＝（稅後淨營業利潤＋折舊及攤銷）－（資本支出＋營運資本增加）。

自由現金流這項數字愈高愈好，所有在成長的公司都免不了持續投入資本支出（用於擴廠、買新設備以增加產能的支出），如果營業賺來的現金，足以支付維持公司成長的支出，剩餘的現金愈多，就代表公司可分配給股東的金額愈高，它代表了公司日常營運的現金使用情形。亞馬遜創辦人貝佐斯就是極度重視自由現金流的狂烈支持者，一再教育他的投資人，不要看股價和淨利，請緊盯現金流，現金流才是企業財務是否健康的指標。例如公司發放的股利，就是從自由現金流分配給股東的定期資金運用項目；如果自由現金流是負的，還堅持發放股利的公司，唯一的可能就是舉債。一言以蔽之，負現金流的公司是無法只靠公司的營運養活自己，必須向外籌措資金才能存活。

我們舉特斯拉（Tesla，美股代號：TSLA）為例，來說明現金對一家公司來說是如何地重要。首先，特斯拉是典型的大型製造業，需要龐大的資金以支付工人薪資、材料、廠房等持續性的投資以維持營運。2017 年 6 月，特斯拉的平價車款 Model 3 正式投產，更使資金惡化的情形雪上加霜；2020 年 12 月伊隆．馬斯克（Elon Musk）公開在推特（Twitter）上承認當時特斯拉真的撐不下去，想把公司賣給蘋果。馬斯克所稱的當時是指 2017 年中，我們來看看 2017 年時特斯拉的情況有多糟：

◎公司每小時燒錢 48 萬美元，照這個速度，該公司將在 2018 年 8 月因生產 Model 3 而燒光 20 億美元的資金，當時現有資金只能再撐 3 季。

◎ 2017 年 8 月為 Model 3 擴產籌資，發行 15 億美元的垃圾債。

◎ 2017 年公司的淨現金流才 1 億 9,800 萬美元（請注意，這是當年融資 15 億美元後年底時的數值）。

◎ 2017 年公司的營業利潤是負的 16 億 3,200 萬美元（年底時的數值）。

而且公司上市以來從來就沒賺過錢，那它到底在當時如此艱困的情形下是如何活下來的呢？除了歸功於馬斯克過人的意志和籌資魅力外；另一個助它活下來的保命符就是「監管信用」（Regulatory Credit）的碳權交易所得。

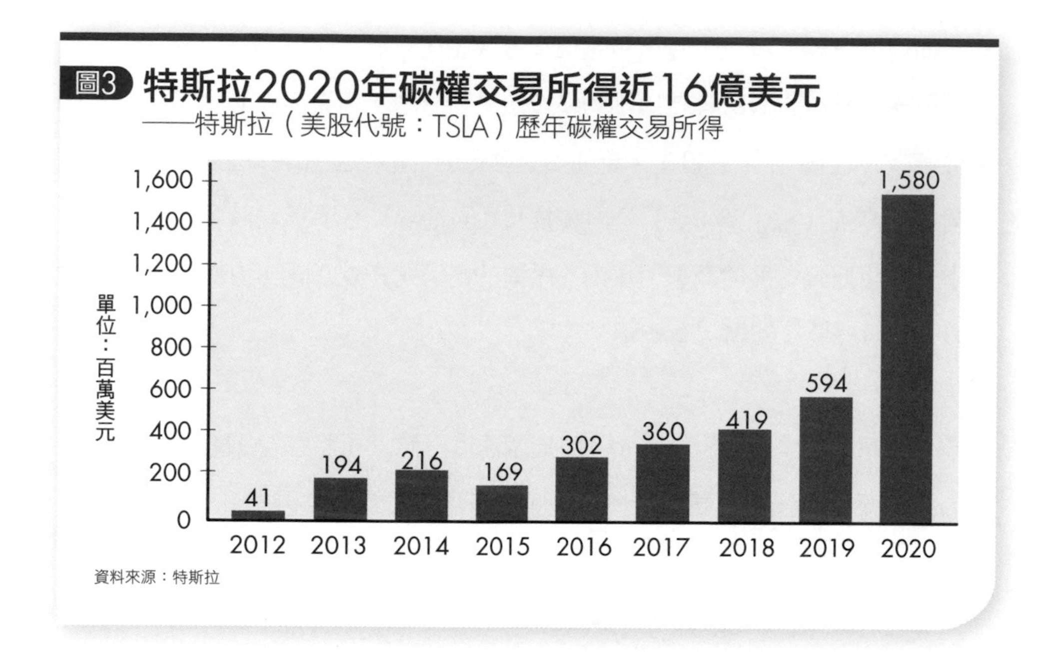

圖 3 是特斯拉的歷年碳權交易所得，2016 年～ 2020 年的 5 年內，特斯拉靠賣出碳權交易所得賺進 32 億 5,500 萬美元，其中近半發生在 2020 年。2020 的碳權交易收入高達 15 億 8,000 萬美元，遠超過公司的當年淨利 7 億 2,100 萬美元，若不是這筆錢，特斯拉 2020 年就會虧損。

可想而知，為何有許多著名的華爾街投資人都會放空它（詳見圖 4），因為從各方面來看，當時的特斯拉就活像是教科書上隨時會倒閉的公司，符合各種被放空企業的標準。2017 年時特斯拉股票被放空的比率約 30%，是大型股中

的第 1 名。

由特斯拉的例子，我們很快就可以看出現金流對一家企業的生存有多重要。特斯拉屬於走鋼索幸運生存下來的少數案例，公司在 2017 年時的股價前景也不看好，有 30% 的空單，很難發行新股來籌措資金。公司當時的債信評級被標普評為「B-」，只能咬緊牙關發行殖利率非常高的 15 億美元垃圾債，以度過當時的生死關頭，當時發債不滿 2 週，價格就下跌超過 2%，跌破票面值，跌到每 1 美元 97.75 美分，殖利率因此被推升到 5.65%。

後來公司撐過來了，股價開始大漲。2019 年 5 月時再度籌資時，竟同時發行了 13 億 5,000 萬美元的可轉換公司債，以及價值 6 億 5,000 萬美元的新股，而且這 2 種籌資方式同時進行，反而引發資本市場熱烈的搶購。原因無它，因為公司的基本面已經大幅改善，Model 3 推出後大賣，有大量持續的現金流入帳，再加上出售碳權的所得，公司的財務狀況大獲改善，情形和 2017 年已經不可同日而語了。

「我們總是高估了未來2年內將發生的變化，而低估了未來10年內將發生的變化。」

——比爾·蓋茲（Bill Gates）

近年由於愈來愈多的上市企業IPO（首次公開發行）時，是處於虧損狀態或者是具有大量的借貸，尤其科技業的IPO，幾乎都是虧損的企業，有淨利者很罕見。這使得現代企業的財務和20年前相比，財務架構更形複雜。華爾街為因應此企業的財務趨勢，推出幾項將虧損狀態和大量借貸列入考量的財務指標，其中最重要的就是企業價值（Enterprise Value，EV）、稅前息前折舊前攤銷前利潤（EBITDA）、EV乘數。

但在提這3項指標時，我們先來看「股價營收比」（Price to Sales Ratio，PSR或P/S）。股價營收比的算法很容易：股價營收比＝每股市價／每股營收。

這個數值愈低愈好，可以用在所有的公司，尤其是某些還沒有淨利的上市企業或還沒有上市的「獨角獸」（Unicorn）公司。因為大多數用來進行估值的財務指標都無法用在虧損的公司上，也因此一般常用的本益比，也無法為這類公司進行估值比較。

以企業價值倍數評估，較能反映公司真實財務情況

不過，近年華爾街已經逐漸捨棄股價營收比，改用「企業價值倍數」來進行企業的估值。主要的原因是現代的企業融資管道愈來愈多元，都會進行複雜的融資借貸，財報愈來愈複雜，股價營收比無法反映出真實的企業融資借貸和負債的程度。尤其是初次上市的公司，幾乎清一色都是尚在虧損中的企業，IPO通常主要的目的之一就是為了清償高額的負債。

指標1》EV

EV是一種將公司負債與現金考慮進去的估值方式，算法：公司普通股市值＋負債金額＋少數股東權益＋特別股價值，並減去現金及約當現金。

指標2》EBITDA

稅後盈餘是公司繳稅之後的最後獲利，而EBITDA是一種衡量公司盈利的重要指標。EBITDA將利息支出稅項的影響剔除，平衡各企業間的可比性；更重要的是，將折舊及攤銷這兩項非現金支出的影響也去除，加回在利潤之內，這

樣子 EBITDA 數字就會比較貼近現金流，較能反映企業的盈利能力。

正因為如此，EBITDA特別適用於容易受利息支出、折舊及攤銷等影響的公司；簡單而言，大多是資本密集型行業，例如是大型製造業，因利息支出及折舊攤銷較高。同時，由於近年華爾街傾向以 EBITDA 進行企業的利潤比較，因此在估值上亦並不單以本益比作評估，而是普遍改用 EV/EBITDA 算出的企業價值倍數，其用途與本益比完全一樣。

指標3》EV乘數

企業價值倍數又稱為 EV 乘數，算法為「EV/EBITDA」。它有很多好處，首先是計算簡單，而且 EBITDA 可以當成一個「破產版的現金流」，最適合評估沒有盈餘的公司。EV 乘數因為排除了折舊攤銷的影響，因此也可避免企業管理階層在財報上下其手的疑慮，同時也不太受到公司負債比率的影響，更能真實評估公司的營運狀況。私募股權（Private Equity）和風險投資（Venture Capital，亦即創投公司）業者喜歡 EV 乘數並不是沒有道理，因為他們通常會投資沒有盈餘（甚至是連營收都沒有）的新創公司，不然就是虧損多年的公司，用一般的財務數字和估值方式並不適宜。

當然 EBITDA 並非真正的現金流，因為它沒有考慮資本支出的部分，這也是華倫．巴菲特（Warren Buffett）反對 EV 和 EBIDTA 算法的最主要原因。股神的堅持也有他自己的道理，而且基本上，他也不可能去投資私募股權和風險投資業者會去投資的新創公司或破產的公司。以下我們就用一個實際的範例來說明，如何把 EBITDA 運用到企業的篩選上。

評估範例：亞馬遜唯一認證的敵手 —— Shopify

加拿大的新創電子商務（E-Commerce，以下簡稱電商）Shopify（美股代號：SHOP）在 2015 年 5 月上市，才不到 6 年就創下多項紀錄，目前是加拿大市值最大的企業。根據 eMarketer 公布的 2020 年北美電商市占報告，Shopify 市占 8.6%，僅次於亞馬遜（Amazon.com，美股代號：AMZN）的 39%，是過去 5 年來，美股市值超過 5 億美元的所有企業中漲幅最大的上市公司，更是唯一被傑夫．貝佐斯（Jeff Bezos）承認的敵手，Shopify 在第 1 年結束時股價小跌 8.23% 後開始它的華爾街驚奇之旅。由表 1 可看出，過去 8 年，Shopify 沒有任何 1 年的營收成長率低於 47%，自 2013 年以來營收爆炸性成長，同時嚴控 EBIDTA 虧損值，被華爾街視為夢幻級成長股，2020 年終於開始獲利。

但是華爾街的少數專家在 2016 年，就開始從這家企業身上看到幾乎跟亞馬遜過去一樣的成長軌跡。低調的執行長只專注在為全球的商家們打造一個智慧型的電商平台，每季都能一再超越華爾街的成長期望。雖然 Shopify 直到 2020 年才有淨利，但是相對於爆炸性的營收成長和未來的成長遠景，加上對

表1 Shopify淨利於2020年轉為正值
——Shopify（美股代號：SHOP）股價與財報數據

年度	營收（百萬美元）	年營收成長率（%）	EBITDA（百萬美元）	淨利（百萬美元）	該年度股價回報率（%）	該年度年底時股價（美元）
2012	24	未提供	-1	-1	NA	NA
2013	50	108.33	-3	-5	NA	NA
2014	105	110.00	-17	-22	NA	NA
2015	205	95.24	-11	-19	-8.23	25.98
2016	389	89.76	-23	-35	65.01	42.87
2017	673	73.01	-26	-40	135.60	101.00
2018	1,073	59.44	-65	-65	32.14	133.46
2019	1,578	47.06	-105	-125	196.99	396.36
2020	2,929	85.61	160	320	193.42	1,163.00

註：Shopify於2015年上市後始有股價紀錄　　資料來源：Shopify歷年財報

公司管理團隊執行力的信心，EBIDTA虧損值一直在可控制的損益兩平的範圍內，並沒有隨公司的營收巨幅成長而相對擴大EBIDTA的虧損幅度，投資人對於相較之下不成比例的淨虧損並不是太在意。

Shopify就是一家華爾街和所有投資人都在尋找的夢幻上市企業。過去5年股價總共上漲4,376.52%，每年至少為投資人帶來32%的投資回報、公司是市場相同領域的領導者、未來全球巨大潛在的電商市場、每年都有驚人的2位

數甚至 3 位數百分比的營收成長、長期負債權益比只有 0.12、毛利率是水準以上的 53%。

圖 1 是 Shopify 自 2016 年 4 月上市以來，至 2021 年 3 月的股價走勢，剛上市時股價只有 30 美元上下，2021 年 3 月已闖到 1,141 美元，5 年漲幅超過 3,700%。

因此，像 Shopify 這樣的新創企業，並不適合採用傳統衡量一般上市企業的標準，堅持必須要有淨利的方式來檢視它。就像 2015 年前的亞馬遜，公司唯一能保證的是巨大的營收成長，搭配不穩定的獲利。而且這樣的企業衡量方式，正隨著愈來愈多的 SaaS（軟體即服務）軟體業和新創企業的上市而逐漸被接受。這些企業的特色是絕大部分是沒有淨利收入的，距離盈利還很遠。華爾街正在改變中！但我們還是得要強調的是盈利才是企業的根本，這一點不會改變。

究其根源，這類新的企業終究還是要拿出上得了檯面的營收成長率，再加上未來能盈利的藍圖（例如虧損持續縮小或何時能盈利）才能說服投資人，這也是為何華爾街喜歡高營收成長率公司的原因；但另一方面，只要虧損擴大，繳出不符期待或減速的營收成長率，就會對企業的股價立即造成致命的破壞力。

4-4 掌握5要點 才能精確分析財務數據

「你不會因為他人同意你就表示你是對或錯。你是對的，這是因為你的數據資料還有你的推論是對的；如果你的事實和推理是正確的，那麼你不必擔心其他任何人的看法。」

——華倫・巴菲特（Warren Buffett）

投資人在實際進行財務數據分析時，需要特別留意以下 5 項要點：

要點 1》分析時須排除過於極端的數值

財務數據如果突然出奇地高或低，都不太正常，都應剔除不要列入考量，以免在評估時失真。解決這個問題的最好方法，就是看公司多年（例如 10 年以上）的財務數值的平均值，以及長期整體的趨勢。我們在此舉 2 個例子：

蘋果（Apple，美股代號：AAPL）2005 年～ 2020 年間，只有 2016 年的年營收衰退 7.7%，原因是前一年的 iPhone 6 銷售火熱基期太高（2015 年營收成長 27.86%，詳見圖 1）。投資人在分析蘋果長期的營運績效時，必須將 2016 年視為特殊情形排除，否則容易造成誤解，甚至引起誤判。

再來是亞馬遜（Amazon.com，美股代號：AMZN）。亞馬遜 2014 年出現虧損，是因為當年度打消失敗產品 Fire 手機龐大的庫存報廢損失（詳見圖 2）。投資人在分析企業長期的營運績效時，應該排除這種單一年度的一次性大幅虧損，否則極容易造成失真。

要點 2》留意市場處於景氣循環的何種階段

市場處在經濟景氣循環週期的不同階段，需要不同的態度面對。當市場處於牛市時，對於較差的財務數字忍受程度較高，儘管營收與盈餘表現不如預期，股價也不會有過大的反應。例如大宗物資商品化的企業（包括現代的大宗物資商品半導體業，尤其是非獨占型的面板和記憶體業），這類型企業大部分的時間可能營收表現不會很出色，因為大宗物資商品化的企業在承平時期皆是比價市場，利潤微薄，它們靠的是突然間的產銷失衡（例如 2020 年突然發生的新冠肺炎（COVID-19）疫情封城，導致在家工作的筆電和平板或手機的需求大增），會使它們的業績瞬間變好。

由圖 3 就可以看出，全球第 3 大的記憶體廠商美光（Micron，美股代號：

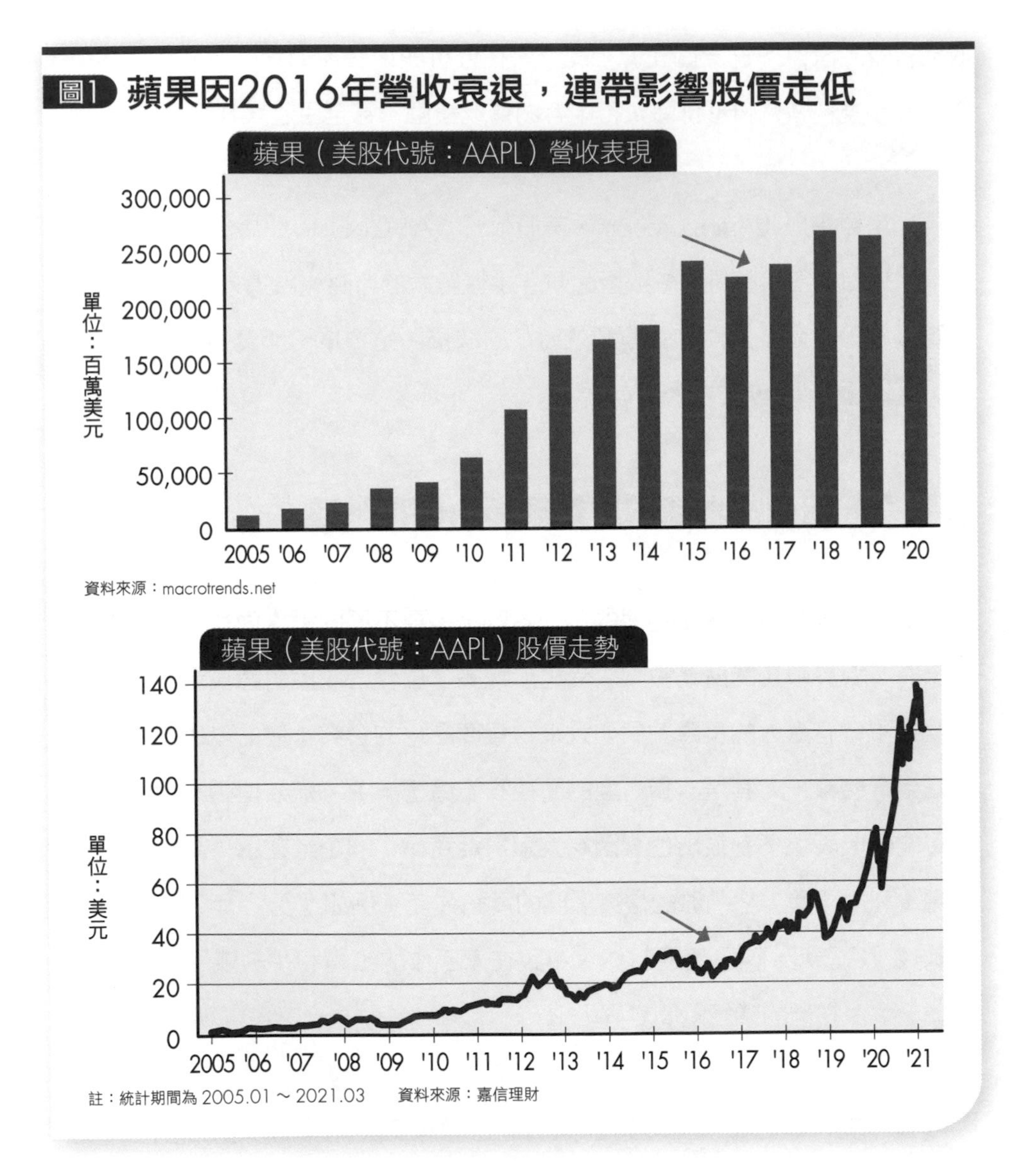
圖1 蘋果因2016年營收衰退，連帶影響股價走低
蘋果（美股代號：AAPL）營收表現
單位：百萬美元
300,000
250,000
200,000
150,000
100,000
50,000
0
2005 '06 '07 '08 '09 '10 '11 '12 '13 '14 '15 '16 '17 '18 '19 '20
資料來源：macrotrends.net
蘋果（美股代號：AAPL）股價走勢
單位：美元
140
120
100
80
60
40
20
0
2005 '06 '07 '08 '09 '10 '11 '12 '13 '14 '15 '16 '17 '18 '19 '20 '21
註：統計期間為 2005.01 ～ 2021.03
資料來源：嘉信理財

圖2 亞馬遜2014年淨利為負值，虧損逾2億美元

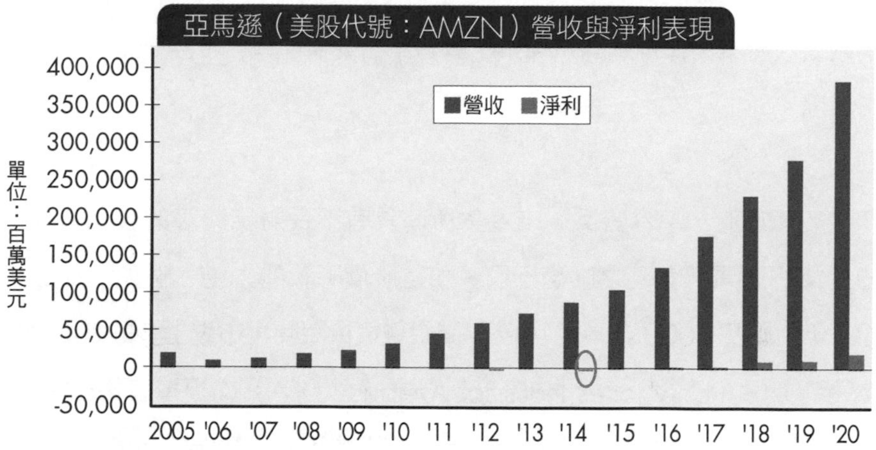

亞馬遜（美股代號：AMZN）營收與淨利表現

資料來源：macrotrends.net

亞馬遜（美股代號：AMZN）股價走勢

註：統計期間為 2011.01 ～ 2021.03　　資料來源：嘉信理財

MU）的股價，明顯隨著市場對記憶體的供需而劇烈起伏。

景氣循環產業例如傳統的汽車業、鋼鐵業、貨櫃運輸、海空運等，都具有類似的情況。

若處於熊市時，草木皆兵，市場對所有具有不良財務報表的公司甚至於所有的企業的股票都會避之唯恐不及，加重股價下殺的力道。例如 2000 年～2002 年，以及 2008 年～ 2009 年間金融危機期間，市場上多的是名列道瓊工業平均指數（Dow Jones Industrial Average，DJIA）或標準普爾 500 指數（S&P 500）的藍籌股，本益比落入 5 倍以下的不合理情況。但當時市況風聲鶴唳，大部分投資人都視若無睹，不敢進場買股。

要點 3》對於虧損中的公司要提高警覺

對虧損中的傳統產業公司要提高警覺，尤其虧損多年的上市企業若營收沒有起色，通常起死回生的機率非常低，而且通常會逐漸變成雞蛋水餃股，成為做空的目標，最後的結局幾乎清一色會下市。但是對高科技業來說，並不全然是如此。尤其是初次上市的公司，幾乎清一色都是尚在虧損中的企業，IPO（首次公開發行）通常主要的目的之一就是為了清償高額的負債。以軟體業來說（美股大部分的新創上市公司，就某種程度而言，都可算是軟體公司，例如所有電

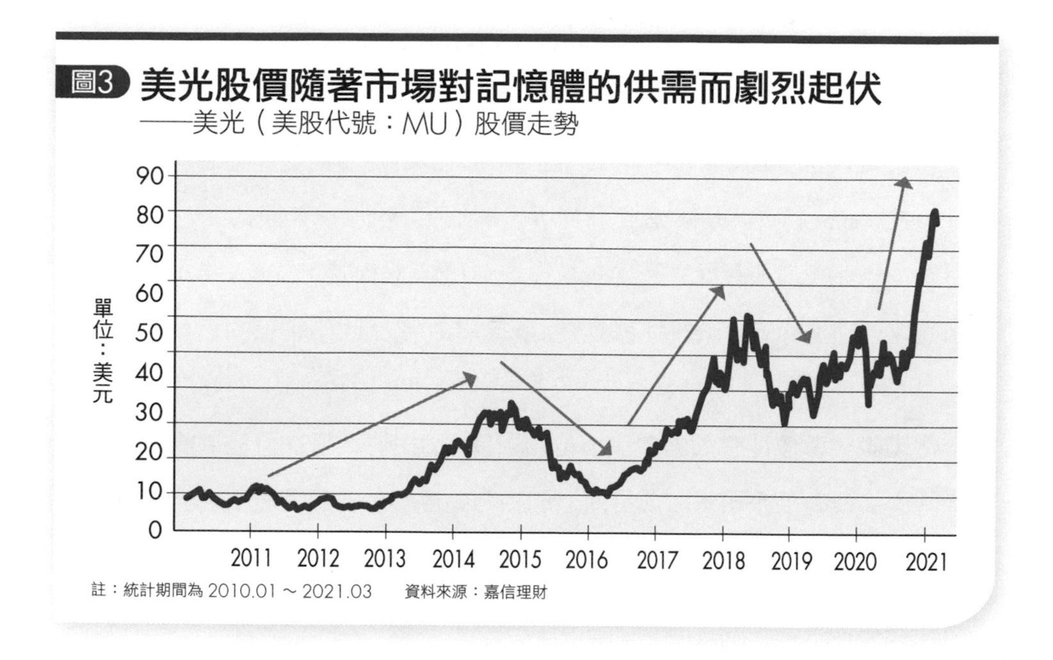

子商務（E-Commerce）、外送、支付、金融科技業、串流直播、數位媒體和廣告等）更是如此，因為軟體業幾乎完全沒有資產，它們唯二的資產只有軟體工程師和筆電，這在傳統的會計報表中根本的價值幾乎是零。

為了應付產業的如此改變，華爾街近年來逐漸採用企業價值（EV）和稅前息前折舊攤銷前獲利（EBITDA）來對企業進行估值（4-3 有更詳盡的介紹），主要原因是華爾街自己所處的投資銀行和金融界，也發生了很大的改變。現代的企業融資的管道愈來愈多元，都會進行複雜的融資借貸，財報愈來愈複雜，股價營收比無法反映出真實的企業融資借貸和負債的程度。

如果投資人直接跳掉虧損中的上市企業，太多的例子說明（亞馬遜、賽福時（Salesforce.com，美股代號：CRM）、網飛（Netflix，美股代號：NFLX）、特斯拉（Tesla，美股代號：TSLA）、Shopify（美股代號：SHOP）），投資人會因此難以在現代的股市找到有上漲 10 倍以上潛力的公司。

舉例來說，營收能有大幅成長，但 EBITDA 虧損值一直在可控制的損益兩平的範圍內，沒有隨公司營收成長而造成相等幅度虧損的公司就很值錢。這一點很重要，表示公司事實上是盈利在望。

若減少資本投資，有巨幅的營收成長為靠山，公司就立即能變成有淨利，在衡量得失下，當然要繼續大幅地進行資本投資，搶占市場，推動營收高度成長。

這是為何一切以盈餘為導向的華爾街和投資人，願意相信亞馬遜和 Shopify 這類有巨幅營收成長，但卻長年虧損的企業，長期以來卻願意給予高估值的根本原因。但前提是亞馬遜和 Shopify 的確能拿出長年持續超標的營收成長為成績，華爾街和投資人知道好日子還在後頭，因此才願意被說服投錢支持。

近年來，尤於軟體產業已全面改採 SaaS（軟體即服務）模式，而且新上市的科技業又多為軟體公司，重點是它們上市時都是沒有淨利的虧損狀態，因此華爾街針對投資人最在意的成長和利潤 2 個面向，發展出許多針對這些公司的估值篩選方式。其中最有名且廣獲採用的，就是由著名的風險投資人 Brad Feld 所提出的「四十法則」（Rule 40），四十法則要求公司的營收成長率與利潤率相加的和必須大於 40%。但其中的利潤率就有各種不同的採納標準，由最嚴格到較寬鬆的定義都有，可以視實際情形採用 EBITDA、營業利潤、淨利、自由現金流或現金流，發明人建議採用 EBITDA。背後的道理很簡單，若有極高速的營收成長率作為支撐，投資人可以接受稍微虧損的企業。

例如把四十法則套用在 Shopify 上，就很明顯可看出 Shopify 完全符合篩選標準（詳見表 1）。這主要是歸功於 Shopify 長期以來的營收成長率都極為驚人，只有不成比例的少許虧損，識貨的投資人根本毫不在意，更何況它的虧損和市值、營收成長率相比，簡直是可以忽略不計（最差的 2018 年 EBITDA 利潤率都還有 -6.65%，這和大多數新創企業相比，是它們夢寐以求的數字）。這也是為何這家公司可以創下以下許多美股紀錄：

①過去 5 年來美股市值超過 5 億美元的所有企業中，漲幅最大的上市公司。

②上市以來，過去 5 年股價總共上漲了 4,376.52%，2021 年 2 月還創下每股 1,499.75 美元上市以來的最高價。

③過去 8 年，它沒有任何一年的營收成長率低於 47%。

④以 2021 年 3 月 12 日而言，Shopify 的本益比、EV/EBITDA、股價營收比、EV 營收比這 4 種估值方式都很驚人；分別為 446.97、578.18、52.08、46.32，是所有同時能以這 4 個指標進行評比的股票中估值最高者。

要點 4》不同的產業與公司，適用不同的估值

不同年代、不同國家、不同產業，甚至是同產業的不同公司，估值上也會有所不同。假設一家身為產業龍頭的 A 公司，平時市場都會給它 20 倍左右的本益比，但它的競爭者 B 公司因為競爭力較差，本益比往往會較 A 低一點，例如只有 15 倍左右。如果該產業迎來長線利多，相同產業的公司通常估值都會隨著上升，市場將 A 公司的本益比推升到 25 倍，也不要太過期待 B 公司的本益比能突然提升到 25 倍，因為龍頭股的估值一定會遠高於其他公司。

即使同處科技產業，軟體業的估值通常也會大幅高於硬體業（詳見本書 Part 3），其間差距甚至於高達 2 倍。另外，為何大部分的中國科技股都會選擇到美國上市？除了法規這項主要因素外，在美國的科技股估值，永遠會比在世界其他市場高出許多，這對市值會有很大的影響。再舉另一個例子，同一家企業若同時在美股和非美國掛牌，在美股掛牌的 ADR 的股價永遠會享有較高的溢

表1 Shopify營收成長率＋EBITDA利潤率連8年逾40%
——以「四十法則」檢視Shopify（美股代號：SHOP）

年度	營收成長率（%）	EBITDA利潤率（%）	套用四十法則的結果值（%）
2012	N/A	8.50*	N/A
2013	108.33	2.79*	111.13
2014	110.00	-0.76*	109.24
2015	95.24	-4.88	90.36
2016	89.76	-6.15	83.61
2017	73.01	-3.86	69.15
2018	59.44	-6.06	53.38
2019	47.06	-6.65	40.41
2020	85.61	5.43	91.04

註：*2012年～2014年營收未上市期間沒有公布EBITDA，故以營運現金流利潤率取代　資料來源：Shopify F-1，各年度財報

價。以台積電（2330、美股代號：TSM）為例，台積電ADR的溢價大部分時間都有10%以上的差距。當然，這也能提供股東在不同掛牌的股市間，進行合法套利的機會。

要點5》切勿忽視無形資產的價值

諾基亞（Nokia，芬蘭股市代號：NOKIA、美股代號：NOR）和摩托羅拉（Motorola Solutions，美股代號：MSI）這2家在iPhone出現前，長期占據

市場前 2 名的手機業者而言（諾基亞全球手機市占曾達 40%），在被 iPhone 和安卓（Android）手機打趴後，不得不被迫出售其手機部門。讀者可能會問，微軟（Microsoft，美股代號：MSFT）和字母（Alphabet，美股代號：GOOG、GOOGL）自己有手機品牌，當時為何會出鉅資分別標得諾基亞和摩托羅拉的手機部門？

答案是，微軟和字母要的是諾基亞和摩托羅拉手機部門所擁有的龐大手機相關專利，這些專利才是現代科技公司提升競爭力和加寬護城河的最大無形資產（詳見 2-3 關於手機專利的深入討論）。

一般來說，公司的資產包括有形的資產（如工廠、資本、庫存等），也包括無形的資產（如商譽、品牌、專利等）。在巴菲特看來，無形資產對價值導向的投資者至關重要，他也承認，在投資生涯早期，自己並沒有看出這一點。1983 年，巴菲特的態度發生了轉變，主要是因為購併時思糖果（See's Candies）所取得巨大的成功經驗。

在 1970 年代初，時思糖果僅用 800 萬美元的有形資產淨值（包括所有應收帳款）就能產生約 200 萬美元的每年稅後盈餘。對於這樣的連鎖商店來說，如此優秀的收益已經遠遠超出預期。根據巴菲特的說法，其原因是公司享有主觀性的競爭優勢，「消費者對產品和服務有無數愉快體驗，從而建立起廣泛的良好聲譽。」到 1982 年時，這家有形資產僅 2,000 萬美元的公司就能產生 1,300 萬美元的稅後利潤。

巴菲特當初收購時思糖果時，為該公司相對其他糖果商的主觀性優勢支付了少量溢價，時思糖果能帶來占有形資產淨值 25% 的回報率；但幾年後，時思糖果竟繳出占有形資產淨值 65% 的回報率，成為一家更加強大的盈利企業。

傳統觀念認為，在通貨膨脹期間，擁有大量有形資本資源的企業是最佳選擇。多數人認為工廠和機械可以抵禦購買力普遍下降、成本上升所帶來的市場影響。但巴菲特開始看到，這是一個不受通貨膨脹影響的優勢，他根據實際經驗發現，「重資產型企業的回報率一般比較低，往往很難提供足夠的資金來滿足現有企業的通貨膨脹需求。」由於時思糖果所取得的成功，巴菲特意識到，有形資產相對較少，且「結合了具備持久價值的無形資產」的公司，在通貨膨脹的環境下能笑到最後，因為它們需要負擔的成本較少，而且現有資本的回報率會比較高。他總結表示：「在通貨膨脹期間，商譽是送不完的禮物。」

在資本市場上也是如此，華爾街偏愛的永遠是採用輕資產經營的企業（例如軟體業）。因為光是想每年要花固定的資本支出去維護龐大的有形資產（例如廠房和生產設備），就會耗去公司大量的現金流，直接影響到淨利、股票回購金額和發給股東的股利；最後影響到的當然是股價。

4-5 善用有效資源 正確管理企業相關資訊

「好績效需要大量研究和工作，比多數人想像的辛苦多了。」

——約翰・坦伯頓（John Templeton）

研究上市公司需要使用到的資料很多，以下分享我常用的網路資源，基本上都是免費的。如果免費資訊無法滿足你的需求，可再付費訂閱收費內容商的進階服務。

美股投資相關的 5 種網路資源

1.主管機關

美國證券交易委員會（SEC）官方網站（www.sec.gov）。輸入美股代號即可免費取得所有美股上市公司所申報的正式財報和文件，是投資美股的人都必須造訪的地方。

2.證券商的網站

你所使用的券商網站，其實就提供了相當豐富的資源。如果你還沒有美股券商的帳戶，可以參考本書 1-6 對美股券商的深入討論。

3.你所追蹤公司網站的「投資人關係」網頁

美國上市企業的網址格式很固定，假設公司名稱為 XYZ，該公司的投資人關係網頁網址一般而言就是「www.xyz.com/ir」；或是直接到該公司官網尋找關鍵字「Investor Relations」，就能找到可供投資人下載的一些必要的基本資料。這些資料包括：

◎上市公司呈報給美國證券交易委員會的正式文件。

◎當季財報發表會的會議展示文件，有的還會提供錄音和錄影檔。

◎股東年會資料，董事長給股東的信。

◎重大的新聞發布。

◎公司投資人關係部門的聯絡信箱，有些還會提供電話。

4.新聞媒體及大型資訊網站

投資人最好心裡要有準備，這些我所推薦的較好的股市相關資源，遲早都會全面收費，整個網站都免費而且值得推薦的已經愈來愈少。

目前幾乎都是免費為主，進階功能都要訂閱收費；有少數幾家則已經不開放免費閱覽。

◎ Seeking Alpha（seekingalpha.com）：如果大家硬要我只能選一個美股資訊的來源，我會推薦 Seeking Alpha。它是一個非常深入且專業的美股分析園地，許多美股買方（Buy Side）的分析師，以及著名的專業人士都會在此發表文章，因此文章都極具深度和可讀性。但 2021 年起，也已經不再開放免費閱覽了。

◎雅虎股市（Yahoo Finance，finance.yahoo.com）：提供全面的美股消息和上市企業新聞和財務數字，是歷史最悠久的專業網路財經媒體。它有 3 大重要之處：1. 為投資人聚合所有的股市相關新聞；2. 提供個股的基本面的財數數字；3. 對重大的股市消息，雅虎股市也會採訪當事人並提出自己的看法，很適合美股入門投資人閱讀。目前有少許進階功能必須付費。

◎《華爾街日報》（Wall Street Journal，www.wsj.com）：華爾街日報上百年在股市投資人心中的地位很難被取代，未來應該也是如此，它是每個商業人士必讀的媒體，常會獨家披露上市企業的商業內幕消息。目前《華爾街日報》是必須付費才能閱讀。查理．蒙格（Charlie Munger）曾表示，網路世界全面取代紙本的報紙後，也並不是每個線上新聞網站都能活得下來，他估計只有《華爾街日報》和《紐約時報》（The New York Times）即使收費，都會有很多的用戶願意付錢。對於習慣閱讀中文的投資人，可以收看《華爾街日報》中文版，製作水準也不差。

◎《霸榮周刊》（Barron's，www.barrons.com）：專門報導美國金融信息、市場發展和相關股票脈動的周刊。長期以來專注美股市場，時常會訪問著名的投資銀行、華爾街的買方和賣方分析師、分析市場趨勢、提供 IPO（首次公開發行）資訊，是代表美股市場主流意見的媒體。

◎ CNBC：24 小時即時報導全球各地金融市場動態的專業媒體，是報導美股即時新聞最重要的電視台，也是美國上市企業執行長受訪的首選電視頻道。

◎萬里富（The Motley Fool，www.fool.com）

擅長以白話文和貼近大眾生活的方式來介紹美股，文章淺顯易懂，也會不定期錄製影片和 Podcast 談論重要的公司和產業，在美國具有相當的影響力。

◎ 36 **氪**（www.36kr.com）：在美股上市的中國財經媒體，有許多深入的文章值得一讀，好處是全中文化。難得的是文章不限中國股市，會平均地討論世界各地的股市、風險投資、新創、產業動態。

◎Financial Visualizations（finviz.com）：這是一個到目前為止還是免費，

而且是全方位型的美股網站。它除了提供所有個股的基本面財務數字、新聞匯集、技術分析圖形、資料匯出、每日市場動態，企業內部人士交易情形，還有匯市、期貨、加密貨幣的動態。最值得推薦的是它的免費股票篩選器，可以篩選出符合我們所設定條件的個股。還有一個時常被各家媒體引用的「每日美股市場地圖」畫面，依個股和每個產業的市值，以紅色和綠色大小方格拼圖代表漲跌，拼湊出當日的美股漲跌全貌，只用一頁的拼圖就能一目了然。

◎ MacroTrends（www.macrotrends.net）：提供美股上市企業過去數十年長期的基本財務數字、圖形統計和趨勢分析資料的網站，本書的許多資料皆由此網站下載取得。有些進階功能已經開始收費。

◎ Google（www.google.com）：最強大的搜尋引擎，可透過適當的關鍵字搜尋到所有你想知道的資訊。不論你是剛起步的投資人，或是投資的專業老手，Google都可以為你找到所需的資料。因為Google是機器人，非常聰明，也不會嘲笑你的問題，必要時還會自動更正你輸入錯誤的問題或用字，協助你找到最接近的資訊。基本上，肯花時間和付出心力，只要出現在網路上的任何資訊，Google 都一定能為你找到。至於如何使用和解讀，那就是投資人自己必須要做的功課。在 Google 上輸入「XXX stock」，它還可以為你展示 XXX 這家公司（全球各地的所有的上市企業都行）即時的股價走勢，完全免費，也不需要打開任何網站或登入任何軟體。

◎ YouTube（www.youtube.com）：可按關鍵字搜尋公司的相關報導及評論影片、公司經營者受訪影片。我只會在必要時，為了了解上市公司的執行長，到 Youtube 上搜尋執行長的發言紀錄。但 YouTube 最大的缺點是，太多網紅在上面口沫橫飛地發表對股市的意見，我建議投資人對這些網紅的言論和節目敬而遠之。

5.上市公司的呈報文件

以前的投資人必須寫信向公司索取，可能往返幾週才能拿到紙本的印刷財報。拜科技之賜和世界各地證交法令的完備，所有的上市公司財報都必須按時上傳至上市所在地的證交所網站，供投資人閱覽。

以美國為例，以下是每家上市公司必須向美國證券交易委員會呈報的較重要文件，只要上美國證券交易委員會官方網站，輸入上市企業的代號，就可以取得，文件有美國證券交易委員會的背書保證、即時、免費、又方便（投資人如果真的圖方便，直接在 Google 上輸入「AAPL 2020 10-K」，也可以為你找到美國證券交易委員會網站上蘋果（Apple，美股代號：AAPL）2020 年的年度財報）：

◎ **10-K**：年報，包含企業的經營狀況說明及財務報表，若為非美國註冊公司則稱為 20-F，按公司規模大小須在 60 天、75 天、或 90 天內繳交。10-K

年報非常重要，它和 10-Q 季報不同，因為 10-K 年報按規定必須由上市企業的會計師審計簽核通過並簽名，而且會揭露許多在季報不會公布的公司營運細節和未來的展望和計畫，是股東在法律和求償上的最重要依據。

◎ 10-Q：季報，按公司規模大小，須在財務季度結束後 40 天或 45 天內繳交。

◎ 13F：包含信託機構、基金、保險公司等資產管理機構，所管理的資金規模若超過 1 億美元，每季需繳交這份包含持股明細及資金流的報告。

◎ S-1：美國企業申請上市時須提交的報告，即台灣所稱的上市招股公開說明書；若為非美國註冊公司則稱為 F-1。

◎ F-6：在美國股市發行存託憑證的企業所需登記的文件。

◎ 8-K：美國企業提交的重大事件報告書，若為非美國註冊公司則稱為 6-K。

◎ SC 13-G：持股超過 5% 股東的持股明細報告書。

◎ Proxy Statement：公司在股東大會前，針對股東大會決議事項所提供給股東的說明書，這份聲明書還需要提交 14-A 文件在美國證券交易委員會備案。

◎ 14-A：股東最終決議書，通常是股東大會後向美國證券交易委員會備案的書面確認書。

3 步驟進行公司相關的資料彙整

步驟1》將重要資料加以分門別類，並保存檔案

拜現代科技進步之賜，電腦和儲存媒體非常便宜，我們建議投資人在進行閱讀時，可以把自己認為重要的剪報和文章資料，以自己所製作的檔案，依樹狀檔案組織架構，分門別類，存放在你的電腦中。這樣可以在你進行新聞和文件資料閱讀時，快速進行歸檔整理，方便自己以後執行個股的相關資料查詢和內容搜尋。

很多人會說，不是有 Google 嗎？幹嘛做這種傻事？那我反問，為何現在還是很多人讀到重要的資料要先截圖？答案就是很多資料有可能會因不明原因下架，日後在網路上就再也查不到了。

尤其是愈敏感和愈詳盡的企業報告，容易引發太多利害關係人的關切和施壓，將重要資料存放到自己的電腦上，可以依自己的方式隨時進行分類和搜尋。

以現在的電腦來說，分類和搜尋功能都是內建的，不用像 20 年前還需要另外採購全文檢索軟體才能辦得到。你不只可以對在你電腦中的任何純文字檔和 Office 檔案進行內容全文搜尋，甚至就連 PDF 這種令人頭痛但很常見的檔案，也可以進行內容的全文搜尋。

步驟2》為追蹤個股及產業建立專屬資料夾，存放基本面資料

學例來說，我會為每一家公司和每一個我所關心的產業，各準備一個如下的電腦目錄資料夾，用來存放自己收集到和這個公司有關的檔案：

◎ Moats（**護城河**）：存放和公司的護城河和企業競爭力有關的資料檔。

◎ Innovations and Technologies（**創新與新技術**）：存放和公司的創新或新技術有關的資料檔。

◎ Products and Services（**產品與服務**）：存放和公司的產品和服務有關的資料檔。

◎ Operation（**營運**）：存放和公司的營運有關的資料檔。

◎ Direction and Strategy（**公司發展方向與策略**）：存放和公司的方向和

策略有關的資料檔；包括與公司有關的挑戰、公司的目標和計畫、策略、董事會、領導團隊等。

◎ Company Management（**企業管理**）：存放和公司的日常管理有關的資料檔；包括與公司有關的經營績效、員工福利、全球擴張、客戶、合作夥伴等。

◎ Legal Issues（**法律議題**）：存放和公司的法律問題有關的資料檔；包括與公司有關的專利、法規、政治、監管、訴訟等。

◎ Company Image（**企業形象**）：存放和公司的公司形象有關的資料檔；包括公司的產品回收、重大的公關新聞、醜聞、市場活動等。

◎ Financial Topics（**財務項目**）：存放和公司的財務有關的資料檔；包括與公司有關的財務數字、股利、庫藏股、借貸、公司評等變化、公司債等。

你可以再依自己的喜好和需要，在每一個資料夾之下再建立所需要的子資料夾。這樣不僅一目了然，而且在進行檔案名稱的搜尋，或是檔案內容的全文搜尋時，快速又方便。

步驟3》自己撰寫追蹤公司及產業分析筆記

表1 投資人可自行建立股價追蹤檔案——自製股價追蹤檔案範例

股票（代號）	股價（美元）	近6個月股價漲跌（%）	近1年股價漲跌（%）	近3年股價漲跌（%）
蘋果（AAPL）	127.14	30.70	59.56	184.97
Shopify（SHOP）	1,170.47	22.26	157.31	913.57
威士卡（V）	201.59	1.37	-1.52	64.30
萬事達卡（MA）	323.26	3.16	-0.12	93.77
微軟（MSFT）	212.65	0.43	27.26	136.28

註：1. 資料日期為 2021.01.15；2. 股價單位為美元，市值單位 T 為兆美元，B 為 10 億美元　　資料來源：Google 財經

最重要的是，對於這些我自己所投資、追蹤的公司和有興趣的重要產業再分別建立專屬資料夾，裡面存放的是我自己撰寫的筆記，包括各家公司及產業的最新動態、我自己分析過後的心得、總結、或重要的摘要，作為關鍵時間的判斷依據。

至於需要多詳盡？則依每個人的需求和能力而定。我還是建議愈詳盡愈好，尤其是自己投資組合裡的公司。我自己目前就有個獨立的硬碟存放和股市有關的資訊，三不五時進行備份；其中存放包括超過 40GB 大小的資料、10 萬個以上的檔案。其中最重要的是我自己為各公司和產業所撰寫，供自己隨時更新

近5年 股價漲跌（%）	每股盈餘 （美元）	本益比 （倍）	市值 （美元）	史上最高價 （美元）	自史上最高價 下跌幅度（%）
401.44	3.27	38.92	2.1T	136.69	6.99
4,973.56	1.57	746.49	142.7B	1,277.08	8.35
177.29	4.55	44.29	471.2B	218.73	7.84
267.34	6.64	48.71	322.3B	366.12	11.74
306.67	6.20	34.31	1.6T	231.65	8.20

和參考之用，總共約 1GB 大小的報告資料夾。

利用 Google 財經追蹤公司股價變化

一般投資人可以用 Google、登入自己線上券商的網站，或是上雅虎股市網站查詢自己的投資組合的即時股價。但我建議只要不排斥電腦的投資人都可以自己利用 Google 財經所提供的免費試算表功能（和微軟的 Excel 相容），為自己的投資組合建立即時的試算表。這樣就可以隨時隨地，依照自己的要求，不必登入任何網站，立即查看自己所關心的公司的即時股價，以及其他相關的股票數字。

表 1 就是我自己利用 Google 財經的服務，再加一行很簡單的巨集程式碼所建立，用來每天追蹤我所關心公司的即時股價和數據的範例（報表中顯示的是 2021 年 1 月 19 日的數字）。

這個表的好處是每個人都有不同關心的數據，可以隨自己的需求進行修改，隨時隨地用你的手機就可以打開查看，不用只為了查看幾個即時數字就大費周張地登入任何網站或程式。自己弄一個試算表，一點也不困難，沒有你想像中那樣複雜，我建議每個投資人都應該這麼做。

把握逢低布局良機

5-1 了解公司內在價值 3步驟估算合理股價

「股票市場上充斥著知道一切價格，卻對價值一無所知的人。」

——菲利普．費雪（Philip Fisher）

經過縝密評估選出了中意的公司，下一步要面對的就是該以何種價格買進？此時要參考的不是經濟成長率，不是技術線型，也不是法人買賣超，而是公司本身的「內在價值」。

道瓊公司和《華爾街日報》（Wall Street Journal）創辦人兼「道氏理論」發明人查爾斯．道（Charles Henry Dow），就堅持每位研究股市的投資人都應該「首先知道價值」。史上最偉大的投資人之一約翰．坦伯頓（John Templeton）也一再勸告：「有紀律的投資人應該『買個別公司的價值，而不是市場趨勢，也不是總體經濟前景。』」「我不認為絕大多數投資人可以因為預測總體經濟而成功投資。」

道理很簡單，是個別公司表現最終決定市場趨勢，而不是市場趨勢決定個別公司股價。不論在空頭或多頭市場，個別公司股價都有獨特的漲跌走勢；既然我們的獲利是來自個別公司股價的漲跌，就不必在乎 GDP 增長或減少零點幾個百分點。

查理．蒙格（Charlie Munger）也說：「不管是對於私有企業的企業主還是上市公司的股東，買賣時參考的標準，應該是企業內在價值而不是過往成交的紀錄，這是最基本的價值概念，而且我認為永遠也不會過時。」華倫．巴菲特（Warren Buffett）說得更明確:「價格是你所付出的，而價值則是你所得到的。」

找出內在價值遠高於市價的股票，提高獲利機會

我的策略很簡單，選擇用「低於價值的價格」買進，就有很大的獲利機會。

股票價格分析權威巴倫．羅斯柴爾德（Benjamin de Rothschild）表示：「要在股市取得成功的方法是『當股票便宜時買進，當股票昂貴時賣出』。」這句話其實就暗示著價值的標準，除非了解什麼是便宜、什麼是昂貴，否則根本無法達成便宜買進、昂貴賣出的目標。貴賤是相對的概念，必須和某種標準聯繫起來，這個標準就是股票的價值。

也就是說，便宜與昂貴，並不是單純指數字的高低，而是股價與價值之間的

關係；價值也不是一個永遠固定的數字，它可能會因為各種原因產生變化。例如A公司10年前獲利普通，優勢不明確，前景黯淡，估算它的價值只有10元，而當時股價是15元，我們可以說它的股價昂貴；可它後來找到了成功的商業模式，營收與獲利每季成長，前景明確，當我們估算出它目前的價值有30元，而目前股價15元時，就可以說它的股價很便宜。

經濟學家凱因斯（John Maynard Keynes）在他投資生涯的後期，著重於辨別何者是「市場的尤物」，也就是內在價值遠高於市價的股票。雖然他對金融市場的效率向來沒有信心，但他也認同長期而言，股市還是會體認出一檔股票的內在價值而獎勵它的表現。因此不管短期的股價如何變化，對於有判斷能力的投資人都不重要，我們只需要懂得辨別股價與所估計內在價值間的差距，在相對便宜時買入，坐等它漲到貼近內在價值的價格。因此，想要用對的價格買入股票，我們必須量化公司的實質價值（或稱為內在價值），以及判斷它可能如何改變，盡可能了解它目前股價與內在價值的差異；同時也可以參考它過去的歷史價格變化、其他類似資產的價格，以及市場上對於該公司股價的共識來搭配評估。

內在價值為估算值，而非精確的數值

大部分價值投資大師都認為內在價值並無放諸四海皆準、適用所有行業和股票的公式，所以如何算出內在價值一直備受爭論。

然而一如巴菲特的觀察，內在價值是「無法確知，但卻必須估算的數值」。他還用經濟學家凱因斯的名言：「寧願大致上正確，總比精確的錯誤好。」來比喻內在價值是一個「估算值」，如今用在這裡，實在是再恰當不過了；他進一步表示：「沒有一個能計算出內在價值的公式，你必須懂這個企業（你得懂你所打算購買這家企業的業務）。」

因此當我們在使用內在價值為企業估價前，務必要記住 2 個重點：

1. 內在價值是一個估算值，而非精確的數值。
2. 內在價值會因各種因素而變動。

凱因斯和巴菲特都反對在為股票估值時，使用造假的精確性。因為股票投資從來就不是門科學，而科學最主要的特性就是推論和假設能用數學公式表示，且禁得起反覆計算驗證並得到相同的結果。

然而，世上並不存在能夠精確計算股價的任何公式。這也是為什麼巴菲特曾經表示：「預測市場，那是上帝做的事。」因為他們都明白這麼做會過於強調量化因素、低估影響股價的非數值因子。

而且因為各種不確定的因素，任何股票估值其實必定不準確，最多只會落在一個可能的區間範圍內而已。因此謹慎的投資人會在評估股票的相對價值時，將大幅度的誤差也納入考量。巴菲特說：「再進一步推敲分析結果，只是徒然浪費時間，這時你該做的就是買進股票。如果你還得算到小數點後第 3 位，這顯然就不是一項好的投資。」

凱因斯認為在股市領域沒必要過於精準，原因很簡單：「我們就是不曉得未來的事。」他解釋：「估算預期收益所依據的知識基礎其實極不穩固，一項投資接下來數年後的收益決定因素，我們其實所知甚少，甚至少到可以忽略。說實話，我們得承認所有人估算鐵路、銅礦、紡織廠、專利藥品的信譽、大西洋航班或倫敦金融區建築 10 年後的收益，能根據的資訊實在微乎其微。」

但凱因斯也承認，有些股票（例如公用事業）因為收益很確定，預期盈餘很容易估算，因此比其他股票更禁得起嚴謹的檢驗，這種股票也會因此而符合「安全投資標的」的標準，所以這類股票會理所當然地擁有一個為人所知固定的安全邊際。巴菲特就提醒過波克夏（Berkshire Hathaway，美股代號：BRK.A、BRK.B）的股東：「一家公司的未來愈不確定，內在價值的估算結果就愈可能大錯特錯。」

那麼，內在價值到底該怎麼估算？這裡我想先分享 1996 年蒙格和巴菲特在波克夏股東會上的一段有趣的對話。蒙格説過：「我們這兒有種『扳手指算術』的風氣，巴菲特老是在講現金流量折現，可是我從來也沒見他計算過。」巴菲特則順口回覆：「沒錯，我的計算有點像自動執行的反射動作，要是得拿紙筆實際寫下，那思考起來就太過仔細了。應該直接就對你尖叫：你的安全邊際有這麼大！」從評估內在價值到估算合理股價，我們可以從 3 步驟著手：

步驟 1》進行估值前至少用 5 問題過濾是否值得投資

凱因斯那句名言：「寧願大致上正確，總比精確的錯誤好。」也可以這樣解釋，源頭如果一開始就錯了，那隨後所衍生的研究和推理再怎麼嚴謹也是枉然。這也是我們在估算內在價值時，必須要「先決定是否值得投資，再進行必要的估值。」畢竟不值得做的事，做得再好都是枉然。

我們在選股階段，就會先知道這家公司值不值得拿錢出來投資，最基本也至少要透過以下 5 個問題來進行初步的過濾：

1. 這家企業過去 10 年都賺錢嗎？

2. 這家企業未來的前景和營運展望光明嗎（這裡不是在問未來 10 年每年可賺多少錢，因為任何人都無法回答這個問題）？

3. 這家企業有借貸嗎？

4. 這家企業的執行長正直嗎？經營能力如何？

5. 這家企業的競爭力如何？是市場上的領先者嗎？

這幾個問題都不需要計算，也沒有數字，但卻很重要。因為這些問題的答案，決定了這到底是不是一家值得你押注大量資金投資的企業。

巴菲特在決定買下著名的 B 太太的家具店時（註 1），雙方並沒有請律師，而是由 B 太太開價 5,500 萬美元，而巴菲特也一口答應，雙方握手成交，巴菲也立刻回家簽了 1 張支票送來。這筆 1983 年完成的交易，巴菲特沒有請會計師查帳，也沒有清點家具店的存貨價值。為什麼？因為巴菲特已經觀察很久了，他知道 B 太太的家具店生意興隆，客戶口耳相傳，遠近馳名，B 太太本人更是受客戶喜愛。當 B 太太願意賣出公司時，巴菲特早已知道上述那幾個問題的答案了。巴菲特後來開玩笑說，在收購完成後、整理庫存清單時，發現這筆交易物超所值，因為光是庫存價值就高達 8,500 萬美元，遠超過他簽的支票金額。

即便如此，巴菲特還是提出他對於股票內在價值的估算方式，並推崇 1938

註 1：編按：B 太太被暱稱為 Mrs.B，全名為 Rose Blumkin，為內布拉斯加家具賣場（Nebraska Furniture Mart）創辦人。

年出版的約翰・威廉斯（John Burr Williams）著作《投資價值理論》裡造福後世投資人的重要觀點：「任何股票或債券的適當價格，是以現在的利率將未來收入折為現值所得到的價格。」

威廉斯這個觀點其實是引用自羅勃・威斯（Robert F. Wiese）所著《看見未來投資》一書中的觀念。巴菲特曾表示，他承認先前曾讀過班傑明・葛拉漢（Benjamin Graham）和大衛・陶德（David L. Dodd）所合著的價值投資經典《證券分析》一書，可是並沒有立即採用書中的做法；直到他後來又看了葛拉漢的《智慧型股票投資人》和威廉斯所著的《投資價值理論》這 2 本書才幡然醒悟並立即採用施行，令他終身受用。巴菲特一生反對股票配息眾所周知（註 2），但他基於上述威廉斯著作的觀點，為企業內在價值的估算做出具體的解釋——巴菲特明白地表示：「內在價值的定義很簡單，它是一家企業在其餘下的壽命中，可以產生的現金流量的折現值。」

步驟 2》以現金流量折現法估算內在價值

巴菲特提出的估算方法就是所謂的「現金流量折現法」（Discounted Cash

註 2：編按：巴菲特執掌的波克夏，其股票從未配息，他認為股東應該讓波克夏繼續為他們賺錢，會比股東領到現金後花掉或自行投資的報酬率更高。

Flow，DCF），也就是該企業在其未來生涯中，所能產生的現金流量的折現後的總和，即為該企業的內在價值。

我們以蘋果（Apple，美股代號：AAPL）為例，說明用現金流量折現法來計算目前蘋果合理的股價：

①先估算出蘋果公司未來 10 年的自由現金流成長率，並計算出每年的自由現金流數字。

②將未來每一年的自由現金流，以適當利率分別折現回今日現值。

③假設在第 10 年之後，公司會以固定成長率永續成長，以該成長率折現回今日現值，作為該企業永續經營的價值。

④計算公司的股東權益總額。

⑤計算公司的每股內在價值。

蘋果的企業資料如下（計算日期為 2021 年 3 月 23 日）：

◎ 2020 年蘋果公司的年現金流為 733 億 6,500 萬美元。

◎公司自由現金流成長率：因為蘋果是華爾街最多分析師追蹤研究的股票之一，我們實際以華爾街分析師們所估計的未來各年度自由現金流成長率平均估計值，來進行計算。

◎永續成長率：採取與美國 GDP 成長率相近的 3%（美國 2011 年～ 2020

年平均 GDP 成長率為 2.8%）。

◎折現率：8.1%（註 3）。

◎在外流通股數： 167 億 9,000 萬股。

◎蘋果每股股價：122.54 元。

我們以蘋果為例，一步步說明如何計算蘋果公司的每股內在價值：

順序1》先估算出蘋果未來10年的自由現金流

2020 年蘋果的年現金流為 733 億 6,500 萬美元，根據 12 位分析師對蘋果 2021 年的自由現金流成長率平均估計值為 9.453%，由此可算出 2021 年自由現金流為 733.65×（1＋9.453%）＝ 803 億美元，2022 年的自由現金流則為 803×（1＋8.0946%）＝868 億美元，……依此類推（詳見表 1）。

在估算公司的未來自由現金流時，我們須留意以下幾個重點：

①如果是新創企業或剛上市的企業，公司自由現金流成長率（用來代表公司

註 3：此處折現率使用 8.1% 是根據蘋果公司的舉債貝塔值（Levered beta）1.154 而來的。舉債貝塔值表示公司除了靠日常營運產生利潤之外，也使用了外來的債務槓桿做生意，這是一般企業的常見經營模式。一般經營很穩定的企業，舉債貝塔值通常落在 0.8 ～ 2.0 之間，1.154 則是蘋果所處產業中公司間的平均值。

表1 推估蘋果2021年自由現金流為803億美元

年度	2021	2022	2023	2024
自由現金流	80.3	86.8	92.7	100.7
成長率	12位分析師的平均估計值9.453%	12位分析師的平均估計值8.0946%	16位分析師的平均估計值6.797%	2位分析師的平均估計值8.623%

註：自由現金流單位為 10 億美元

的盈餘成長率）通常會比營運歷史悠久的成熟公司高出很多，可是因為營運預測可靠性很低，會有一定的風險存在。

②營運歷史悠久不確定性很低的公司，較易預測未來的營運展望，但公司自由現金流成長率通常較低，可是相對於年輕的公司，風險也較低。

③現金流量折現法到底需要折現多少年？對於經營穩健的公司，建議起碼要估算 10 年，這也意味著你有打算持有 10 年的準備。

④現在世界進步快速，尤其是科技公司，企業能存續 5 年就已經很了不起了。事實上在正常的情況下，不論是新創企業或歷史悠久的公司，不可能未來 10 年的成長率都一樣，且距離愈遠的未來愈難預測。因此更有彈性的做法是，以 3 年～ 5 年為一組，來預測那 3 年～ 5 年的成長率。

——蘋果（美股代號：AAPL）自由現金流估算

2025	2026	2027	2028	2029	2030
108.6	114.6	119.7	124.2	128.2	131.9
2位分析師的平均估計值7.845%	分析師的估計值5.52%	分析師的估計值4.47%	分析師的估計值3.74%	分析師的估計值3.23%	分析師的估計值2.88%

順序2》將未來每一年的自由現金流，以適當利率分別折現回今日現值

由於蘋果已上市42年，公司營運歷史悠久，自由現金流穩定成長，不確定性很低，容易預測未來的營運展望。因此採取每年相同的折現率8.1%來計算現值，可算出2021年的自由現金流為803／（1＋8.1%）^{1}＝743億美元，2022年的自由現金流則為868／（1＋8.1%）^{2}＝743億美元，……依此類推（詳見表2）。

在將未來每一年的自由現金流折現回今日現值時，我們須留意以下幾個重點：

①如果是新創企業或剛上市的企業，由於公司營運歷史較短，不確定性很高，未來的營運預測可靠性很低，就必須使用更高的折現率。而且依照各產業類別會有所不同，一般會使用10%以上的數值，科技新創上市公司會用12%，甚至是15%。

表2 推估蘋果2021年自由現金流現值為743億美元

年度	2021	2022	2023	2024
自由現金流	80.3	86.8	92.7	100.7
自由現金流現值	74.3	74.3	73.4	73.7

註：自由現金流與自由現金流現值單位為 10 億美元

②營運歷史悠久不確定性很低的公司，容易預測未來的營運展望，折現率會使用較低的數值，通常是 10% 以下；如果是營運逾百年的消費家用品或食品企業，甚至可以用 8% 或低至 7% 的情形，因為這類型的公司的業務在未來也不可能會有任何較大的變動。

順序3》計算公司的永續價值再折為現值

我們假定在 2030 年之後蘋果永續經營，且至少以相近於美國過去 10 年平均 GDP 成長率的 2.8% 繼續成長，即可估算出公司的永續價值折現值：

①將蘋果折現率減去永續成長率，意思是扣除通膨後真正的價值成長率：8.1% － 2.8% ＝ 5.9%。

②計算第 10 年之後的永續價值，再以折現率 8.1% 折回現值：第 10 年之後的永續價值：第 10年的自由現金流 1,319 億美元 ×（1+2.8%）／（8.1% －

——蘋果（美股代號：AAPL）自由現金流現值估算

2025	2026	2027	2028	2029	2030
108.6	114.6	119.7	124.2	128.2	131.9
73.6	**71.8**	**69.4**	**66.6**	**63.6**	**60.5**

未來 10 年自由現金流現值，合計為 7,012 億美元

2.8%）＝2 兆 5,584 億美元；將第 10 年之後的永續價值折回現值：2 兆 5,584 億美元／（1+8.1%）[10] ＝ 1 兆 1,741 億美元。

計算公司的永續價值時須留意以下幾個重點：

①永續成長率是用來估算這公司未來自由現金流成長趨緩後的數字，通常低於前 10 年的公司自由現金流成長率。一般公司的永續成長率可預估為貼近於經濟成長率，例如美股就用近 10 年美國 GDP 經濟成長率的平均值 2.8%。

②如果自由現金流成長率（代表公司的盈餘成長，投資人可以賺的錢）小於經濟成長率（代表影響消費者的通貨膨脹率），公司存在就沒有什麼意義了，也可以解讀成投資人所投入資金的報酬低於通貨膨脹率。若你認為這公司在 10 年後的盈餘成長比不過經濟成長率，那麼這家公司不值得投資，也不必再費心追蹤，這種情況也符合本書 5-4 所描述的賣出股票的標準。

順序4》計算公司的股東權益總額

將順序 2 的未來 10 年自由現金流現值合計金額，加上順序 3 的永續價值現值，兩者加總即為股東權益總額（意思是持有這家公司的未來這 10 年內，每年可以為股東賺進的 10 年現金流總和，再加上公司 10 年後的永續價值；兩者的總和再折回現值，就是公司現在的價值）。

蘋果的股東權益總額＝未來 10 年自由現金流折現值＋永續價值折現值＝7,012 億美元＋ 1 兆 1,741 億美元＝ 1 兆 8,753 億美元。

順序5》計算公司的每股內在價值

將順序 4 的股東權益總額除以普通股在外流通股數，即可得到每股內在價值：

蘋果每股內在價值＝股東權益總額 1 兆 8,753 億美元／在外流通股數 167 億 9,000 萬股＝ 111.7 元。

如圖 1 所示，目前蘋果每股市價為 122.54 美元（2021 年 3 月 23 日收盤價），經我們現金流量折現法計算出來的公允價格（內在價值）應為 111.7 美元，因此目前蘋果股價出現 9.7% 的溢價。

在此，我還是要藉由這個例子再次強調：

圖1 **目前蘋果股價高於內在價值9.7%**

——蘋果（美股代號：AAPL）股價區間

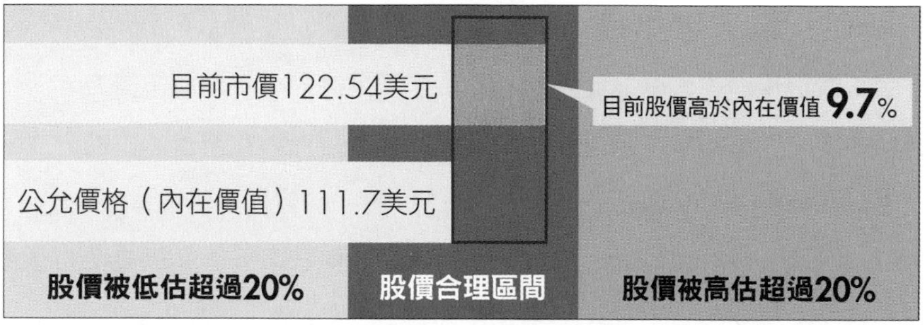

股價被低估超過20%	股價合理區間	股價被高估超過20%
目前市價122.54美元		目前股價高於內在價值 **9.7**%
公允價格（內在價值）111.7美元		

註：股價合理區間理應按股票類型有所不同，本圖採取的20%適用於大部分股票；但若為優質穩健的股票，合理區間可縮小，例如微軟可設定在10%內、公用事業設定在約5%～10%

①影響股價的因素非常多，財務指標只是其中重要的一環而已，能夠計算出來的反而是較簡單的因素。如我們在本書5-2所強調的，像是企業經營管理團隊的能力、法規監管、企業文化、公司所處產業的特性、商業模式、企業是否具有持久的競爭力……等因素都無法被量化，而這些非量化的因素有時對股價的影響反而較大。

②投資人在進行估值時，千萬不要只使用一種估值方式，應該多用幾種估值方式，並進行合理性的比較評估，綜合歸納，再做研判。

③不同的產業，或是企業處於哪一個生命週期，都會影響到股價和估值，當

然也需要採用不同的估值方式。

現金流量折現法只適用有持續淨現金流的公司

現金流量折現法是所有投資人都必須要搞清楚的最基本股價估值方式，一如巴菲特多次公開肯定，表示現金流量折現法是最接近內在價值估算的方式。此外，現金流量折現法也是所有估值方式裡面，唯一一種具有科學根據、可行性、合理性的估值方式，是財務金融界爭議最小的一種估值方式。最後，現金流量折現法之所以受歡迎並廣泛地被接受，是因為計算簡單，容易理解。

投資人也很容易就可以看出來，現金流量折現法在使用上有很大的侷限性，根本無法用在持續沒有淨現金流的企業的估值上面，沒有人會想投資公司價值是負值的企業，若沒有正的現金流，公司的日常營運資金都無法支付，必須靠借貸度日，更遑論為股東賺錢了。

因為若要以現金流量折現法進行估值，該企業必須要有持續的淨現金流才有意義，而且現金流持續期間愈長、愈穩定者愈合適，進行股價估算時才會更準確、更貼近現實。

像消費家用品、食品企業、大型製藥業、營運穩定的科技巨擘，它們的共同特性就是現金充沛、前景穩定、盈餘容易預測，套用現金流量折現法來估值時特別適合。

再舉個更貼切的例子，所有的公用事業股就非常適合採用現金流量折現法來進行估價。因為公用事業股必須持照經營，經營的事業和利潤有法律上的保障，獲利穩定但是費率透明須受法律監督，例如各國的電信公司，取得政府執照許可後，可以持續經營一段很長的時間，投資人很容易由用戶數和費率算出公司的營業額和現金流，公司的內在價值只要套用現金流量折現法，就很容易被精準地計算出來。正因為如此，股價不可能大起大落，再加上都會有豐厚的股利配發，很適合保守的投資人或退休族持有。

步驟 3》評估買進價格

計算出內在價值後，如何評估現在的股價是否適合進場？一般來說，我會視公司的性質進行以下判斷：

類型1》獲利穩健成長公司：加入安全邊際，計算潛在的整體報酬率

2021 年 3 月 23 日蘋果收盤價為 122.54 元，高於我們根據現金流量折現法算出的內在價值 111.7 元。這代表目前投資人看好蘋果公司的前景，願意給予蘋果 9.7% 的股價溢價。一般而言，愈優秀的企業，通常投資人願意給予的股價溢價比率愈高。不過，如果投資人高估了蘋果的內在價值，或是公司的

成長不如預期，以過高的股價買入，可能會成為一筆獲利空間過小，甚至是虧損的投資。

至於投資人願意給予的股價溢價比率會有多高？實無定數，因為影響股價的因素太多，個別公司的競爭力也不相同。為了降低風險，可以加入「安全邊際」，也就是將內在價值打個折扣（5-2 將進一步解說安全邊際）。蘋果是獲利相對穩定的公司，例如對於保守的投資人來說，可以將估算出的價格再打個 8.5 折，也就是 111.7×0.85=94.945 元。由於目前股價 122.54 元，沒有潛在報酬率，安全邊際實在太低，投資人可以耐心等待它跌破 95 元時再考慮買入。

誰都無法 100% 預知未來，然而現金流量折現法必須對未來現金流進行預測；為了避免高估，保守一點自然比較安全。若要做保守的預估，對象最好是具備長期穩定獲利基礎的企業（這也是巴菲特最喜歡的企業類型），過去表現愈穩定，穩定現金流持續的時間愈長，藉由現金流量折現法算出來的內在價值就會愈可靠。

類型2》獲利未穩定但具備成長力的公司：搭配其他估價指標綜合判斷

有些事業本身具備成長性的公司，可能尚未展現穩定的獲利成績，我會在算出內在價值並加入安全邊際後，再搭配以下常見的市場評價指標，綜合評估目前的價位是否值得進場。

①本益比：評估有獲利的公司

本益比（Price to Earning Ratio，PE）算法很簡單：每股市價／每股盈餘（Earnings Per Share，EPS），是投資股票的成本和企業每年淨收益的比值。這個指標可以簡單明瞭地告訴投資者，在假定公司利潤不變的情況下，若以目前的市價買入，且只靠 EPS 的回報，會需要多少年的時間回本（本益比 10 倍，表示只靠盈餘，投資人 10 年就回本）。數值愈低代表回本時間愈短，股價愈划算。

由於不同產業的本益比估值不同，且牛市與熊市時的本益比差距很大，市場處在各個不同的景氣循環階段的本益比也有所不同，因此實際應用於評估某家公司時，我會參考這家公司過去在不同景氣循環位置時，享有多少本益比來進行對照。同時也會參考同業平均本益比，若是公司在以往牛市時大多享有 30 倍本益比，但目前只有 20 倍本益比，也低於同業平均本益比，可以知道目前公司的市場評價有偏低的狀況。

不過，本益比最大的缺點就是無法評估沒有淨利，尚在虧損還沒有開始賺錢的公司，因為分母為零，無從計算股票本益比，自然派不上用場。因此和前面的現金流量折現法類似，只能用在有盈餘的公司估值上，這對於普遍皆為虧損中的新創公司或剛上市的科技企業的估值上，毫無助益。

2020 年 8 月被加入道瓊工業平均指數（Dow Jones Industrial Average，DJIA）的 SaaS（軟體即服務）先鋒賽福時（Salesforce.com，美股代號：CRM），主要服務是提供雲端客戶關係管理平台。2004 年上市至 2021 年 3 月 25 日為止，股價共上漲 5,100%。如圖 2 所示，公司上市至今，營收和股價就呈現一路上升的完美曲線，但是賽福時大部分的時間是處在虧損、未有任何盈利的狀態（2011 年 10 月～ 2016 年 4 月），因此本益比是 0 倍；即使有盈利也是杯水車薪，無法和一再突破新高的公司股價和市值相提並論。因此，投資人若只用本益比來進行篩選或堅持公司一定要有盈利，則一定會錯失這家軟體巨擘。

②股價營收比：特別適合評估尚未獲利或獨角獸公司

股價營收比（Price to Sales Ratio，PSR 或 P/S）是每股市價 / 每股營收的比值，這個指標有個好處就是直接拿企業的營收來進行比較。再強調一次，營收是所有財務數字之母，除非企業存心詐騙，否則營收是唯一最原始和唯一值得信任的財務數字；除了營收之外的其他數字都可以進行調整，甚至同一產業的不同公司採用的會計手法都會導致差異。

基金經理人詹姆斯．歐索尼西（James O'Shaughnessy）針對由 1952 年～

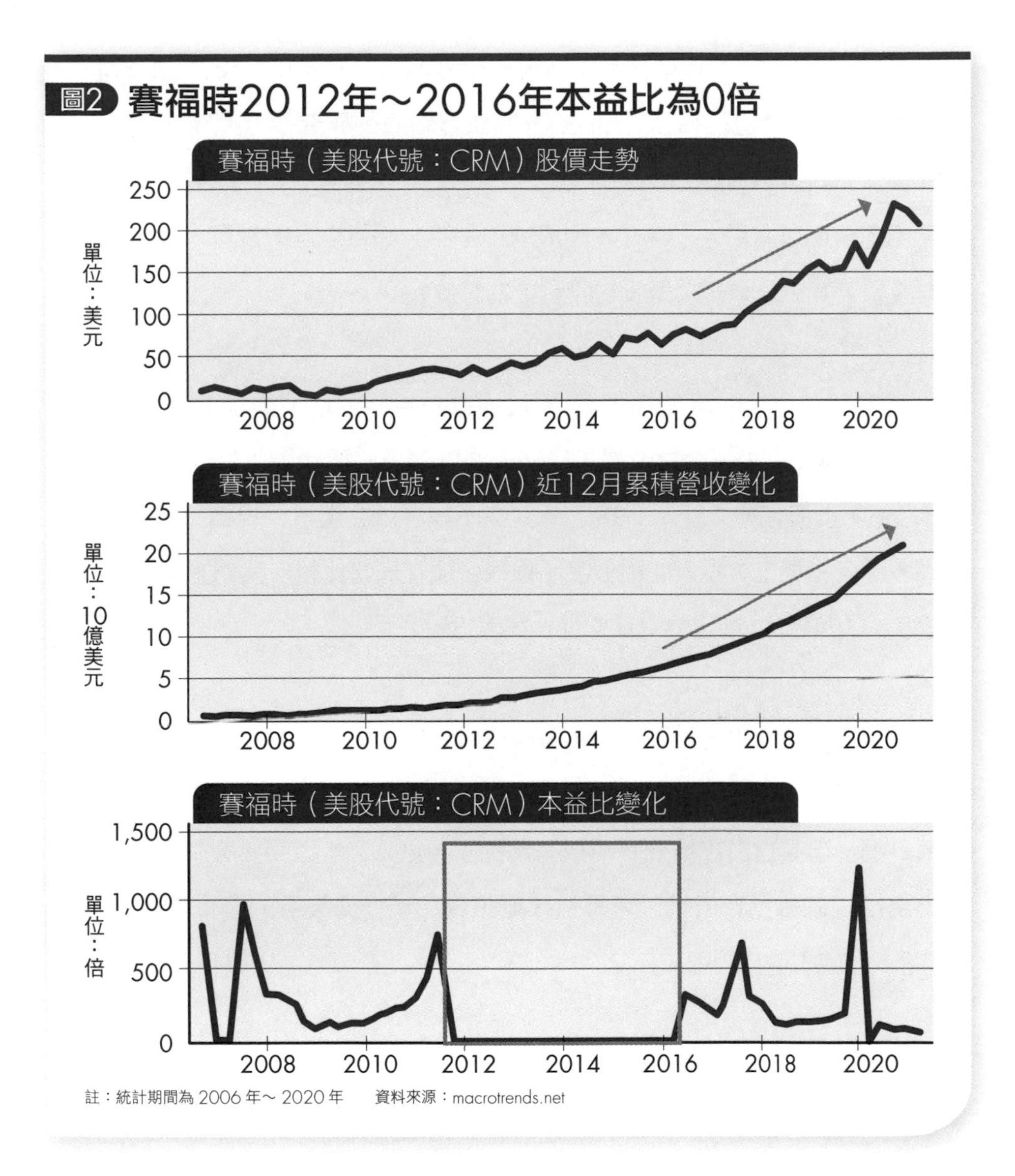
圖2 賽福時2012年～2016年本益比為0倍
賽福時（美股代號：CRM）股價走勢
單位：美元
250
200
150
100
50
0
2008
2010
2012
2014
2016
2018
2020
賽福時（美股代號：CRM）近12月累積營收變化
單位：10億美元
25
20
15
10
5
0
2008
2010
2012
2014
2016
2018
2020
賽福時（美股代號：CRM）本益比變化
單位：倍
1,500
1,000
500
0
2008
2010
2012
2014
2016
2018
2020
註：統計期間為2006年～2020年　資料來源：macrotrends.net

1995 年共 43 年間由標準普爾（Standard & Poor's，母公司 S&P Global，美股代號：SPGI）所提供的 Compustat 股票資料庫的研究後，他寫了一本很有名的書《What Works on Wall Street》（華爾街獲利術）。他發現股價營收比會比本益比還有用，不論是大型股或小型股，都可以幫助投資人找出具有潛力的股票，其中又以非大型股的股票更為有效。

我們在 3-6 介紹過新創電子商務（E-Commerce，以下簡稱電商）獨角獸（Unicorn）公司——自由市場（MercadoLibre，美股代號：MELI）和冬海集團（Sea，美股代號：SE），這 2 家企業不論在所在產業、規模、市場、前景等許多經營指標上有極大的相似度，很適合擺在一起比較。我們來看這 2 家公司 2020 年第 4 季為止的財務數據，如表 3。

2 家公司的電商和支付子集團都表現優良，股價都非常昂貴，年成長率都在 100% 左右。你一定能眼尖地看出冬海集團目前虧損很大，而且來年確定還是繼續虧損。但是自由市場幾乎可以有淨利了，2022 年也開始會有淨利，照理說自由市場應該比較值錢，可是為什麼市場給予冬海集團的股價營收比（24 比 18）和總市值都明顯較高？

答案就是冬海集團除了和自由市場一樣經營電商和支付外，還有個經營非常成功的 Garena 遊戲子集團。畢竟遊戲也是市場龐大的全球性產業，而且冬海

表3 冬海集團雖虧損，市值與股價營收比卻較自由市場高
——自由市場（美股代號：MELI）vs.冬海集團（美股代號：SE）

估值指標	自由市場（MELI）	冬海集團（SE）
2021.03.01收盤價（美元）	1,713.28	248.51
年營收（10億美元）	3.9	4.4
年淨利（10億美元）	-0.0001	-1.4
2020年第4季營收成長率（%）	97	102
市值（10億美元）	78	123
股價營收比	18	24
本益比（倍）	因虧損無法計算	因虧損無法計算
未來本益比（倍）	212	因虧損無法計算

資料來源：自由市場和冬海集團財報、分析師預估值

集團還開始把電商事業擴展到自由市場所在的拉丁美洲地盤上，積極度和執行力都獲得投資人的肯定。

③企業價值倍數：可用來評估尚無淨利的公司

我們曾在4-3說明過，企業價值倍數是企業價值（EV）／稅前息前折舊攤銷前獲利（EBITDA），這項指標主要是用於評估有大量融資的企業，也是華爾街目前喜歡使用的指標。因此，像是具事業發展前景的一些新創科技事業，包含SaaS、電商類型的公司、尚無淨利的公司，較適合用企業價值倍數來進行價值的評估。

類型3》高速成長的公司：計入淨利成長率，以本益成長比評估

本益成長比（Price/Earnings to Growth ratio，PEG）的算法是把本益比除以淨利成長率，是由《祖魯法則》作者吉姆．史萊特（Jim Slater）提出。例如預估本益比為 10 倍，淨利成長率為 15%，將 10 除以 15，就能知道本益成長比為 0.67；史萊特認為高於 1 則代表股價被高估，低於 1 則相對被低估，但要 0.75 以下較值得進場。

若單純只用本益比估價，容易對企業的動態成長性估計不足，對於高速成長階段的企業，其未來會有更快的現金流入，需要將當前價值和未來成長連結起來；而本益成長比則考量了未來的高速增長給企業帶來的價值，比本益比更為合理，因此較適合用來評價高速增長的企業。不過，本益成長比的最大缺點和本益比相同，同樣無法評估尚在虧損、尚未開始獲利的公司。

類型4》多元化控股公司或大型集團：分類加總估值法

分類加總估值法（Sum Of The Parts，SOTP）是一種適用於多元化控股公司或大型集團估值的方法。把公司同時經營的不同業務分別選擇合適的估值方法估值，再根據持股比率加權匯總得出該多元化控股公司的總價值。

一般人一定很好奇，華爾街投資銀行是如何對蘋果公司這樣的龐大集團進行估值。華爾街投資銀行們是先把蘋果拆成「終端硬體產品」和「軟體服務」2

大部門，再依據營收規模和其他指標，分別套用終端硬體行業和軟體服務行業的方式進行初步估值，最後再把 2 大部門的估值相加，並計入綜效，以及對蘋果的溢價做出最後的估值。

再舉另一個國人較熟悉的例子，阿里巴巴（Alibaba，美股代號：BABA、港股代號：9988）。至 2021 年 3 月為止，阿里巴巴集團橫跨電商、物流、零售、本地生活、雲端運算、娛樂、金融科技、媒體等領域；其中的螞蟻集團、阿里雲、菜鳥網絡和餓了麼，更長期名列全球未上市獨角獸排行榜的前幾名（詳見表 4）。

不僅如此，阿里巴巴由 2010 年～ 2019 年間，就花了人民幣 1,744 億 2,600 萬元在全世界投資數百家的新創公司。企業顧問公司麥肯錫（McKinsey）的報告顯示，阿里巴巴和騰訊（Tencent，港股代號：0700、美股代號：TCEHY）2 大集團，壟斷全中國 40% ～ 50% 的風險投資和新創公司的投資案。騰訊光是 2019 年投資金額就高達人民幣 353 億元，阿里巴巴則有人民幣 259 億元。所以像阿里巴巴如此龐大的商業帝國，用分類加總估值法估值，光是釐清複雜的股權和子公司，就需要花去不少的工夫。

但是 SOTP 估值也有一個缺陷，它往往只是算出 1 加 1 等於 2 的部分，而忽略了 1 加 1 大於 2 的部分，即綜效所能發揮的威力。

表4 阿里巴巴廣泛投資多種行業

業務領域	阿里巴巴的品牌、事業體和投資的公司（股號）	估值可參考的對價標的（股號）
金融科技	螞蟻集團、PayTM	PayPal（美股代號：PYPL）、Square（美股代號：SQ）、騰訊（港股代號：0700、美股代號：TCEHY）的金融部門
雲端運算	阿里雲	亞馬遜（美股代號：AMZN）的AWS部門、微軟（美股代號：MSFT）的Azure部門、字母（美股代號：GOOGL、GOOG）的GCP部門
物流	菜鳥網絡	聯邦快遞（美股代號：FDX）、順豐（陸股代號：002352）
本地生活	餓了麼、口碑	美團（港股代號：3690）
C2C電商	淘寶、閑魚、迅犀	拼多多（美股代號PDD）、電子灣（美股代號：EBAY）、亞馬遜
B2C電商	天貓	京東（美股代號：JD）、亞馬遜
跨境電商	AliExpress、考拉、Lazada、Bukalapak	京東、亞馬遜

資料來源：阿里巴巴年報，阿里巴巴公司新聞、媒體報導

類型5》相同產業公司：同業比較分析

同業比較分析（Comparable Company Analysis，CCA）這種估值方法就是把相同產業中的相似企業估值，完全套用在標的公司上面。這個方法簡單易懂，而且容易計算使用，適用於公司要上市前，查看相同行業的上市公司價格指標倍數，或者其他公司在評估購併該公司時，也會參考看看是否需要給多少程度的溢價。

——阿里巴巴（美股代號：BABA）事業體、投資公司及對價標的

業務領域	阿里巴巴的品牌、事業體和投資的公司（股號）	估值可參考的對價標的（股號）
實體零售	盒馬、大潤發、銀泰	沃爾瑪（美股代號：WMT）
軟體	釘釘、UC瀏覽器、YunOS	微軟、字母
遊戲	阿里遊戲	騰訊的遊戲部門、網易（美股代號：NTES）
娛樂	阿里影業、優酷、芒果超媒（陸股代號：300413）	愛奇藝（美股代號：IQ）、騰訊視頻
醫療健康	阿里健康（港股代號：0241）	平安健康醫療（港股代號：1833）
媒體傳播	南華早報、財新傳媒、微博（美股代號：WB）、嗶哩嗶哩（美股代號：BILI）	新華網（陸股代號：603888）
硬體裝置	天貓精靈、平頭哥、中天微	亞馬遜的Echo部門
汽車	小鵬汽車、阿里汽車、斑馬網絡、高德地圖、高德叫車	特斯拉（美股代號：TSLA）、蔚來（美股代號：NIO）

不過，實務上我們不大可能找到一家完全類似的同業來比較，而且同業也未必會對外透露財務訊息，因此該方法依舊有其侷限性。同業比較分析常被投資銀行，或是私人股權投資業者用在上市企業的破產、合併、購併或股權交易上。

另外，同業比較法也常被用於新上市的IPO（首次公開發行）企業估值。因為新上市企業在股票市場上未曾公開交易過，普遍被華爾街接受的估價方式，

就是找出這家新上市企業所處的產業中最具代表性的上市企業；再由負責輔導上市的投資銀行和承銷商們，向有意投資的主要大額投資人進行上市前的討論，並協商討論出價的可能範圍；最後再統合由投資銀行、承銷商們與上市企業拍板決定上市首日的開盤價。

我們以 2021 年 3 月 11 日首次公開上市的庫邦（Coupang，美股代號：CPNG）為例。庫邦被稱為「韓國的亞馬遜（Amazon.com，美股代號：AMZN）」，以驚人的交貨時間聞名全球（午夜 12：00 前下單，保證在顧客睡醒後上班前的清晨 7:00 前收到貨），是韓國最大的電商。韓國 5,100 萬人口約有一半下載該公司的程式，而且是 2020 年韓國唯一一個成交額和營收成長的電商；2019 年超越韓國電子灣（eBay，美股代號：EBAY），成為韓國最大的電商。庫邦是阿里巴巴之後，在美股上市的最大外國企業。庫邦最後定出的 IPO 開盤價為 37 美元，當日收盤價為 49.25 元，大漲 40.71%。

以庫邦的上市案來說，投資人拿來進行估價的對價標的就是亞馬遜和阿里巴巴。表 5 就是我所整理的庫邦 IPO 當日各項財務指標數據，並與亞馬遜及阿里巴巴的比較。

雖然世界各地股市的投資人普遍都願意給新上市的股票相當的溢價，例如在這個例子中，庫邦的股價營收比、企業價值／營收、企業價值倍數（EV/

表5 庫邦於美股IPO當日3項估值皆勝過同業龍頭
——3家電商公司各項財務指標比較

財務指標	庫邦（CPNG）	亞馬遜（AMZN）	阿里巴巴（BABA）
股價（2021.03.11盤中）	53.2	3,094.53	234.42
市值（10億美元）	90.81	1,600	634.3
2019年營收（10億美元）	6.273	280.5	71.05
2019年營收成長率（%）	54.76	20.45	33.72
2020年營收（10億美元）	12	386	93.88
2020年營收成長率（%）	90.77	37.62	32.13
股價營收比	**7.6**	**4.15**	**6.43**
在外流通股數（10億股）	1.707	0.5036	2.706
企業價值（EV，10億美元）	95.23	1,600	623.1
EBITDA（百萬美元）	250.313	48,150	23,471
企業價值/毛利	47.95	17.4	14.6
企業價值/營收	**7.94**	**4.145**	**6.31**
2021年預估營收成長率（%）	38	22.80	30.90
企業價值/營收（2021年估計值）	5.75	3.5	4.7
企業價值/營收（2022年估計值）	未提供	2.9	3.9
企業價值倍數（EV/EBITDA）	**-380.92**	**33.2**	**26.55**
本益比（倍）	0	75.35	27.01
預估本益比（倍）	0	47.48	3.09
本益成長比（倍）	0	1.96	1.2
每股盈餘（美元）	0	41.83	8.95

資料來源：亞馬遜和阿里巴巴財報、庫邦 F-1、嘉信理財、Yahoo Finance

EBITDA）這 3 項企業主要的估值指標，都高出亞馬遜或阿里巴巴一大截的原因。這種不合理的狀況，就是資本市場狂熱追逐新上市股票的常態。

這也是危險之處，因為新上市的股票無從估值，上市後股價在冷卻前都會劇烈震盪；而且愈熱門的股票，股價愈有可能會被高估。由庫邦的案例來看，很明顯地所有估值指標都高出相同產業裡的龍頭企業，也就是股價太貴了。這也是我在 3-6 最後一段所分享的，投資剛上市的新創企業，盡量不要在 IPO 當天買入，最好是熱潮過後，等市場冷卻再考慮是否買進。

類型6》同業過往購併案例：先例交易分析法

上述的同業比較分析主要是拿股票市場的上市公司作為價格的參考，先例交易分析法（Precedent Transactions Analysis）則是用同業過往的購併案例為價格的參考。

和同業比較法一樣，常被投資銀行或私人股權投資業者用在企業的破產、合併或購併上，畢竟未上市的公司不會每天都有市場定價，唯有上市或出售舊股時才會進行新的定價。

而上述的同業比較分析也不會把「控股權溢價」考慮進來。所謂的控股權議價指的是取得一家公司的控股權（擁有 50% 以上股權或投票權）所要付出的溢價，取得控股權代表有指派董事的權利，進而得以介入經營，如裁員、更換管理階層、調整公司發展方向……等重大決議，其潛藏的利益，大幅高於單純身為股東所能獲得的好處。因此，當一件涉及取得控制權的購併案，就會參考過去同業的先例控股交易。

這時候，你應該會恍然大悟，為什麼股票市場上只要有公司被購併，被購併公司的股價就會立即飆漲幾十個百分比（除非被購併公司很弱勢，例如馬上要耗盡現金宣告破產，此時反而會被迫削價求售），主要原因就是想要取得公司控股權，就得付出較高的溢價。這也是崇尚價值投資的巴菲特，對中意的優秀企業，除非賣方主動求售，否則寧願只購買少數股權。

股市遇系統性風險時，可參考股價淨值比

上述的估價方式，主要適合一般股市正常運行時使用。然而有投資經驗的人想必都遇過系統性的大跌，無論是 2000 年網路泡沫、2008 年金融海嘯、2010 年歐債危機、2020 年新冠肺炎（COVID-19）疫情等都是令人印象深刻的事件。

這種時刻，市場上滿是經濟看壞、需求萎縮、供過於求、客戶砍單、專家出現警告指數將再探底……等，壞消息滿天飛。因此不管是好公司、壞公司，

股票都遭到拋售，股價不由分說一起下跌，沒有人敢預估公司下一季、下一年度的盈餘會成長，估價時將得更加保守。此時，股價淨值比（Price to Book Ratio，PBR 或 P/B）就能作為一個判斷股價是否超跌的指標。

股價淨值比的算法：每股市價／每股淨值。崇尚價值投資法的人主張股價淨值比小於 1 時，代表現在股價比每股淨值便宜；股價淨值比大於 1 時，代表現在股價比每股淨值昂貴，可以考慮賣出。

當股市多頭時，股票（尤其是好股票）不常見到股價淨值比小於 1 的狀況，然而遇到股市全面大跌時肯定會出現。2020 年疫情衝擊全球股市時，當年 2 月 25 日台股上市櫃股價淨值比跌破 1 倍者達 499 家（2019 年底台灣股市有 1,712 家上市櫃公司），其中不乏知名大型企業，如華碩（2357）、鴻海（2317）、潤泰全（2915）、鴻準（2354）等。

股價淨值比較適合用於擁有實體資產和傳統企業的評估，它也是價值投資法追隨者們最看重的指標，例如製造業、銀行或零售業，這些公司的價值很大部分是來自於資產負債表上的存貨、廠房、機具設備等實體的資產。

但是對於科技產業來說，公司的主要價值並不是來自於實體資產，以硬體業來說，硬體元件幾乎在 1 年後都會過時，導致資產減損，最差時必須報廢，反而成為負債；而軟體業基本上也不會有實體資產。整體來看，科技業的資產反而是來自於專利、品牌價值、購併後所累積的龐大商譽等無形的資產，因此投資人就不適合用實體資產來評估科技股的股價。

5-2 重視安全邊際＋避開量化陷阱 精準掌握出手時機

「投資是否成功，往往在買入股票時就已經決定。」

——班傑明．葛拉漢（Benjamin Graham）

自從葛拉漢提出「投資人必須以低於股票的內在價值買入，並保留安全邊際」的價值投資理論後，普遍獲得了投資界的讚揚和採納。他強調要去購買那些價格大幅低於內在價值的東西，並持有這些標的直到價值被市場發現為止。

早期受葛拉漢影響甚深的華倫．巴菲特（Warren Buffett）也說：「真正的投資，應該以評估價格與價值之間的關係作為基礎，不考慮這種評估策略根本不能算做投資，而是一種投機。」此話所秉持的正是安全邊際的思維。他們都認為投資人應該要耐心等待，直到價格與價值之間的安全程度夠大，才值得大舉出手投資。

葛拉漢所提出的安全邊際的觀念，主要是著眼於公司的實體資產。這個做法在葛拉漢所生長的美國大蕭條時代或許適當，當時可以找到許多股價大幅低於公司實體資產的股票。

但是時空背景在改變，現代投資人已經很難找到很多的實體資產低於股價的企業股票。以目前標準普爾 500 指數（S&P 500）內的企業來說，有接近 3/4 的企業的市值是包含無形的資產；這些無形的資產包括專利、品牌價值、購併後所累積的龐大商譽。也正因為如此，現今投資人用來評估股價的標準就不適合用實體資產，而更適合著眼於公司未來會賺進的預計盈餘。

這也是為什麼投資生涯中後期更偏向於投資成長股的巴菲特會說：「以合理的價格購買一家優秀的公司，要比以好的價格購買一家平庸的公司好得多。」這一點正是巴菲特和葛拉漢的根本差異：葛拉漢基本上只看財務數字；除了量化的數字外，巴菲特在衡量企業的價值方面，加入了更多質化的考量，包括經營管理團隊的能力、企業文化、法規監管、公司所處產業的特性、商業模式、企業是否具有持久的競爭力等種種難以被量化的因素，以彌補只靠數字來進行量化投資評估時，先天上不夠準確的缺點。

安全邊際可發揮 3 大作用

優秀的企業很罕見（詳見 1-5），而且企業購併能成功的機率太低了，到頭來常是白忙一場，獲利的總是負責牽線仲介的華爾街投資銀行。而為了能提高成功率和降低投入的資金，確保交易價格的「安全邊際」就成為巴菲特非常關鍵的企業購併原則，他認為即使是優秀的公司，都不值得為了購併而付出太高的溢價。因為對於投資者而言，優秀公司股票的購買價過高，可能會抵消往後10年企業業務順利發展所帶來的利潤，這道理再簡單不過了。

巴菲特總是掛在嘴邊，他偏好的是以「折價買入」，如此才能確保他的投資是賺錢的；他能如此有把握，是因為評估買進股價時會採取足夠的安全邊際。當巴菲特一再被問及投資人最重要的守則是什麼？他總是如此回答：「第1條原則：永遠不要虧錢；第2條原則：永遠不要忘記第1條原則。」也是同樣道理。

經濟學家凱因斯（John Maynard Keynes）曾表示過：「我的目標是購入資產與最終獲利能力令我滿意的證券，並選擇在市場價格低於資產和獲利能力標準的時候買進。」他認為內在價值充其量只能落在一定的價值範圍，所以估價時必須同時考慮量化與非數值的因素，評估公司的資產和獲利能力，比較整個公司潛在的價值和市價的差距，才能同時達到他所訂下的「滿足安全至上」與「資本利得」這2個目標。

巴菲特的策略和凱因斯非常相近，他們認為「評價企業不是科學，而是藝術。」影響股票市場價格和公司經營的因素非常龐雜，而人的預測能力是非常有限的，安全邊際就是最佳的緩衝。在這個複雜、無法預測又變換迅速的世界裡，人人都有可能犯錯、運氣不好、遭遇激烈的市場波動；當你能夠以遠低於一檔股票真實價值的價格買它的時候，你就算是有了安全邊際了。總之，安全邊際可以發揮 3 大作用：

1. **降低可能的價格下跌風險。**
2. **增加投資的回報。**
3. **減少估值或判斷時的誤差。**

有了較大的安全邊際作為保險，即使我們對公司價值的評估有一定誤差，或是公司發展受到暫時的挫折，使市場價格在較長的時期內低於價值，我們仍可通過公司淨利潤和股東權益的增長，來保證我們投資資本的安全性，以及取得滿意的報酬率，這就是安全邊際原則的精髓所在。如果公司股票市場價格進一步下跌，我們甚至能夠以更大的安全邊際買入公司更多的股票。

那麼安全邊際要到什麼程度才安全？這就取決於你的能力圈了。巴菲特說：「如果你很懂一家企業，並且能洞察它的未來，你需要的安全邊際顯然就很小。相反地，一家公司愈脆弱或者它變化的可能性愈大，如果你依然想投資這家企業，你需要的安全邊際就愈大。」

巴菲特再以貨車來比喻：「如果你駕駛著載有 9,800 磅貨物的卡車，通過一座載重量為 1 萬噸的橋，但這座橋距離地面只有 6 英尺的話，你可能會覺得沒事。但是，如果這座橋坐落在大峽谷之上，你可能就想得到大一點的安全邊際；因此，你可能只會駕著 4,000 磅重的貨物通過這座橋。」也可以說，「安全邊際多大取決於潛在的風險。」

巴菲特自己也在這方面犯過大錯。在 2021 年波克夏（Berkshire Hathaway，美股代號：BRK.A、BRK.B）的股東年度公開信中坦承，2016 年收購飛機零件製造商精密鑄件（Precision Castparts），321 億美元的價格是買貴了；2020 年新冠肺炎（COVID-19）疫情致搭機需求銳減，大幅影響公司的營收，迫使波克夏在 2020 年 8 月減計約 100 億美元。他自承當初對於公司的獲利潛力太過樂觀了，「我在衡量未來平均收益時判斷錯誤，因此在計算適當的收購價格時也錯了。」

股票估值無法單純以數字來量化

在這裡我想特別提醒，無論是估算內在價值，或是拿捏安全邊際，雖然都需要透過公司先前的財務數值去估算未來，但是千萬不要落入過度重視量化數字的陷阱。

愛因斯坦（Albert Einstein）曾在他的實驗室掛上一則醒目的標語：「重要的

事物未必可量化，可量化的事物未必重要。」過於專注在量化資料，可能會扭曲股票的評價。葛拉漢曾說：「結合精準的公式與精確的假設，幾乎可以產生任何你想要的數據，或是為你找出某種事物的理由。在股市中，使用的數學愈深奧、愈複雜，得到的結論將會愈不確定、愈冒險。」

過於複雜的財務模型、公式、錙銖必較地估算特定股票的價值，都會使投資變得複雜化，不僅容易鑽牛角尖，也容易讓人進入死胡同。只知道呆板地思考，用數字評估一切，反而會陷入見樹不見林的迷思，最終陷入查理．蒙格（Charlie Munger）所說，「手上拿著鐵鎚的人看到任何東西都覺得是釘子」的情境。

另一為著名經濟學家佛烈德利赫．海耶克（Friedrich Hayek）也有同樣的看法，他認為「幾乎所有人都過分重視量化的因素，因為這些數值能讓學校教的統計技巧派上用場；而且難以量測的因素可能更重要。」蒙格很同意海耶克的看法，並且進一步闡述：「每個人都會把可以量化的東西看得過重，因為他們想發揚自己在學校裡面學的統計技巧，於是『忽略了那些雖然無法量化但是更加重要的東西。』我一生都致力於避免這種錯誤，我覺得我這麼幹挺不錯的。」

彼得．林區（Peter Lynch）也表示過，對於那些受到呆板的數量分析訓練的人，處處小處著眼和鑽牛角尖，反而變成股票投資不利的因素。如果可以通過數學分析來確定選擇哪些股票的話，還不如用電腦算命。選擇股票的決策不是只有單純通過數學就能做出的，你在股市上需要的全部數學知識，是你上小學 4 年級時就已經學會了的。有些人或許會反駁，世界上還是有一些著名且賺錢的量化投資交易者，例如長期資本管理公司（LTCM）、德劭公司（D. E. Shaw Group）和文藝復興科技（Renaissance Technologies）。沒錯，但它們都是非常著名的大型投資機構，而且牽涉高深複雜的數學和財務模型，並不適合一般散戶或長期的股票投資人採用。最重要的是，它們主要的交易特色是高頻、巨量，而且是以衍生性金融商品（主要是買賣權、期貨）為主要的投資標的，投資手法完全不適合一般的散戶。

股票投資的估值中，有太多是無法以數字來量化的因素，包括企業的商業模式、公司的經營團隊的能力、護城河（經濟競爭優勢）、法規監管、企業文化等，這些往往才是左右股票價值的最重要因素。

為股票估算出的內在價值，以及你想加入的安全邊際，是用來衡量股價的標準，不是硬邦邦的數字，也必須隨著公司的變化進行動態調整。我們可以透過觀察經營團隊的能力，來判別經營的績效；從產業和市場的角度，來判斷企業是否具有持久的競爭力；翻閱企業過往的財報，看企業是否已經證明能持續有盈餘的能力等種種非量化的方式，以彌補股票投資評估先天上不夠準確的缺點。一旦無法認知到這一點，很可能會對於成長即將趨緩的股票過度樂觀，而以過高股價買進，或是總與即將起飛的成長股失之交臂。

假設你認為股價在未來將成長數倍，合理價大約 11.5 美元，那麼買在 11.5 美元或 12 美元之間只有 50 美分的價差，這個價差從長期來看根本就不重要。巴菲特就犯過這方面的錯，他在 2004 年波克夏股東會上就自承當初看好沃爾瑪（Walmart，美股代號：WMT），而且也開始買進股票，錯就錯在他在一路買進時發現股票逐漸上漲，超過他中意的價格，他就停下來不買了。後來他向股東坦白，當初因為一點點價格上的固執，停止繼續買進沃爾瑪的股票，使波克夏的股東損失了約 100 億美元的報酬。

相較於一般人的心態，總喜歡投資雞蛋水餃股，認為低價股未來上漲的空間比較大，風險較小，安全邊際很大。但事實並不然，買雞蛋水餃股的風險反而比較大，連競爭優勢都沒有了，就更談不上安全邊際了。之所以會變成雞蛋水餃股，都是因為公司經營發生了無法解決的困境，起死回生的機率很低，投資人所要承擔的虧損風險，其實和賭博無異。

我們應該考慮的是企業的價值，而不是價格！經過嚴格篩選，適合長期持有的優秀企業，即使過了 3 年、5 年，也仍然是一家優秀的企業。對於長期投資者，尤其是成長股投資人而言，不要見樹不見林；不必因為股價看起來很高（高品質有競爭力的企業的股票通常都是高價股），或是些微的買賣價差而斤斤計較（這些考量都只看到價格而已），因而錯失了長抱 10 倍或 20 倍股的機會。要知道，優秀的企業的潛在成長力總是未可限量的（這才是價值所在）。

5-3 運用3訣竅 持續加碼好公司的股票

「投資股市絕不是為了賺一次錢，而是要持續賺錢。如果想靠一『博』而發財，你大可離開股市，去賭場好了。」

——彼得．林區（Peter Lynch）

一般而言，投資人最困難的是在空手時的首次建倉；只要首次建倉順利，股價在買入之後的確如期望地上漲，代表你的判斷正確，而且也能增加自己的信心。往後則可視資金或持續的看好度，再適時加碼。當然，如果無法如你所願，買入後持續下跌，觸發你事先設定的停損比例，就表示你的判斷錯誤，應該要斷然止損，避免虧損擴大。

與已經在你的投資組合中的股票相較，首次建倉買入的重要性無庸置疑，因為你面對的是陌生的企業，當然需要投入無比的研究後再出手，以提高勝算。正因為是全新陌生的企業；篩選的條件愈嚴格愈好、對公司經營和財務基本面了解得愈多愈好、企業經營的業務是否在自己的能力圈內？目前股價是否有安全邊際？務必遵循自己已建立的投資原則，不要因為任何原因（例如親友報的明牌、持續上漲的熱門股）破例。説穿了，你就是要把在本書所學到的本領全都運用上去才行。

透過 5 步驟在空手時首次建倉

舉例而言，以下 5 步驟就是一套合適的做法（投資人可以視自己的需要，進行調整）：

步驟 1》先用 5-1「先決定是否值得投資，再進行必要的估值」所列的 5 個問題進行最初步的過濾（詳見本書第 327 ～ 328 頁）。

步驟 2》目標企業是否為投資人最好避開的 6 種產業（詳見 3-1）？藉此快速排除不適合投資的企業。

步驟 3》目標企業是否為本書所描述的新創產業（詳見 3-4 ～ 3-6）？是 3-3 中所説的科技業新趨勢或即將過時？還是如 3-7 所介紹的，是否與任何產業或你投資過的企業有關聯性？

步驟 4》運用如 2-1 中篩選強大競爭優勢企業的 3 項過濾標準，認真根據你自己的投資原則進行進一步的篩選，原則上是寧缺勿濫。

步驟 5》通過以上 4 步驟後，表示你已經選定了某個企業。接著可以按 4-1、4-2、4-3 所介紹的資料管理、分析和估值技巧，對目標企業進行更深入的分析。

如果通過以上所有步驟，恭喜你找到適合買進的標的了，空手投資人可在股票處於合理的價位，而且具有相當的安全邊際時，開始進行首次的建倉。因為建倉前你就已經對該股進行過深入的研究，若企業發展一如預期持續成長，往後不論加碼或減碼，就能節省重新研究一檔新股時所必須花的龐大心力了。通常在評估加碼時機時，可掌握以下 3 訣竅：

訣竅 1》股價創新高後大跌：小量加碼

如果你實在對該公司擁有充分的信心，等它股價回檔時，可進行適量加碼。至於回檔幅度是多少？除了必須考慮目前市場是處在牛市或熊市、所處的年代之外，當然還必須按個股的企業特性、所處的產業情形而給予不同的標準，你如果有長期追蹤的股票，就能感受到它的股性，也可以發現當它出現多大的跌幅時，就會有大型投資機構法人進場加碼。以最近幾年，拿市場最受歡迎的幾檔大型科技股為例，在出現以下跌幅時，就可以考慮加碼買進：

◎蘋果（Apple，美股代號 AAPL）：跌幅 20%。

◎亞馬遜（Amazon.com，美股代號 AMZN）：跌幅 15%。

◎**微軟**（Microsoft，**美股代號** MSFT）：跌幅 7% ～ 8%。

以上所列只是參考，投資人可視市場時機和自己的信心程度，進行適量的調整。上述的跌幅範圍是基於我最近幾年的觀察，例如為何微軟只跌 7% ～ 8% 就值得加碼？因為它的股價走勢非常穩定，很少在一個波段下跌超過 10%（除非股災發生），所以只要跌 7% ～ 8%，就是我考慮加碼買進的時機。

訣竅 2》股價持續向上：採金字塔交易法

「金字塔交易法」（Pyramid Trading）指的是隨著股價上漲，一路持續買進。保守的投資人可以採用這個方法，首次買入時先以少量資金來試探風險，再慢慢往上買進、增加部位。有把握者可跳過試探，首次買入就投入較多的資金，再隨著股價的上漲過程中一路分批加碼買進（特別適合受薪階級或資金有限者），所投入的金額則逐漸減少，直到不再加碼為止。

金字塔交易法的好處是可以在某種程度上保護自己，減少追高的風險。如果你的判斷正確買到了成長股（首次買入的當時，很難知道它會不會大幅上漲），這種做法可以讓你不致錯失股價的未來漲幅，更重要的是可以隨公司的成長一路加碼，享受企業成長所帶來的股價複利成長的好處。至於何時停止向上加碼？沒有一定的法則，通常是在有其他更好的投資機會時停止。

圖 1 是我實際在 2012 年～ 2016 年期間，把金字塔交易法運用到威士卡上的追蹤圖，圖中的灰色小三角形就是我每次買入的時間點。從第 1 次在 2012 年 2 月 8 日以每股 107.35 美元買進後，之後分別在 2012 年 10 月、2013 年 1 月及 8 月、2014 年 4 月，分批從 142 美元～ 199 美元向上加碼。由於威士卡在 2015 年 3 月 19 日實施股票分割，1 股分割為 4 股，每股價格降低。2016 年 1 月底時，股價曾大幅回檔至不可思議的 71.47 美元，於是我毫不猶豫地加碼買進。自 2012 年首次買進威士卡這檔股票至今，截至 2021 年 3 月 22 日的累積報酬率為 502%。

歷史上許多著名的股票交易高手，都會採用金字塔交易法或類似的變形來進行交易，包括傑西・李佛摩（Jesse Livermore）、巴納德・巴魯克（Bernard Baruch）、馬克・米奈爾維尼（Mark Minervini）等。威廉・歐尼爾（William J. O'Neil）的「向上握柄杯子理論」（註 1）和尼可拉斯・達華斯（Nicolas Darvas）提出的「箱型理論」（註 2），也都算是某一種變形的金字塔交易方式。但是金字塔交易法只適用於基本面良好的股票（因此 5-1 過濾的 5 個問題很重

註 1：此為一種股價技術型態，指股價創新高後會稍作休息，股價線型看似一個帶柄的杯子，休息之後又持續上漲。

註 2：較適用於多頭或盤整時期，達華斯主張當一檔股票價格原本持續在一個箱型區間游走，若股價上漲並確定突破區間上緣，則原本的區間上緣就會成為下一個更高箱型區間的下緣。若在剛突破時買進，則能參與到股價漲勢。

圖1 2012年起以金字塔交易法持續建立威士卡持股
——威士卡（美股代號：V）股價走勢

註：1. 統計期間為 2012.01 ～ 2016.03.17；2. 圖中股價是經 2015 年股票分割後的還原走勢　資料來源：嘉信理財

要）。要是任意套用在營運不健康、僅是因為被炒作後上漲又回跌的熱門股票，一路向下承接，一味地逢低加碼攤平，只會讓自己的虧損部位擴大，因此在使用時不可不慎。

訣竅 3》股市崩盤：此時不買更待何時

當股市發生系統性風險的全面崩盤時，其實就是買入優質成長股的時機。如同巴菲特所說：「無論是襪子或股票，我都喜歡在降價時買進優質商品。」

但是問題又來了，如果同時追蹤了好幾檔股票都跌到適合買進的價格，該優先買哪一檔？我會從長期追蹤的觀察名單當中，選出股價歷來出現最大跌幅的那一檔。

最近期的例子就是在 2020 年新冠肺炎（COVID-19）疫情導致全球股市全面大跌，當時滿場便宜貨可以撿，而我選擇買進的是我觀察了很久、很少大跌的微軟。

剛剛提過，微軟的股價跌幅很少超過 10%，不過 2020 年 2 月時，我看到微軟竟然下跌了 22%，此時不買更待何時？當時我的買進成本是每股 150.6 美元。買進之後它又繼續跌，我又在 144.58 美元時加碼一次。最後微軟跌到 132.52 美元才止跌，波段跌幅總共達 30.5%，可說是近年相當難得的進場良機（註 3）。

註 3：編按：2021 年 4 月 1 日，微軟股價已漲至 242.35 美元。

5-4 隨時留意持有的股票出現4種情況時才考慮賣出

「如果你發現自己處在一艘不斷漏水的船上，與其去修補破洞，不如多花點精神想辦法換另一艘船。」

——華倫．巴菲特（Warren Buffett）

既然投資組合內的持股都是經過長期觀察，以及通過自己嚴格過濾標準所精挑細選的股票，剩下的工作就交給投資組合中的企業，為你產生滿意的報酬。持有的過程當中，如果企業的基本面完全沒有改變，盈餘持續成長，展望也不錯，當然就是繼續堅持長期持有。

股市瞬息萬變，再強大的企業護城河也可能消失

雖然我傾向於長期投資和低度的投資組合周轉率，但是世事難料，股票市場瞬息萬變，世上不可能有永遠具有高度競爭力、永遠存在的企業。因此隨時留意投資組合中的股票仍有必要。如果發生以下 4 種情況之一時，確實應該考慮賣出股票：

情況1》企業發展惡化且難以復原

企業目前的經營狀況或展望，已經和你買入股票的時候產生大幅的惡化，而且可見的將來看不到改善的可能。

情況2》承認自己當初判斷錯誤

承認自己當初看走眼，買進時做了錯誤分析，必須認錯賣出，認錯停損才是明智的選擇。

情況3》有其他更好的投資機會

經過嚴密而仔細的機會成本評估，確定另一項投資標的選擇可以取得更好的報酬時，那麼的確可以選擇賣出，將資金投入到預期報酬較高的股票。

約翰．坦伯頓（John Templeton）也表示過完全相同的看法：「賣掉它們唯一的理由，是買進更具吸引力的其他股票。如果你找不到更具吸引力的其他股票，則應當繼續持有手上的股票。」

情況4》企業成長率低於「通膨率＋殖利率」

投資報酬率低於大盤，或是企業的成長率低於「通膨率＋殖利率」，要投資這樣的企業不如投資追蹤市場大盤的 ETF（Exchange Traded Fund，指數股票型基金）就好。既然我們傾向於持有成長股，就應該要追求企業的獲利成長率必須優於市場的平均值。

上述提到的前 3 項是源於菲利普・費雪（Philip Fisher）在他的名著《非常潛力股》提到的賣出股票原則，第 4 項是我個人採取的原則。請注意，這幾項賣出持股的狀況，和選擇買入時一樣，都必須經過一段持股期的觀察，再通過自己嚴格、詳細、充分的且確定的事實支持、具說服力的推理判斷，才適合賣出持股，否則豈不是證明當初的買入是輕率的決定。

以我個人實際的經驗來說，微軟（Microsoft，美股代號：MSFT）從 2001 年～ 2013 年長達 13 年的期間，股價長期在低檔，幾乎沒有任何進展。其中 2001 年～ 2006 年 6 月長達 5 年半的期間，更是下跌 21.94%（詳見圖 1）。2005 年美國 GDP 成長率為 3.5%，美國國債殖利率為 4.3%，兩者相加為 7.8%；重要的是，當年度微軟的營收成長率竟然只有 8%（和通膨率＋殖利率幾乎相等，意思是公司白忙了 1 年，業務根本停在原地不動）。

即使 2003 年微軟開始配發股利，但股利殖利率只有 1.3%，遠低於股價的下跌幅度。而且當時微軟的執行長對於公司的長期困境也根本拿不出任何方案，投資人對微軟失望至極。綜合所有因素，當時的微軟，怎麼看都不是一家會回到過去成長榮景的企業，所以我在觀察多年後，斷然在 2007 年把手上的微軟持股賣出。

巴菲特曾說過，他喜好的持股期限是永遠，可是他也特別澄清，他從沒承諾過永遠不會賣出手上的持股，為什麼呢？

在本書 1-5 中，我們在討論美國企業的壽命時，曾提過標準普爾 500 指數（S&P 500）中的公司在 1955 年，在指數裡的平均存活壽命為 61 年，但 2015 年則只有 17 年。企業的護城河會隨時間的推移而產生變化，特別是如果公司的經營階層不加寬護城河的話，公司的競爭優勢當然會隨時間、趨勢變化而流逝，導致公司的收入持續減少，甚至倒閉消失。

最著名的例子就是在廣播電視出現前，各地的報紙都具有一定的護城河，因為每個地方的報紙幾乎壟斷了當地資訊消息的流通和商業廣告。但廣播和電視的出現就先削弱報紙的競爭優勢，使報紙的護城河弱化很多，而網際網路的出現、智慧型手機的普及，以及通訊技術突飛猛進所導致的讀者閱聽習慣改變，更是令其雪上加霜。

以美國為例，除了《華爾街日報》（Wall Street Journal）和《紐約時報》（The New York Times）的網路付費版本會有相當的訂閱人數可以維持營運外，其他報紙都很難抵擋這股網際網路的新時代洪流。

美國的報業近年可說是慘不忍睹，2020 年巴菲特終於棄守他投資已久

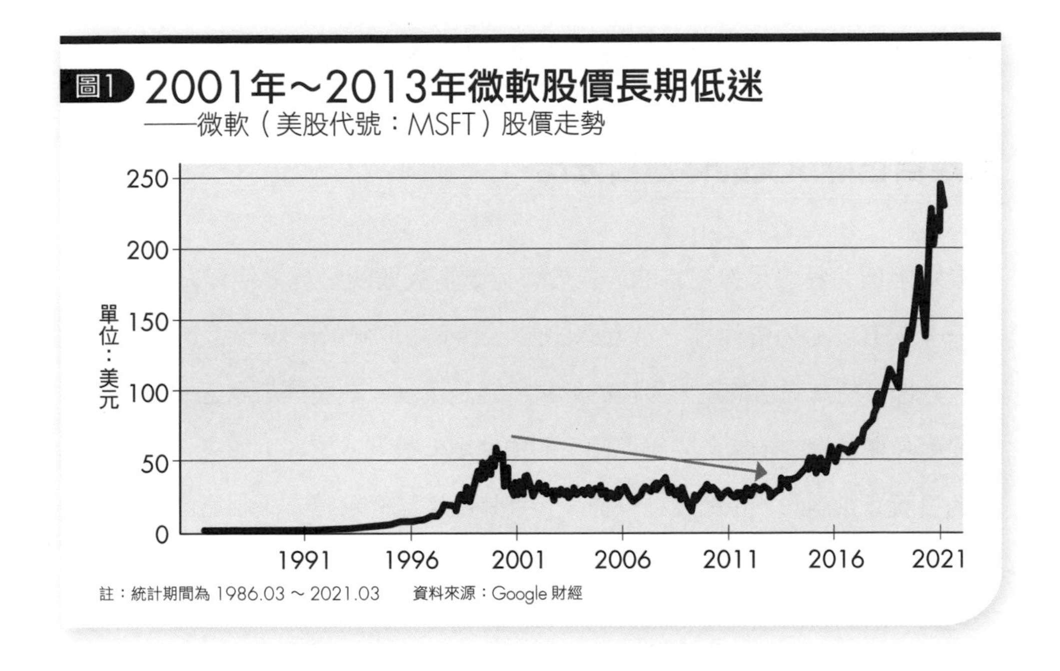

圖1 2001年～2013年微軟股價長期低迷
——微軟（美股代號：MSFT）股價走勢

註：統計期間為 1986.03～2021.03　資料來源：Google 財經

的報業，把波克夏旗下所有紙媒全數出售給新聞提供業者李氏企業（Lee Enterprises，美股代號：LEE）。巴菲特對報紙等舊式媒體有深厚的感情，畢竟他在開始投資前的主業是專業的送報生和派報業者；一開始進行投資時，也極力收購在那個年代具有強大護城河的各種傳播媒體。只是經過半個世紀的時光，網路、手機、和新科技的出現，加速了這些舊式媒體護城河的消失。

別忘了，反映美國當代產業主力的道瓊工業平均指數（Dow Jones Industrial Average，DJIA），成分股已經更換超過 50 次，代表著主力產業是不斷被替代的。世上也沒有一家公司可以恒久不變的擁有強大競爭力。

設定自己能承受的停損百分比

事實上巴菲特也是會犯錯的，對於如何處理失敗的投資，他曾做過一個比喻——與其花心力去修補一直漏水的船，還不如乾脆換一艘船會比較有效率些。大部分持續漏水的船，最後的結果一定是沉沒。在股票市場上，碰到經營困境而長期虧損的企業能夠起死回生的機率很低很低。總之，如果你已經確認你的投資是錯誤的，也持續在失血，特別是虧損已經持續一段相當的時間，可見的未來不會有改善的機會，管理團隊也提不出積極方案的話，則必須斷然停損止賠。認錯賣出沒什麼好丟臉的，反而是勇敢的行為，這時候不必和市場爭辯或替自己的失敗找理由。

如果不是發生股災的情況，建議投資人對於自己「首次建倉買入」的持股（詳見 5-3「透過 5 步驟在空手時首次建倉」），可以設定自己能承受的停損百分比。即使有一些投資經驗，科技股的停損百分比也最好不要超過 30%，較資淺的投資人可設定為 15% 或 20%，比較合適。如果是非科技股（例如傳產股），可以考慮將停損百分比範圍減半，公用事業或銀行股甚至可以再下調。

至於已經持有相當時間的持股，由於已經通過市場的考驗，證明是正確的投資判斷，值得長期持有，當然就不需要在市場大幅下挫拉回時，隨眾人起舞而恐慌式地賣出。反而應該在市場崩盤時，趁機大幅加碼才對。

長期虧損時，如果你很努力，確實投入相當大的心力和時間進行股票投資，可是賠多賺少，這種現象若是持續 2 年～ 3 年以上，且與大盤相比，你的投資報酬率都低於市場大盤，建議你立即停止自行選股，直接去買追蹤大盤的 ETF。如果連買追蹤大盤的 ETF 都不能改善，很遺憾地，你可能不適合投資股市，可考慮用其他方式來理財。

賣股票當心別踩到 2 大地雷

當你準備做出賣出的決定，也要特別當心，不要踩到 2 個大地雷：

地雷 1》市場崩盤時大砍股票

賣出股票的理由，並不包含「市場崩盤」或「個股基本面沒有發生不可逆轉的惡化卻莫名大跌」。遇到這 2 種情況，你需要做的是，回頭檢查上述費雪所建議的 3 大賣出理由是否成立？如果沒有任何一條符合，此時反而應該大舉加碼買入才對。

地雷 2》賠錢部位緊抱不放，獲利卻急於落袋為安

大部分的人會緊抱著賠錢的股票不放，期望虧損的股票奇蹟式的反彈或起死回生，導致虧損持續擴大到無可挽回；賺錢的股票則急於落袋為安，想立刻抓住兌現，深怕機會稍縱即逝。

正確的做法應該是完全相反過來才對。對失敗的投資設定停損點並斷然止血，另一方面必須任由獲利部位向上繼續發展，不要貪圖短期獲利或想要早點落袋為安。落袋為安和波段操作，這 2 種典型的散戶短線心態，會讓你永遠不可能買到 5 倍股或 10 倍股，錯失從股票賺大錢的致富機會。

投資股票不是投票，不需要隨波逐流，保持紀律和耐心，忽略所有不必要的噪音，時間會給你的堅持和努力付出獲得應有的回報。成功的投資人，沒有一個不是孤獨的，但這是成功的必經過程；不要害怕與眾不同，因為這是投資成功的一部分。

5-5 遵循4項資金配置策略 集中火力提高報酬

「雞蛋應放在同一個籃子，然後小心地看好它。」

——馬克．吐溫（Mark Twain）

除了選股、在適當價格買進股票，其實投資組合的資金配置和管理，也是決定你投資生涯報酬率的重要關鍵。華倫．巴菲特（Warren Buffett）不只一次對外公開表示過，他日常主要的工作內容就是波克夏資金的配置和管理。

本書提倡的是長期持有成長股，在資金配置與管理方面，我很樂意分享我個人的做法，主要可以歸納為以下 4 項配置策略：

策略 1》維持高持股比重，並保留適當現金以備加碼

對於該投入多少資金比重到投資部位？每個投資人的做法都不一樣。有些人習慣隨著指數位階調整持股比重，我個人則是不管市場走勢，只專注於個股表現，因此一直以來都維持相當高的持股比重，但是同時也會保留適當的現金（對

我來說，我的現金來源只有薪資及股息收入）。

保留適當的現金水位沒有什麼好丟人的，有紀律的投資人原本就應該在平時多囤積現金，非有絕佳機會時不要出手。務必遵守紀律和保持耐心，等到符合條件的目標出現，且有極大的成功機率和報酬的把握時再出手。

例如你的投資組合內或觀察名單上的企業出現大幅回檔，或是出現難得一見的市場崩盤時，就可以進場撿便宜，這時候的風險反而最低，投資報酬率也一定最高。2020 年 3 月市場崩跌近 4 成時，是否滿地俯拾皆是的黃金任由你挑選呢？

我提過，當時我在兩度買進微軟（Microsoft，美股代號：MSFT）時，第 1 次買在 150.6 美元時，已經將預留的現金買完了；當它續跌到 144.58 美元時第 2 次加碼，在不打算賣出其他持股的情況下，我破例動用原本預留的未來 1 年生活費，因為那次的機會實在太過難得。不過我並不鼓勵大家隨意用生活費買股票，一旦有急用，就會落入被迫賣股票的窘境，很可能落得虧損的下場。

因此，所謂的高持股比重，意思不是一有現金就急著買股票，尤其許多投資人會犯的錯誤，就是在市場一片繁榮時，不看基本面、不估計合理價就追逐熱門標的。因為對標的沒有信心，容易套在高點，報酬率也不高，風險相當大，不容易創造理想的報酬。

策略 2》集中在最看好的少數持股

投資組合該集中持股，或是分散持股？我的做法是將大多數資金，集中在最看好的少數持股。所有史上著名的投資人和偉大的交易者，無人例外，都會把資金集中在極少數的幾檔股票上，因為人類的記憶力和行為能力，天生就不可能同時聚焦兼顧太多的事件。

如果你也希望取得滿意的投資報酬，不僅僅需要紀律耐心和專注細節，而且絕對需要心無旁騖地全力投入。建議有經驗的投資人可以持有 5 檔～ 7 檔較為合適；初入股市的投資人，3 檔～ 5 檔就好。然而任何情況下，都切忌投機性地單壓一檔個股。就我所曾經讀過的資料，投資大師們給一般的散戶投資人的建議數目都在 10 檔以下。請參見以下我所整理，投資大師們對投資組合持股數目的建議，如表 1 所示。

當你真的投入心力用心研究，持股數目不需要很多，你只要耐心等待、嚴格遵守紀律，整個投資生涯只要壓對 2 檔～ 3 檔股票，並在機會來時盡可能投入資金，長期持有。不要懷疑，即使你是靠薪水結餘來投資股票的散戶投資人，也會變成大富翁。

策略 3》集中投資於自己熟悉的資產

想必大家在學習投資配置的過程中，一定聽過不少財富管理業者教育大家，要把資金平均分配在股票、債券、房地產、黃金、外幣等各類資產上，以減少風險。我個人不太認同這樣的做法，因為一般人不可能同時對各類資產都瞭若指掌，對不了解的資產，要如何進行投資判斷和進行必要時的危機反應呢？

說一句不好聽的，這種做法唯一的受益者就是財富管理業者，因為他們可以藉機推銷各式投資商品，藉此賺取各項可觀的手續費和佣金。

另外一種倡議，則是要投資人把股市資金平均分配到多項不同的產業以分散風險。投入的產業太過分散，不僅超出個人照顧的能力，且投資組合報酬率將趨近於市場表現；與其這麼忙碌，還不如直接投資追蹤市場指數的 ETF（Exchange Traded Fund，指數股票型基金），省得投入大量心力，白忙一場。

我認為正確的做法，以及我自己採取的做法，都是集中資金和心力，投入少數幾檔對於產業環境及公司營運，自己都確實具有超越他人的了解程度，以及有高度把握的股票上，這樣才能協助你進行複雜的投資判斷，也保證能夠讓你每天能睡好覺，在市場恐慌時更能協助你渡過難關，不必隨眾人起舞，導致做出後悔莫及的錯誤決定。

表1 投資大師建議持股多在10檔以下
——投資大師建議持股檔數

投資大師	建議持股檔數	投資大師們的原話或註解
華倫·巴菲特（Warren Buffett）	5檔～10檔	「如果你對投資略知一二並能了解企業的經營狀況，就選擇5家～10家價格合理且具長期競爭優勢的公司。傳統意義上的多元化（廣義上的活躍有價證券投資）對你就毫無意義了。」
凱因斯（John Maynard Keynes）	3檔	「一個人的知識與經驗絕對是有限的，因此在任何給定的時間裡，很少有超過3家企業，本人認為有條件將全部的信心置於其中。」
菲利普·費雪（Philip Fisher）	10檔以內，75%資金集中在3檔～4檔	「大部分投資人終其一生，依靠有限的幾檔股票長時間持有，就可為自己或者後代打下成為巨富的基礎。」
彼得·林區（Peter Lynch）	5檔	「持有股票就像養育孩子，不要超過力所能及的範圍。業餘投資人大概有時間追蹤8至12家公司，不要同時擁有5種以上的股票。」
查理·蒙格（Charlie Munger）	4檔	「如果是白痴就分散你的投資組合吧！如果投資人是基於他不曉得自己在幹嘛而且只求標準的市場報酬，那別不好意思，這麼一來分散投資組合就很合理。但是想要有超額報酬，又想使用分散投資組合，這根本上就很荒謬。」
盧·辛普森（Lou Simpson）	主要持股5檔	路易斯·辛普森是波克夏（Berkshire Hathaway，美股代號：BRK.A、BRK.B）旗下蓋可（Geico）保險公司的股票操盤手
比爾·魯安（Bill Ruane）	90%資金是投向6檔～10檔	巴菲特在1969關掉他的私人合夥公司，並推薦他的合夥人把資金投向比爾·魯安

策略 4》沒有必要定期進行組合再平衡

當我們建立起投資組合，一段時間過後，可以發現一定有的股票表現特別好、漲得特別多，其他股票可能漲得相對少，或是表現平平。此時需要定期檢視，將漲多的股票部分賣出，改買漲少或跌多的股票嗎？我的答案是沒有必要。定期進行組合部位再平衡的提倡者，鼓吹投資必須定期減碼投資組合裡獲利或走強的部位，並加碼虧損或走弱的部位，這種投資方式實在不值得考慮。若是定期大量買進和賣出轉換持股，最大獲利者大概也是想要賺取手續費和佣金的財富管理者罷了。

事實上，當你所投資的股票價格走強、出現大幅獲利，恰好證明你的投資判斷是對的，正確的做法應該是順從你的判斷，讓獲利部位繼續成長為你賺錢，甚至於應該適時加碼。為什麼還要把財神爺往外推，把賺來的錢拿去打水漂，反而投入已經被證明判斷是錯誤的投資部位上呢？

在股市賺到大錢者，都是靠少數幾檔長期上漲的股票。賣掉賺錢的部位，反而去加碼前景未明或是已經虧損的股票，這就是巴菲特引用自彼得・林區的名言，是一種拔花向雜草澆水，劣幣驅逐良幣的極端錯誤行為。

5-6 參與股票分割強化獲利 投資組合績效長期超越大盤

「時間，毅力和十年的嘗試，最終將使你看起來像一夜之間取得成功。」

——推特聯合創始人比茲・史東（Biz Stone）

美股是世界級成長股的寶地，我的投資組合之所以可以長期超越美股大盤，「股票分割」（Stock Split）制度應該算是一個相當重要的關鍵。投資美股 25 年以來，我就經歷過 8 檔股票的股票分割（詳見表 1）。

微軟（Microsoft，美股代號：MSFT）於 1986 年上市後至今，共經過 9 次的股票分割（詳見圖 1）。1986 年上市後最原始買進的 1 股，經過至今的 9 次股票分割後，已經變成現在的 288 股了。我曾在 1996 年～ 2008 年之間持有微軟股票，期間共遇過 4 次股票分割，4 次都是 1 股拆 2 股，也就是我最原始買進的 1 股，經過 4 次分拆會變成 16 股。當時微軟的獲利高速成長（1995 年稅後淨利 14 億 5,300 萬美元，2007 年成長至 140 億 6,500 萬美元，累積成長 10 倍），因此每次股票分割完，隔年又會很快地漲回原來的價位。

表1 林子揚投資美股25年，曾有過8檔股票分割經驗
——林子揚經歷的股票分割紀錄

公司名稱	美股代號	經歷過的分割次數	股票分割方式
蘋　果	AAPL	2	2014年1股拆7股，2020年1股拆4股
晶　澳	JASO	2	2008年1股拆3股，2012年5股併1股
微　軟	MSFT	4	1996年、1998年、1999年、2003年，皆為1股拆2股
萬事達	MA	1	2014年1股拆10股
耐　吉	NKE	1	2015年1股拆2股
賽門鐵克	NLOK	1	2004年1股拆2股
輝　達	NVDA	2	2006年1股拆2股，2007年1股拆1.5股
威士卡	V	1	2015年1股拆4股

再以耐吉（Nike，美股代號：NKE）為例，如果你在 1980 年 12 月初，耐吉首次公開上市時就投資 1,000 美元，至今經過 7 次的股票分割後（詳見圖 2），持有約 40 年到 2021 年 2 月沒賣出的話，市值將會成長到 19 萬美元，是初始投入資金的 190 倍！

股票分割制度是美國企業回饋股東的一種方式。美國上市公司很重視股東的權益，由大型企業執行長組成的美國商業圓桌會議（Business Roundtable），自 1997 年以來所發布的公司治理宗旨就明確定為「股東利益最大化」，這對

圖1 微軟自上市以來共經歷9次股票分割

——微軟（美股代號：MSFT）股票分割紀錄

股票分割生效日期	股票分割方式
1987.09.18	1股拆2股
1990.04.12	1股拆2股
1991.06.26	1股拆1.5股
1992.06.12	1股拆1.5股
1994.05.20	1股拆2股
1996.12.06	1股拆2股
1998.02.20	1股拆2股
1999.03.26	1股拆2股
2003.02.14	1股拆2股

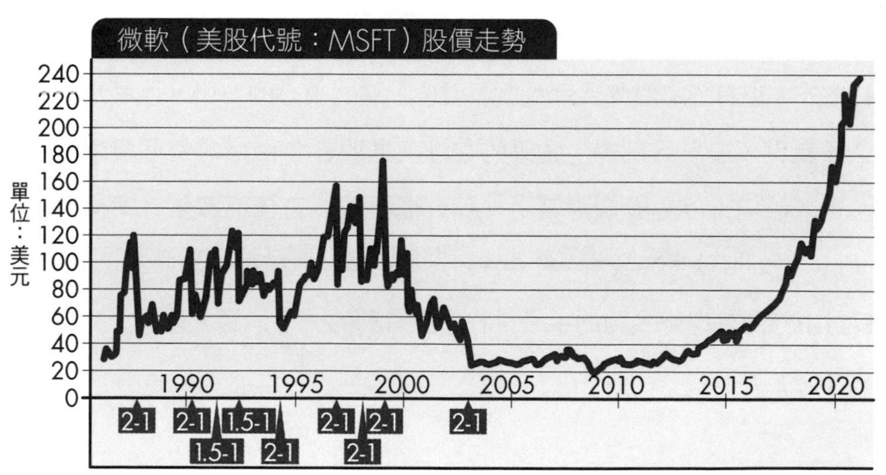

註：1. 統計期間為 1986 年～ 2020 年；2. 圖中方塊為股票分割標示，「2-1」代表 1 股拆 2 股，以此類推

資料來源：macrotrends.net

美國的資本市場產生了深遠的影響。長期以來，美股上市公司莫不想方設法推升公司股價，讓股東獲得資本利得；另一方面，更是競相推出各種實際的股東回饋方案以吸引股東（2019 年新發表的公司治理宗旨已不再強調股東利益最大化，而是同時追求員工、客戶、供應商、社區及股東的福祉）。

美國企業股東回饋方案當中，最常見的除了上述的股票分割，另外還有股票回購、和現金股利共 3 種方式：

股票分割》成長股投資人雙享股數與股價成長

股票分割使熱門股的股價大幅降低，股價變得更為親民，有利該股在市場的流動性外，也有企業對外展示長期股價會上漲的決心的作用。以最常見的 1 股拆 2 股為例，股票分割後，企業的在外流通股數會倍增，每個股東擁有的股數也隨之倍增，但是股價則減半，股東權益並沒有任何改變。華倫．巴菲特（Warren Buffett）多次表示，股票分割只不過是一個披薩被切分為幾份的把戲，只有對證券交易經紀公司的手續費和佣金有利的一番倡議。理論上完全正確，但是實務上則不然。

由歷史紀錄來看，對大部分進行過股票分割的上市企業來說，進行股票分割反而多是企業股價長期多頭的訊號。因為上市企業不可能放任股價長期偏低，

圖2 耐吉自上市以來共經歷7次股票分割

——耐吉（美股代號：NKE）股票分割紀錄

股票分割生效日期	股票分割方式
1983.01.07	1股拆2股
1990.10.08	1股拆2股
1995.10.31	1股拆2股
1996.10.24	1股拆2股
2007.04.03	1股拆2股
2012.12.26	1股拆2股
2015.12.24	1股拆2股

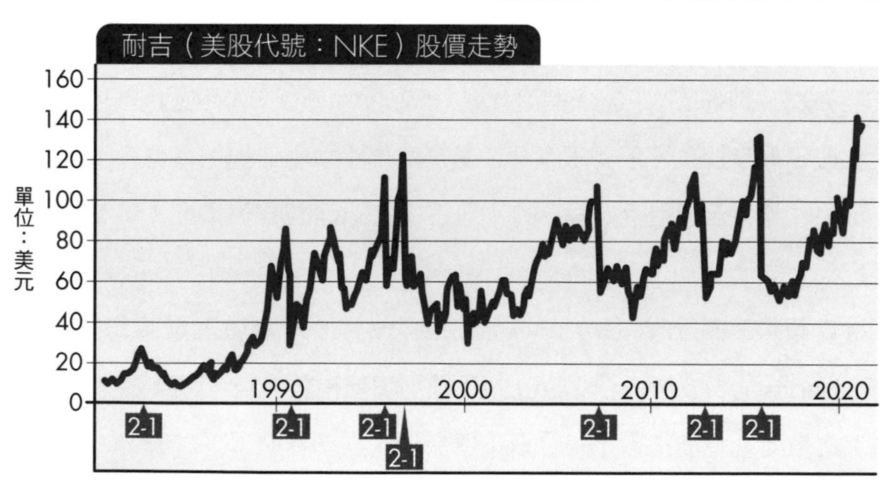

註：1. 統計期間為1986年～2020年；2. 圖中方塊為股票分割標示，「2-1」代表1股拆2股，以此類推
資料來源：macrotrends.net

一定是對自己企業前景看好，有股價會持續上漲的絕對的信心下，才會宣布股票分割。因此若是你長期持有優良的企業股票，經過股票分割後你所持有的股數將自動大幅增加。隨著企業業績成長，股價也會持續再度漲回原來拆分前的價位。

最近的例子就是 2020 年暑假，蘋果（Apple，美股代號：AAPL）宣布 1 股拆 4 股，以及特斯拉（Tesla，美股代號：TSLA）宣布 1 股拆 5 股的股票分割後，在接下來 2 個月內，這 2 檔股票的股價都分別上漲了 3 成。

美股歷史上所有成功的上市企業，幾乎沒有例外，上市至今全都經過多次股票的分割。蘋果 5 次、微軟 9 次、星巴克（Starbucks，美股代號：SBUX）6 次、耐吉 7 次、輝達（nVidia，美股代號：NVDA）4 次。常見的股票分割為 1 股拆 2 股、1 股拆 1.5 股也很常見、萬事達卡（Mastercard，美股代號：MA）在 2014 年甚至還進行過罕見的 1 股拆 10 股的股票分割。

當年蘋果和威士卡（Visa，美股代號：V）加入道瓊工業平均指數（Dow Jones Industrial Average，DJIA，以下簡稱道瓊指數）前，都被要求進行股票分割。這是因為道瓊指數不是採取市值加權（標準普爾 500 指數（S&P 500，以下簡稱標普 500 指數）、台灣加權股價指數及其他常見市場指數皆採市值加權）；道瓊指數是很古老的指數，是直接把 30 檔成分股價相加，再除以「道瓊指數除數」所產生的。目前道瓊指數除數是 2020 年 8 月 31 日 3 檔成分股變更後的 0.15198707565833，若道瓊指數成分股的股價每漲或跌 1 元，會使指數漲或跌 6.5795068144348O2 點。因此，若是成分股價格太高，會使指數失真，這也是近年來道瓊指數逐漸喪失作為市場大盤的標準的主要原因（另一個原因則是道瓊指數成分股平均而言，多年來漲勢長期落後作為衡量市場大盤的標普 500 指數，以及科技類股的那斯達克指數（NASDAQ））。

如果蘋果加入道瓊指數至今不進行分割，那蘋果現在股價應該是 4,000 多美元，結果會占掉道瓊指數接近 1/7。如此一來，將完全違反道瓊指數分散產業和公司的基本原則，明顯失真地往蘋果傾斜，長此以往會讓道瓊指數逐漸變成「蘋果指數」，而且情況會愈來愈嚴重。

也有少數公司會對新拆分產生的股份，進行投票權或股權轉換的限制。例如 Google 在 2014 年所進行 1 比 2 分割後所配發的 C 股（美股代號：GOOG）便不具有投票權，也因此導致當時新配發的 C 股交易價約低於原本的 A 股（美股代號：GOOGL）5% 左右，但以 2021 年 3 月來看，兩者的股價則幾乎已經沒有差距了（註 1）。

註 1：編按：Google 於 2015 年實施組織重整成立字母公司（Alphabet），美股代號 GOOG、GOOGL 不變，Google 則成為子公司。

而巴菲特雖然不喜歡股票分割，但是他所職掌的波克夏（Berkshire Hathaway，美股代號：BRK.A、BRK.B）也曾迫於無奈進行過 2 次股票分割。

波克夏第 1 次股票分割是在 1996 年，當時波克夏股價高得嚇人，買賣交易量極低，影響其市場流動性，所以華爾街長期以來對其評價並不高。為了彌補不發股利的缺點，以及防止華爾街利用波克夏高股價建立基金以吸引小額投資人，巴菲特只好被迫進行股東權益縮水的分割，以利股東資金的運用和防止華爾街進行套利。當時是將波克夏以 1 股拆 30 股的比例分割出波克夏 B 股，B 股只有 A 股 1/200 的投票權，也規定只能由 A 股轉為 B 股，股東不能反悔再由 B 股轉為 A 股，但股東都可以參加股東大會。

2010 年波克夏又再度進行一次分割，分割的是波克夏 B 股，以 1 股拆 50 股，這次的目的則是為了收購伯靈頓北方聖大菲鐵路公司（BNSF Railway），分割之後 B 股的投票權為 A 股的 1/10,000。

反向分割讓股數變少股價變高，為企業經營的負面訊號

美股還有另一種和上述相反的「股票反向分割」（Reverse Stock Split）。這種較為罕見的股票反向分割，則是企業經營的負面訊號。

例如花旗集團（Citigroup，美股代號：C）股價在金融海嘯時，跌到只有 1

延伸學習 美股上市公司股價太低的常見後果

首先，大部分美股的上市公司董事會會把股價視為執行長年度考評的重要考績指標之一，公司的10-K年度財報一定會有1個小節比較過去1年股價的漲跌。股價太低，是導致執行長下台的主要因素之一。

另外，若公司股價連續30個交易日低於1美元，會接獲交易所的通知，提醒公司或面臨下市。上市公司若接獲股價低於1美元的通知後，需要在未來180天內，有連續10個交易日股價高於1美元才可能解除下市危機。

美元的史上低價（詳見延伸學習），管理階層為了使股價看起來像金融海嘯前的水準，2011 年便宣布進行 10 股合併 1 股的少見決定；但是公司的經營至今並沒有回到過去的榮景，本益比長期低於同業，在 2017 年時還甚至是零（因為 2017 年虧損，淨利是負值），反向分割可以說是企業經營的反指標。

再舉一個我自己親身經歷的例子，曾在美股上市的中國太陽能公司晶澳（JA Solar，當初的美股代號：JASO、現在的陸股代號： 002459），在太陽能市況良好的 2008 年進行過 1 股拆 3 股的股票分割，後來因美國政府的補助削減，導致股票持續下跌。2012 年因股價下跌幅度過大，只好在 2012 年進行 5 股併 1 股的股票反向分割；但情況並沒有好轉，2018 年只好再從美股退市，改回中國上市。

股票回購》美國賺錢企業執行回購減少流通股數

股票回購是上市公司從股票市場上，公開買回自家企業的股票的操作。購回自家股票後，多數公司通常會註銷這些股票，使在外流通的股數減少；另一種常見的去處，則是把回購的股票轉為激勵員工的授股，或是員工認股計畫。

認真執行股票回購的企業，隨著流通的股數減少，將使每股盈餘（EPS）隨之增加，股價也會因此大幅提升。美股上市公司每季業績發布時，會一併向股東報告公司的當季股票回購進度，以及未來的股票回購金額總數和計畫。

觀察蘋果歷年流通在外股數變化（詳見圖 3），就可以看到蘋果從 2013 年開始大幅地執行股票回購，到 2020 年底為止，不到 8 年的時間，已經減少了 33.78% 公司的在外流通股數（由 2012 年年底 264 億 7,000 萬股減少到 2020 年底 175 億 2,800 萬股）。而且按照蘋果的零現金政策（2018 年 2 月蘋果財務長公開宣布，要在未來數年內把公司累積的龐大現金歸零，主要用於股票回購和發放股利），股票回購還會繼續下去，別忘了蘋果是目前美國企業中每年賺進最多現金的企業，有能力持續不靠借貸進行股票回購。

持續進行股票回購的公司，在大盤大幅下跌或自己公司股價下跌時，都能形成相當的股價支撐，阻止股價進一步下挫，原因是公司自己會進場買進，進行

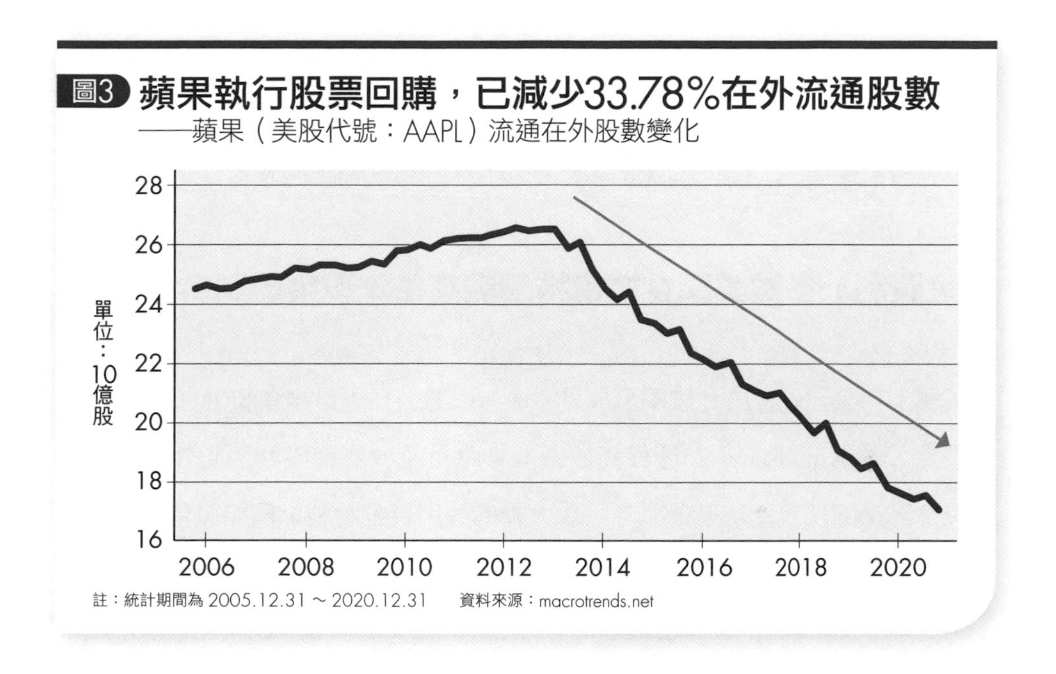

合法的公開護盤。另外，市場也會預期公司會進行股票回購進場買股，因此推升股價上漲。歷史結果證明這些公司的跌幅，平均來説遠低於同業和大盤。

台灣上市櫃公司流行減資

台灣上市櫃公司並不熱中股票回購，反而流行減資，股票回購的執行率也都不是很好。例如聯發科（2454）史上共 3 次買回庫藏股，最近一次是 2020 年，公告要在當年 3 月～ 5 月實施史上第 3 度股票回購計畫，預計買回達 1 萬 5,900 張庫藏股，但期滿竟僅買回 130 張！第 1 次則是在 2004 年 5 月預計買回 1 萬 2,000 張，而最終買回 3,437 張；第 2 次是 2011 年 7 月預計買回 8,000 張，最後有買足全部的張數。沒有買足庫藏股這種情況，在美股極不可能發生，因為一定會遭到股東提起對企業的集體訴訟。

現金股利》多數美國企業會持續調高每年現金股利金額

美國上市公司現金股利按季發放是主流，少數公司則是半年發放 1 次，也有些投資公司或 REITs（不動產投資信託）會每月發放現金股利。此外，有極少數現金充裕的優秀公司還會額外發放大筆的特別現金股利，例如微軟在 2004 年就發過 1 次每股 3 美元的特別現金股利；而好市多（Costco，美股代號：COST）則發過 4 次特別現金股利，分別是 2020 年每股 10 美元、2017 年每股 7 美元、2015 年每股 5 美元、2012 年每股 7 美元。

與股價上漲取得的資本利得相比，現金股利對投資人帳戶金額的貢獻而言只是小兒科。尤其美股的殖利率和台股相較並不具備優勢，2019 年美股的現金股利殖利率約為 2.23%，台股多年來約在 3.08% ～ 4.52% 之間，是全球股市殖利率排前幾名的市場。

雖然美股現金股利殖利率低，但是多數公司會每年提高現金股利的金額。以微軟為例，2006 年～ 2021 年發放的季度股利都是每年增加（詳見圖 4）；

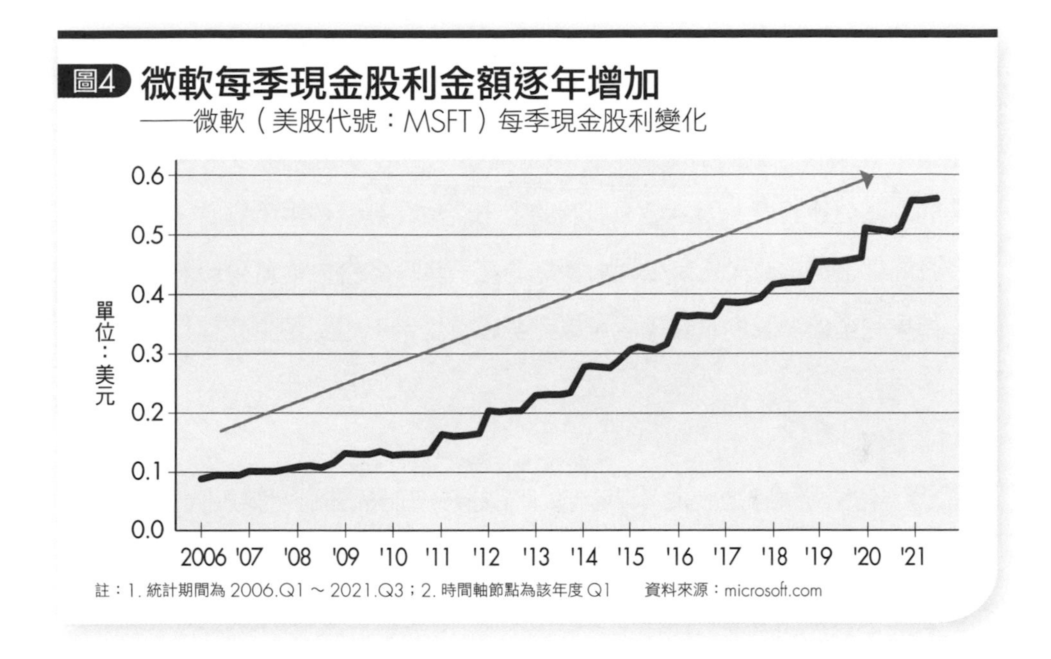

但是改為觀察現金股利殖利率，則是呈現下降走勢，主要是 2015 年以後微軟股價大幅度的上漲所致（詳見圖 5）。

現金股利可用來判斷企業的經營健康程度

但請別小看美股現金股利的威力。企業定期發放現金股利，除了股東可以定期由企業獲得一定的現金流的立即好處之外，也是企業經營團隊對股東的長期約定和無形的定期連結，這讓上市企業在吸引和留住股東的努力方面，擁有相當迷人的吸引力和隱形優勢。這些好處並不僅僅是表面上讓股東收到幾塊錢現金所能比擬的。

現金股利對投資人來說，還有一項很重要的風向意義，可以用來判斷上市企業的經營健康程度。因為發放股利的上市企業在經營發生困難時，財務一定會發生周轉上的困難，所有公司會採取的第一步一定會先從減少股利的發放著手，如果完全停發股利，幾乎就可以完全確定企業已經到了生死存亡挑戰的關頭了。

2020 年 5 月華特迪士尼（The Walt Disney Company，美股代號：DIS，以下簡稱迪士尼）因新冠肺炎（COVID-19）疫情封城影響，嚴重衝擊到公司的營收，導致現金幾乎被耗盡；公司除了開始裁員外，接著採取的行動就是停發 7 月到期的半年度股利，以節省 16 億美元。消息發布後，迪士尼股價 2 天內跌掉 4.4%。

發放現金股利的公司，和努力進行股票回購的公司一樣，在市場崩跌或公司遭受到利空消息衝擊時，多數都能發揮支撐股價、阻止股價繼續下跌的作用。

而且在美股上市企業中，定期發放現金股利通常有助於企業評等和企業形象，更是企業穩定經營的首要指標。尤其在民生消費品產業中，更不乏可口可樂（Coca-Cola，美股代號：KO）、寶僑（Procter & Gamble，美股代號：

PG）、高露潔 - 棕欖（Colgate-Palmolive，美股代號：CL）等持續發放現金股利達百年以上的頂級藍籌股（詳見表 2）；對於退休族群，或是仰賴股票投資收益來維持營運的法人機構、非營利機構而言，能穩定發放現金股利的企業是投資的首選。

道瓊指數的成分股及標普 500 指數的成分股，除了科技產業之外的公司幾乎都會發放股利，那些已經營多年、營運已經上軌道的成熟公司，已經不需要保留太多現金，因此可以透過現金股利回饋長期股東；多數還在成長的科技業

表2 3家頂級藍籌股發放股利歷史均達百年以上

——3檔藍籌股發放股利歷史

企業名稱	美股代號	開始年度	股利連續提高年數	2020年Q4殖利率（%）
可口可樂	KO	1920	59	3.15
寶僑	PG	1890	64	2.31
高露潔-棕櫚	CL	1895	57	2.25

資料來源：可口可樂、寶僑、高露潔-棕欖

上市公司則不太會發放現金股利，因為它們大多需要資金以利營運，以及持續的擴張。

對於以持有美國科技股為主的我來說，我的投資組合殖利率確實不算高，不過在長抱成長型公司股票的過程中，仍有享受到股票分割、股東回饋方案帶來的整體股票資產大幅增長效益，因此現在所能領到的現金股利，也已經足以支撐我日後的退休生活。

Note

當個聰明的散戶

「歷史會一再重演。華爾街上根本沒什麼新鮮事。今天，不管股票市場發生什麼事，以前都發生過，將來也會再度發生。」

——傑西．李佛摩（Jesse Livermore）

華爾街有句俗諺：「牛可以賺錢，熊也能賺錢，但豬只能待宰。」意思是投資人做多或做空股票都能賺到錢，但盲從者（以豬來比喻）只能等待被市場屠殺。伯納德．巴魯克（Bernard Baruch）就說過：「股市的主要目的是盡可能地使更多的人成為傻瓜。」

要有能力自行發掘值得投資的企業

成功的投資人要有能力自行發掘值得投資的企業、獨立判斷企業前景，並做出投資決策。關掉財經台、不要理會名嘴或網紅的評論、不要相信個股明牌，也不需要詢問親友的意見。因為這些噪音不僅無助於你的投資成績；反而還會影響和干擾思考，導致做出錯誤的判斷。2020 年 5 月台積電（2330、美股代號：TSM）宣布要在美國亞利桑那州興建 5 奈米晶圓廠。我無意中聽到財經台上一位曾駐美的財經名嘴質疑，台積電怎麼會選在亞利桑那這種人口、資源、產業人才都沾不上邊的沙漠？主持人和來賓也紛紛出言附和。我很驚訝名嘴們竟然連亞利桑那州是全美第 3 大電子工業中心，是美國重要的半導體聚落這種基本常識都不知道。亞利桑那州有英特爾（Intel，美股代號：INTC）、國家半導體（National Semiconductor，已被德州儀器（Texas Instruments，美股代號：TXN）購併）等半導體廠商的多座晶圓廠；全球第 2 大半導體封測大廠艾克爾（Amkor，美股代號：AMKR）總部也在這裡；摩托羅拉（Motorola，美股代號：MSI）在此也曾有數條晶圓生產線。難道這就是號稱矽島的台灣財經節目具備的水準嗎？更何況他們每日評論的台股，有 7 成比重是電子資通和半導體企業。

財務博士和名校 MBA 只能證明他很會考試。大部分的人基於信任關係，為了社會上同儕的認可，或是當成社交聚會時的話題，都會在進行股票投資時請教身邊親友，以增強自己的信心。我們在書中曾多次提及，投資股票並不是進行投票，互相取暖並不能提高投資報酬率。大部分人都沒有為人提供投資諮詢的能力，更何況是對個別公司的了解程度夠清楚到可以發表對個別公司股價的看法。

一般人都希望在自己所投資企業上班的親友能透露內線消息以快速致富，省去自己研究半天。但沒有執行長和財務長會甘冒違法的風險告訴你他不應該透露的消息。即使親友是公司的高官也未必知道公司經營的全貌，更何況大部分的人都是企業裡面的小螺絲釘而已。漫無目標地四處打探和期望內線消息，還不如認真研讀公司的財報和公開資料，這樣既可靠又不犯法。

投資研究的根源是事實

彼得・林區（Peter Lynch）曾經在1997年3月的《值得》（Worth）雜誌上發表過一篇給散戶投資人的著名文章〈善用你的優勢〉（Use Your Edge），羅列出13項重點，第1點就指出投資人應該要專注在「事實」而非「預測」上。

有了「事實」作為一切的基礎，再根據事實所組成的資料，加上自己的研判，最後就能依循自己的投資原則篩選出適合的標的；而不是靠自己一廂情願的主觀看法，或沒有事實資料所支持的推論或分析。如果資訊來源不正確或不是根據事實，所有往後的研判、推論和據此做出的投資結論都將是錯誤的。

只有根據事實，對企業基本面進行深入的研究，你才可能成為研究這家企業的專家，並增強你長期持股的信心。任何其他的股票研究方式（不論名字叫技術分析、波浪理論、動能投資、籌碼面分析、波段操作、五行八卦、紫微斗數、星象命理），只要不是基於事實，或是只以預測為基礎來猜測股價未來的走向，都是浪費時間和沒有意義的行為。

華倫・巴菲特（Warren Buffett）就透露，在讀到班傑明・葛拉漢（Benjamin Graham）所寫的《智慧型股票投資人》這本書之前，他自己也是每天抱著一堆股票線圖研究並猜測市場未來的走向，但收效甚微。查理・蒙格（Charlie Munger）甚至表示過，就他們所知，到目前為止都沒有認識任何靠技術分析能在股票市場賺大錢的人。

天下沒有白吃的午餐，正確數據唯有靠自己做功課才能取得，沒有所謂捷徑這回事。重要的事情要進行查證，至少要做到只從最主流而且受信任的主要新聞媒體取得第一手的訊息，不要讀二手資訊。尤其網路上的電子郵件、社群網路，充斥著聳動標題、假新聞、錯誤訊息和被加工的資訊。不要整天刷手機或從社群網路讀取任何資訊，即使是你信任的人傳來的也一樣。

著名的做空機構渾水的創辦人卡森・布洛克（Carson Block）就說過：「如果一樣東西看上去極其完美，那就值得懷疑。」只要看起來太好太真實，好到令人難以置信的事情，通常就不是真的。投資史上，一窩蜂、追捧、炒作的下場都很慘；如果你分不清它們的差別，人多的地方別摻和，就能保你投資一生平安。約翰・坦伯頓（John Templeton）說過一句投資界的至理名言：「『這次不一樣』是英文裡面代價最高的一句話。」

投資成功的 3 要素：時間、紀律、耐心

投資在很多方面是對人性的嚴格考驗，巴菲特做過一個比喻：「股票市場有一種非常有效的方式，將財富從不耐煩的人轉移到有耐心的人身上。」時間、紀律和耐心三者，是投資成功缺一不可的要素，而紀律是這三者中最困難的，重點在於能不能夠堅持執行。

投資能否成功其實是看性格，不是靠智商，好的性格永遠勝過高智商。很多高智商的人都是糟糕的投資者，成功的投資者總是不情緒化，並能利用其他人的貪婪和恐懼為自己服務。難的不是如何建立投資原則，而是投資人是否有辦法長期持續地遵守你的投資原則；也就是所謂的投資紀律。

巴菲特不止一次地重複：「一個成功的投資人最重要的特質就是控制情緒的能力，而不是智商的高低，性格是非常重要的，尤其是不隨波逐流的勇氣。」

凱因斯（John Maynard Keynes）認為，不願意或沒有能力確實實踐投資戒律的人「就像他不該當自己的醫生或當自己的律師一樣，也沒有能力自行投資。」或是像蒙格所說：「像我們這樣維持長久優勢的人，只要別故作聰明，努力維持不做蠢事，獲益就會很驚人。善泳者溺這句話還是有它的道理在的。」自律是唯一重要的成功因素，沒有自律，其他都甭談了。

投資人能對自己性情控制與否，決定了你最終的投資績效。喬治・哥德曼（George Goodman）就表示「股票並不曉得你擁有它。而如果你對你自己並不了解，那你在股票市場裡會找到答案的，可是你所付出的代價將會非常高昂。而我們所需要的就只是：保持冷靜！並且要能夠在投資大眾過度反應時，反而能夠可以藉此獲得好處。」

投資需要更深一層的思考

你永遠賺不到超出你認知範圍之外的錢，這也是為什麼近 20 年來美國彩票中獎者的破產率高達 75%，或是 6 成的 NBA 球星在退役 5 年內會破產。投資的第一大鐵律是不要投資不懂的東西，懂的人不一定百發百中，但是不懂就貿然投入，最後一定會成為韭菜。

人類天性往往認為自己對某方面很懂，觀念已根深蒂固，於是對自己熟稔事情的變化視若無睹。殊不知，正如馬克・吐溫（Mark Twain）所說：「讓我們陷入麻煩的，不是我們不知道的事，而是我們自以為很了解的東西。」在 2008 年金融海嘯發生之前的幾年，華爾街主流業者瘋狂買入他們都非常了解的各種擔保債務憑證（Collateralized Debt Obligation，CDO），並輕易取得源源不絕的回報。但是危機早已悄然而至而不自知，房貸業者大量貸款給根本買不起房子的大眾，完全沒有風險的意識。

多讀書、多學習、多思考，凡事比別人想得更深入一點。多問問題，多自己動手研究。只要不是太懶，這一點是可以改進的。雖然大多數人不至於因為了解而成為巨富；但是如果不了解，則即使僥倖獲得了財富也會憑實力虧回去。

能否成為成功優秀的投資人，關鍵之一就是需要霍華・馬克斯（Howard Marks）所說的「第 2 層思考」，也就是卓越的洞察力——如果我們想賺取超額報酬，除了要比其他人更努力，付出更多的時間和心力外；也必須以更高的層次去思考其他人沒有想過的事，注意其他人錯失的機會，反應和行為都要與大多數人不同。

在投資的路上，我們需要做時間的朋友，而不是時間的敵人。這個世界上除了一夜暴富，還有很多慢慢變富的方式。慢慢變富的故事缺少驚心動魄引人入勝的情節，不大可能被拍成電影，但是卻是適合絕大多數人的投資方式。托爾斯泰（Leo Tolstoy）曾表示：「最深刻的真理，是最平凡的真理。」小心駛得萬年船，和時間做朋友，體驗複利效應的威力，聚沙成塔，萬丈高樓平地起，我們只需要有多一點的耐心就可以了。一如愛默生（Waldo Emerson）的名言：「完成偉大事業的人，起初並不偉大。」

林子揚 

精選18本必讀經典投資書籍

1.《智慧型股票投資人》（The Intelligent Investor）

作者：班傑明・葛拉漢（Benjamin Graham）、傑森・茲威格（Jason Zweig）

2.《巴菲特的投資原則》（Warren Buffett's Ground Rules）

作者：傑瑞米・米勒（Jeremy Miller）

3.《非常潛力股》（Common Stocks and Uncommon Profits and Other Writings）

作者：菲利普・費雪（Philip Fisher）

4.《彼得林區選股戰略》（One Up on Wall Street）

作者：彼得・林區（Peter Lynch）、約翰・羅斯查得（John Rothchild）

5.《彼得林區征服股海》（Beating the Street）

作者：彼得・林區（Peter Lynch）、約翰・羅斯查得（John Rothchild）

6.《巴菲特寫給股東的信》（The Essays of Warren Buffett）

作者：華倫·巴菲特（Warren Buffett）、勞倫斯·康漢寧（Lawrence A. Cunningham）

7.《凱恩斯文集——投資的藝術》（The Art of the Deal）（註 1）

作者：約翰·凱因斯（John Maynard Keynes）

8.《股票作手回憶錄》（Reminiscences of a Stock Operator）

作者：埃德溫·勒菲弗（Edwin Lefèvre）

9.《從 0 到 1》（Zero to One）

作者：彼得·提爾（Peter Thiel）、布雷克·馬斯特（Blake Masters）

10.《投資最重要的事》（The Most Important Thing Illuminated）

作者：霍華·馬克斯（Howard Marks）

11.《投資終極戰》（Winning the Loser's Game）

作者：查爾斯·艾利斯卡（Charles D. Ellis）

註 1：截至 2021 年 4 月，本書僅於中國發行簡體書，台灣並未正式發行。

12.《永恆的價值：巴菲特傳》（Of Permanent Value：The Story of Warren Buffett）

作者：安迪．基爾派翠克（Andrew Kilpatrick）

13.《巴菲特核心投資法》（The Warren Buffett Portfolio）

作者：羅伯特．海格斯壯（Robert G. Hagstrom）

14.《巴菲特勝券在握的 12 個原則》（The Warren Buffett Way）

作者：羅伯特．海格斯壯（Robert G. Hagstrom , Jr.）

15.《雪球：巴菲特傳》（The Snowball：Warren Buffett and the Business of Life）

作者：艾莉絲．施洛德（Alice Schroeder）

16.《巴菲特：從無名小子到美國大資本家之路》（Buffett：The Making of an American Capitalist）

作者：羅傑．羅溫斯坦（Roger Lowenstein）

17.《價值投資致勝 11 堂課》（Value Investing）

作者：查理斯．密斯拉契（Charles S. Mizrahi）

18.《巴菲特的 24 個智富策略》（How Buffett Does It）

作者：詹姆斯・帕多（James Pardoe）

國家圖書館出版品預行編目資料

超級成長股投資法則/林子揚著. -- 一版. -- 臺北市：Smart智富文化出版：城邦文化事業股份有限公司發行, 2021.04
面； 公分
ISBN 978-986-99847-3-7(平裝)

1.股票投資 2.投資分析 3.投資技術

563.53　　110004859

Smart智富

超級成長股投資法則

作者　林子揚
企畫　黃嫈琪

商周集團
榮譽發行人　金惟純
執行長　郭奕伶
總經理　朱紀中

Smart 智富
社長　林正峰（兼總編輯）
副總監　楊巧鈴
編輯　邱慧真、胡定豪、施茵曼、陳婕妤、陳婉庭、劉鈺雯
資深主任設計　張麗珍
版面構成　林美玲、廖洲文、廖彥嘉

出版　Smart 智富
地址　104 台北市中山區民生東路二段 141 號 4 樓
網站　smart.businessweekly.com.tw
客戶服務專線　（02）2510-8888
客戶服務傳真　（02）2503-5868
發行　英屬蓋曼群島商家庭傳媒股份有限公司城邦分公司

製版印刷　科樂印刷事業股份有限公司
初版一刷　2021 年 4 月
初版二刷　2021 年 6 月

ISBN　978-986-99847-3-7

定價 450 元

Smart智富 讀者服務卡

WBSI0102A1
《超級成長股投資法則》

為了提供您更優質的服務，《Smart 智富》會不定期提供您最新的出版訊息、優惠通知及活動消息。請您提起筆來，馬上填寫本回函！填寫完畢後，免貼郵票，請直接寄回本公司或傳真回覆。Smart 傳真專線：（02）2500-1956

1. 您若同意 Smart 智富透過電子郵件，提供最新的活動訊息與出版品介紹，請留下
   電子郵件信箱：______

2. 您購買本書的地點為：□超商，例：7-11、全家
   □連鎖書店，例：金石堂、誠品
   □網路書店，例：博客來、金石堂網路書店
   □量販店，例：家樂福、大潤發、愛買
   □一般書店

3. 您最常閱讀 Smart 智富哪一種出版品？
   □ Smart 智富月刊（每月 1 日出刊）　□ Smart 叢書　□ Smart DVD

4. 您有參加過 Smart 智富的實體活動課程嗎？　□有參加　□沒興趣　□考慮中
   或對課程活動有任何建議或需要改進事宜：______

5. 您希望加強對何種投資理財工具做更深入的了解？
   □現股交易　□當沖　□期貨　□權證　□選擇權　□房地產
   □海外基金　□國內基金　□其他：______

6. 對本書內容、編排或其他產品、活動，有需要改善的事項，歡迎告訴我們，如希望 Smart 提供其他新的服務，也請讓我們知道：______

您的基本資料：（請詳細填寫下列基本資料，本刊對個人資料均予保密，謝謝）

姓名：______　性別：□男　□女

出生年份：______　聯絡電話：______

通訊地址：______

從事產業：□軍人　□公教　□農業　□傳產業　□科技業　□服務業　□自營商　□家管

您也可以掃描右方 QR Code、回傳電子表單，提供您寶貴的意見。

想知道 Smart 智富各項課程最新消息，快加入 Smart 自學網 Line@。

LINE@

●填寫完畢後請沿著右側的虛線撕下。

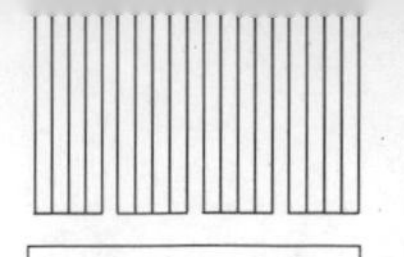

104 台北市民生東路 2 段 141 號 4 樓

行銷部 收

●填寫完畢後請沿著左側的虛線撕下。

●請沿著虛線對摺，謝謝。

Smart 智富

書號：WBSI0102A1
書名：**超級成長股投資法則**